HÔTEL-DE-VILLE DE COMPIÈGNE

Histoire Populaire de Compiègne

PAR

L. A. BENAUT

Officier d'Académie

COMPIÈGNE

IMP. LEROY-JOLY

1891

HISTOIRE POPULAIRE

DE COMPIÈGNE

ET

DE SON ARRONDISSEMENT

PAR

L.-A. BENAUT

Ancien chef d'Institution publique,
Archiviste-Secrétaire de la Société d'Agriculture,
Membre titulaire de la Société historique,
Instituteur Honoraire, Officier d'Académie.

Dans l'heur et le malheur,
A la France fidèle,
Compiègne en fut le cœur,
Et toujours le modèle.

L.-A. B.

—⬥—

COMPIÈGNE

IMPRIMERIE, LIBRAIRIE, LEROY-JOLY, EDITEUR
rue Eugène-Floquet, 15.

1890

AUX BONS AMIS DE COMPIÈGNE [1]

et de son Arrondissement.

***

Si élémentaire que soit une histoire locale populaire, la vérité doit être le but vers lequel, avant tout, on dirigera l'esprit de ceux auxquels un semblable travail est principalement destiné.

Mais il est souvent difficile pour les temps éloignés de distinguer la fable de l'histoire, et pour les temps plus rapprochés, de rencontrer des auteurs sans parti-pris. Aussi n'y a-t-il pas d'inconvénients sérieux, pour les élèves de nos écoles et pour la plupart des lecteurs plus âgés, à ce que la tradition, la légende ou des inductions logiques viennent combler les lacunes historiques.

L'étude classique de l'histoire doit inspirer l'amour de la patrie, du juste, du bien, du beau ; la haine ou le mépris de ce qui est contraire à ces éternels principes de la sagesse et du progrès de l'humanité.

En exposant la suite des évènements et la part prise par les personnages de l'histoire locale à la marche plus ou moins heureuse vers un meilleur état social, il sera nécessaire de faire ressortir l'enchaînement des faits et la moralité qui découle de la conduite des hommes.

Ainsi entendu, l'enseignement historique assurera l'éducation salutaire et l'instruction solide que nous devons à notre jeune génération, en offrant, à ceux qui n'ont pas le loisir de parcourir de nombreux ouvrages, un résumé suivi de l'histoire de *Compiègne et de sa région*.

Ce livre pourra servir — ou de préparation au

***

[1] Paroles de Jeanne d'Arc, voir page 76.

cours d'histoire de France — ou pour le compléter, par l'indication des lieux, des monuments, des familles, témoins vivants et parlants des évènements — ou enfin comme revue de l'histoire nationale, dont nous avons rapporté les faits mémorables à côté de ceux qui appartiennent en particulier à notre arrondissement : l'histoire de Compiègne, en effet, si simple ou si complète qu'on la fasse, sera toujours le résumé plus ou moins intéressant de notre histoire nationale.

La Société historique a bien voulu encourager nos efforts; mais parmi ses membres les plus distingués, je dois surtout des remerciements à M. Méresse, qui connaît sa ville autant qu'il l'aime, à M. le comte de Marsy, notre savant secrétaire, à M. le président Sorel, aux travaux duquel j'ai fait d'intéressants emprunts, ainsi qu'à M. l'abbé Morel. Les *Origines de Compiègne*, du regretté baron de Bicquelley, ont servi de base à ce travail, que je crois *classique* et que je voudrais *populaire*, car j'ai mis à contribution tous les auteurs (et ils sont nombreux) qui se sont occupés de Compiègne et de sa région, en attendant qu'une histoire complète de notre cité soit rédigée par quelque érudit, comme cela existe pour les villes voisines de Montdidier, Roye, Beauvais, Creil, Soissons, etc.

Ce livre contient donc, non pas tout ce qu'il y a d'intéressant et d'utile à connaître sur Compiègne et sur son arrondissement, mais ce qu'il n'est plus permis aujourd'hui à aucun de nos compatriotes d'ignorer sur la ville qui

> Dans l'heur et le malheur,
> A la France fidèle,
> En fut souvent le cœur,
> Et toujours le modèle.

L.-A. B

CHAPITRE PRÉLIMINAIRE

PÉRIODE PRÉHISTORIQUE

Premiers temps de notre pays.— Il y a cinq à six mille ans la France, qu'on appela d'abord la Gaule, était presque entièrement couverte de bois et de marécages. Les cours d'eaux, fleuves, rivières, ruisseaux étaient toujours débordés et formaient partout des lacs, des étangs et des marais.

Les premiers habitants, dont on ignore l'époque de l'arrivée en Gaule, étaient de veritables sauvages qui se nourrissaient de racines de certaines plantes, de glands, de faînes et de la chair crue des animaux qu'ils pouvaient tuer.

Age de la pierre. — Ces hommes primitifs se servaient de pierres, qu'ils éclataient pour en faire des instruments de défense contre les animaux et pour satisfaire les besoins de leur chétive existence. En fouillant la terre on trouve assez souvent des débris de cette époque, haches, coins, dards, flèches, lames en silex, grès, etc. : ce sont des restes de l'âge de la pierre, dont on voit des échantillons remarquables au Musée de la ville de *Compiègne*, chez les savants ou amateurs d'antiquités et dans les écoles bien tenues.

Age du bronze. — En frappant les cailloux qu'ils éclataient d'abord, qu'ils polissaient ensuite, ou en frottant l'un contre l'autre deux morceaux de bois sec, les hommes firent jaillir des étincelles de feu : alors ils firent cuire leurs aliments. Ce fut un grand progrès. Le feu fait sur certains terrains fit fondre naturellement les minerais contenus dans ces sols : c'est ainsi, sans doute, que le bronze fut découvert, lequel succéda à la pierre pour les armes, les outils, les ustensiles de cuisine, les parures, etc. Le musée

Vivenel de notre ville et les collections des archéologues renferment aussi de nombreux spécimens de l'âge du bronze.

Age du fer. — En travaillant, en réfléchissant sur leurs premiers progrès les hommes furent amenés à fondre, à travailler le fer et ainsi à perfectionner leurs armes et leurs instruments. Alors ils taillent la pierre et le bois, qui leur servent à bâtir des huttes, puis des habitations plus spacieuses.

Afin de rendre leurs chasses plus faciles et plus fructueuses, ces hommes se réunirent en peuplades ; des hameaux, des villages s'établirent, des chemins se frayèrent : la civilisation naissait. Des armes diverses, des outils de tout genre, des ornements même de ce troisième âge, et en grand nombre, sont déposés dans toutes les collections antiques, soit publiques, soit particulières.

Monuments celtiques ou druidiques dans la région de Compiègne. — Ces demeures fragiles de nos premiers ancêtres (dont de curieux spécimens figuraient à l'Exposition de 1889) ont disparu depuis longtemps ; mais en beaucoup d'endroits on retrouve des monuments très solides des premiers âges qu'on appelle *menhirs, dolmens, cromlecks,* etc., et qu'on suppose avoir servi aux cérémonies religieuses ou de tombeaux aux chefs gaulois. La *pierre Tourniche*, près de Rethondes, dans la forêt de *Compiègne ;* le *Monicart* de Clairoix, la *pierre Lanfroy* à Villers-sur-Coudun, le *roc* sous l'église de Roye-sur-Matz, le *Martelois,* près de la Motte-Roland, à Lassigny; *Pierre Quint-Pierre* à Suzoy, près Noyon ; les *grès* énormes et vénérés de Bretigny et d'Appilly, le *Parc-aux-Loups* de Cuise-Lamotte avec le *monolithe* voisin ; les *pierres levées* à deux cents mètres de la tour Mennechet, de Chiry ; des *tumulus,* dans toute notre région, attestent la possession de notre pays par les populations celtes ou gauloises et les débris du culte druidique.

A ces époques reculées, les hommes, malgré les restes des quelques monuments primitifs que nous indiquons, ne savaient ni lire ni écrire : ce sont encore des barbares, et la tradition même ne nous a rien transmis de leurs usages. Nous ne saurions rien de leur existence, sans les vestiges que nous rencontrons parfois de leur passage dans les *cavernes*, *carrières* ou *creutes* des montagnes de notre région.

Tout ce que nous avons dit jusqu'ici se nomme l'époque préhistorique, c'est-à-dire celle qui précède l'histoire écrite des différents peuples.

NOTIONS GÉNÉRALES SUR LES GAULOIS

LES ROMAINS ET LES FRANCS

La Gaule était un peu plus étendue que la France actuelle, et avait pour bornes naturelles au Nord, la Manche et le Rhin ; à l'est, ce même fleuve, le Léman ou lac de Genève et les Alpes ; au Sud, la Méditerranée et les Pyrénées ; à l'Ouest, l'Océan Atlantique.

Les plus anciens historiens assurent que les Gaulois étaient grands, robustes, hardis, mais vaniteux. Le moindre succès enflammait leur courage, le moindre revers abattait leur audace. Dans les combats, ils méprisaient la mort, lançaient des flèches contre le tonnerre et l'ouragan. Ils n'avaient qu'une seule crainte, celle que le ciel ne tombât sur leurs têtes. Confiants à l'excès, ils étaient hospitaliers, savaient bien se battre et mieux discourir.

Les Gaulois aimaient les longs repas, qu'ils arrosaient d'hydromel et de cervoise, espèce de bière. Leurs vêtements consistaient en une *tunique* courte serrée à la hanche, d'un manteau ou *saie* et d'une large culotte liée aux genoux, nommée *braie*. Leurs armes étaient un *casque*, un *bouclier* et une longue *épée*.

Ces peuples adoraient les astres, le vent, les grands objets de la nature ; les forêts étaient leurs temples, et le chêne, l'arbre le plus majestueux des bois, était surtout l'objet de leur adoration.

La cérémonie de *l'an neuf* (nouveau), où les prêtres armés d'une faucille d'or, coupaient le gui sur les chênes vénérés était leur fête nationale.

Les prêtres ou druides (hommes des chênes) étaient tout à la fois commis au culte, à l'éducation, à la justice ; ils enseignaient la pluralité des dieux, l'immortalité de l'âme et, dans leurs sacrifices, offraient même des victimes humaines.

Outre la classe sacerdotale, la population se partageait en nobles et guerriers, et en paysans ou agriculteurs.

Les Gaulois firent des excursions en Bohème, en Italie, en Grèce, en Asie mineure. Ils s'emparèrent de Rome même, qu'ils ne quittèrent que gorgés d'or.

Les Romains n'oublièrent pas cet affront ; ils conquirent la Gaule tout entière, la gardèrent pendant cinq siècles, en lui imposant leur civilisation, comme nous l'indiquerons bientôt.

Au bout de ce temps, les Barbares envahirent la Gaule et les derniers venus, les *Francs* s'y établirent à leur tour par la conquête. Peu à peu ils ne formèrent qu'une seule et même nation avec les *Gaulois* primitifs et les *Romains*, leurs premiers vainqueurs.

Ainsi, nous autres **Français**, nous avons trois origines principales bien évidentes : gauloise, romaine, franque, que les savants retrouvent dans la langue nationale, le caractère, les lois, l'habillement, les mœurs, les coutumes, les croyances, etc.

Les *Francs*, sortis de la Germanie, se rapprochaient sensiblement des Gaulois par l'origine, les mœurs, la religion, l'état politique et social. Leurs armes étaient également la lance ou framée, la francisque ou hache à deux tranchants et le bouclier ou *pavois*. Leurs qualités et leurs défauts étaient aussi à peu près les mêmes.

Nos adversaires actuels prétendent que nous avons conservé les imperfections de nos ancêtres moins que leurs vertus. Il appartient à tous de démontrer le contraire ; aux éducateurs de la jeunesse et aux parents il incombe de développer nos qualités natives et de réformer nos défauts originels : l'étude de l'histoire doit beaucoup contribuer à ce double résultat.

HISTOIRE POPULAIRE
DE COMPIÈGNE

PREMIÈRE PARTIE

CHAPITRE I

Histoire de Compiègne et de son Arrondissement dans la
Gaule Indépendante. — Situation géographique et chemins primitifs de la Gaule dans cette région.

Sous les Gaulois, nos premiers ancêtres, *Compiègne*
n'était qu'un simple hameau, bâti sur la rive gauche
de l'Oise, près du gué situé en face du village actuel
de Venette.

Ce passage naturel de la rivière, facile pour les piétons lors des basses eaux, servait de communication
ordinaire entre les tribus gauloises des Suessions avec
les Bellovaques et les Ambiens.

Et *Compiègne* doit précisément son nom, *Strata
Compendii*, à ce passage raccourci entre ces trois peuplades, *Compendium*, en latin, signifiant *abrégé* : c'é-
tait donc le chemin, la route, la voie la plus courte
qui servait à nos pères de passage commun.

Outre les Soissonnais, qui occupaient les deux rives
de l'Aisne à l'est et les Beauvaisiens, qui habitaient
entre la Seine, l'Oise et le Matz, au sud et à l'ouest,
l'arrondissement actuel de *Compiègne* était, vers le
nord, au pouvoir de la tribu des Vermandiens, établis
sur les bords de l'Oise supérieure jusqu'au Matz.

La peuplade, qui avait Beauvais pour capitale, était

la plus nombreuse et la plus belliqueuse de la Gaule Belgique : d'où son nom de Bellovaques.

Chemins primitifs de notre pays et principalement dans la région de Compiègne. — Pendant les siècles qui précédèrent la conquête romaine, la Gaule était traversée par de grands chemins établis par les premiers habitants, et dont des traces évidentes subsistent encore.

1° *Le Chemin* dit *de Barbarie,* allait de Reims à Amiens par Soissons, Bac-à-Belle-Rive, Lécouvillon, Lassigny, Roye... Amiens. Cette voie se bifurquait à Lécouvillon (hameau d'Elincourt-Sainte-Marguerite), passait à Ressons, Saint-Martin-aux-Bois, Vendeuil, Braduspance.

2° Une deuxième route gauloise existait encore de Reims et Soissons à Beauvais, par la *Ligne* dite *du faîte des Monts,* dans les forêts actuelles de Villers-Cotterêts et de *Compiègne,* par Pierrefonds, Saint-Jean-aux-Bois, le gué de l'Oise, à Venette, les Monts de Jonquières, Canly, Catenoy, Clermont, Bresles, Beauvais.

Premières localités de l'arrondissement antérieures à Compiègne. — A cette époque, la plus grande partie du sol de notre région était boisée. Mais tout fait présumer que les premiers défrichements eurent lieu sur les deux rives du gué de Venette, à Clairoix, Coudun, Janville, Montmacq, Choisy, Ribécourt, Noyon, Kiersy, Attichy, au nord et à l'est ; Jaux, Rivecourt, Verberie, Pont-Sainte-Maxence, au sud, et que ces localités, à cause de leur position défensive ou de leur situation aux passages à gué de l'Oise et de l'Aisne ont été fondées avant *Compiègne,* dont l'existence ne se révèle, avec quelque importance, que trois siècles environ après la conquête des Gaules par les Romains.

CHAPITRE II

La Gaule sous les Romains ; Conquête de la Gaule-Belgique par César.

Reims, Soissons, Compiègne, Noyon, Beauvais, Amiens, tombent successivement au pouvoir de Rome. — Longtemps avant l'entrée des Romains sur notre territoire, les Belges, d'origine germaine, avaient envahi le pays qui s'étend de l'Oise et la Seine à la Manche, de sorte que cette région, à laquelle le département de l'Oise appartient, se nommait alors la *Gaule-Belgique*.

En 125 avant J.-C., les Romains s'établirent au sud de la Gaule et y fondèrent Aix et Narbonne ; puis en 57, le grand général Jules César entreprit la conquête du reste de la Gaule. Après avoir soumis la région qui s'étend sur les bords du Rhône et de la Saône, il arrive avec ses legions chez les Rêmes ou Rémois, qui se soumettent sans presque combattre.

Mais les autres Belges, à la tête desquels sont les Bellovaques avec 100 mille hommes, les Suessions 40 mille, les Véromandiens 25 mille, les Ambiens 10 mille, en tout, plus de 300,000 ont résolu d'arrêter César.

Tandis que les deux armées, séparées par l'Aisne ou par l'Oise — les auteurs ne sont pas d'accord sur le lieu de la bataille — se préparent à un combat général, Divitiac, lieutenant de César, suivant *l'allée du faîte des Monts*, traverse l'Oise, au gué de *Compiègne-Venette*, et va ravager le pays des Bellovaques, à l'insu des coalisés. Après une attaque partielle, et où les Romains eurent l'avantage, les Gallo-Belges ayant appris que les Éduens, conduits par Divitiac, saccageaient le territoire du Beauvaisis, se débandèrent pour aller défendre leurs foyers. César se mit à leur poursuite et enleva, sans coup férir, Noviodunum des Suessions (Noyon ou Soissons) et Braduspantium, dernier refuge de la plus importante peuplade belge-gauloise.

De Beauvais, Montdidier, Vendeuil, où les divers interprètes des commentaires de César placent la ville fortifiée de Bratuspance, le général romain se dirigea vers Amiens qui ne put résister aux légions de Rome.

Plus au nord les Romains éprouvèrent de sérieux revers, mais en fin de compte la Gaule-Belgique tout entière passa sous la domination romaine.

Après plusieurs campagnes à l'ouest et au midi de la Gaule, César rencontra au centre un héros gaulois, Vercingétorix qui vainquit les Romains à Gergovie.

Moins heureux l'année suivante, le défenseur de la Gaule fut vaincu par la tactique romaine à Alésia (Alise-Ste-Reine, Côte-d'Or). César ternit sa gloire en traitant son adversaire comme un vil esclave.

La tribu gauloise des Bellovaques est la dernière à se soumettre aux Romains. — Nos ancêtres, les Bellovaques, furent les derniers Gaulois à désespérer de l'indépendance de leur Patrie, et formèrent une dernière coalition contre César. Corréus commandait cette deuxième prise d'armes des Gallo-Belges.

Vermand, depuis Saint-Quentin, Soissons, Reims étaient occupés par les Romains. César part de cette dernière ville pour retourner au pays des Bellovaques, prend le chemin *de Barbarie* (voir page 2 et la carte par Bac-à-Belle-Rive, Janville, Coudun, établit un camp au mont isolé du Gannelon pour surveiller la marche de ses troupes ; séjourne au plateau des Sept-Voies, en faisant garder le gué de *Compiègne* qui conduit à l'allée du Faîte des Monts et au plateau de Champlieu ; passe à Jonquières, Canly et arrive à Catenoy où campe son arrière-garde et où restent les bagages du gros de l'armée.

De ces étapes, dont les traces se retrouvent encore de nos jours, César va attaquer les Bellovaques révoltés à Clermont de l'Oise et aux environs. Tout d'abord, Corréus trouva la mort dans une embuscade et ses soldats, après des exploits héroïques, furent vaincus dans des engagements de plusieurs jours, puis vendus et dispersés. Une partie des fuyards, dit-on, passa la Manche.

Beauvais, bouleversé dans sa population, vit son nom se romaniser en celui de Césaromagnus. Hermes et les alentours ont servi de sépultures aux innombrables Romains et Gaulois morts dans cette campagne mémorable.

La Gaule était entièrement domptée (51 ans av. J.-C.)

Les Gallo-Romains dans la régionde Compiègne du 1er au 5e siècle. — Les Romains imposèrent aux Gaulois leurs lois, leur culte, leur langue, leurs mœurs ; mais pendant cette domination de cinq siècles, les deux peuples s'unirent si intimement que, dans l'histoire de France, on appelle avec raison période *Gallo-Romaine* le temps écoulé depuis la conquête romaine des Gaules jusqu'à l'établissement des Francs dans notre Pays. C'est une époque de civilisation avancée dont nous admirons d'importants vestiges à Compiègne, à Champlieu, au Mont-Berny, une des douze villes des Suessions, indiquées par César, à Lacroix-Saint-Ouen, etc. Les fouilles faites dans les cimetières gallo-romains de Gury, Chevincourt, Cambronne Chelles ont amené la découverte de médailles, vases, colliers, bracelets, armes, ossements qui proviennent de cette époque.

Voies romaines des environs de Compiègne appelées plus tard Chaussées Brunehaut. Les Gallo-Romains perfectionnèrent les chemins gaulois que nous avons indiqués précédemment et établirent les belles et larges routes que nous retrouvons encore :

1° de Soissons à Amiens par Cuts, Noyon, Roye ;

2° de Soissons à Beauvais par Pierrefonds Champlieu, Senlis ;

3° de Senlis à Amiens, par Pont-Sainte-Maxence, Estrées-Saint-Denis, Gournay, Ressons, Canny, Roye ;

4° de Paris à Amiens par Senlis, Clermont, Breteuil.

5° Enfin, de la ferme, dite des *Sept-Voies*, à une lieue nord-ouest de *Compiègne*, partaient *sept chemins* allant dans toutes les directions de notre arrondissement. (Voir la Carte).

Cet ensemble de routes donne une haute idée de l'industrie, du commerce, de l'agriculture, — de la civilisation de cette seconde époque historique de notre pays.

La tour de César, première station militaire de Compiègne. — Le noyau de Compiègne actuel fut une station militaire établie par les Gallo-Romains, et consista, tout d'abord, en une construction élevée de plusieurs étages, de forme carrée, défendue par des fossés et des palissades, dite la Tour de César.

Cette forteresse était destinée à surveiller la contrée et en particulier la jonction de l'Aisne et de l'Oise et l'important passage du gué de Venette, où un pont fut sans doute bientôt établi.

Cette tour de César, dont les traces du rez-de-chaussée se voient encore dans les caves de la rue Saint-Corneille, s'élevait en face de la place appelée plus tard la Cour-le-Roi, où on vient d'établir la belle halle du Marché-aux-Herbes.

Défrichement du sol de Compiègne et des alentours.—Il est naturel de penser que le sol de la forêt fut bientôt défriché aux alentours de la forteresse; mais des parties boisées subsistèrent longtemps entre cette tour et le gué en aval, d'une part, et le confluent des rivières, en amont, d'autre part.

A cette même époque, croit-on, eut lieu aussi le déboisement du massif du pays des Sylvanectes, dont Senlis fut la capitale sous le nom d'*Augustomagus*.

Camps gallo-romains établis aux environs de Compiègne.—Des camps provisoires furent établis d'abord à Clermont, Catenoy, Coudun-Gannelon, St-Pierre en la forêt, puis remplacés plus tard au deuxième siècle de notre ère, par le camp permanent et plus important de Champlieu ou des Tournelles.

Champlieu : camp, théâtre, temple, thermes, puits, retranchements ; ruines ac-

tuelles de ces monuments. — La station militaire de Champlieu, à douze kilomètres au sud
de Compiègne, était établie sur un vaste plateau
au centre de la voie romaine qui allait de Soissons à
Senlis, près de l'allée du faîte des Monts : les savants
pensent avec raison que Champlieu fut une ville considérable des Gallo-Romains.

On a retrouvé vers 1850 dans cette plaine les restes
imposants du temple, du théâtre, des bains, des puits
et des limites de cette cité : cet ensemble précieux,
classé comme monument historique, sert de pélerinage
aux vrais savants qui visitent Pierrefonds et le Mont-
Berny, l'une des douze villes mentionnées par César
au pays des Suessions.

Tout porte à croire qu'un pont solide fut construit alors
près du gué de Venette sur la route allant du camp de
Champlieu aux Sept-Voies, Beauvais, Amiens ; que des
habitations permanentes s'élevèrent près de ce passage sur la rive gauche de l'Oise, berceau du faubourg
Saint-Germain de Compiègne ; enfin que des villas furent fondées à Mercières, Rivecourt, Verberie, Choisy,
Rethondes, Montmacq, Sempigny, Querzy, etc.

**Le Christianisme dans nos contrées au 3e
siècle.** — Vers le milieu du troisième siècle de notre
ère, il se produisit dans nos contrées un évènement
important, celui de la prédication du Christianisme.
Les apôtres-martyrs de la nouvelle religion furent
saint Denis, à Paris ; saint Lucien, à Beauvais ; saint
Rieul, à Senlis ; saint Crépin, à Soissons ; saint
Quentin, à Vermand ; saint Firmin, à Amiens, etc.

En 312, l'empereur Constantin arrêta la persécution
contre les chrétiens en faisant asseoir la religion de
Jésus-Christ sur le trône impérial de Rome, siège
qu'il transporta bientôt à Constantinople.

**Partage de l'Empire romain. — Invasion
des Barbares.** — En 395, à la mort du grand
Théodose, l'empire romain fut partagé en deux parties :
l'empire d'Orient, avec Constantinople pour capitale ;

l'empire d'Occident, dont Rome resta la métropole.

La Gaule, qui faisait partie de ce dernier empire, fut bientôt envahie par les Barbares, sortis de la Germanie : Burgondes qui se fixèrent à l'est, Wisigoths, au sud, **Francs**, au nord, dans notre région.

Les Huns. Attila. Bataille de Châlons. — Les Francs étaient à peine établis à Tournay, Cologne, Cambrai, Amiens, qu'une nation innombrable, les Huns, sortis de l'Asie et conduits par le féroce Attila, envahirent la Gaule, à leur tour.

Les Gallo-Romains, commandés par Aétius, patrice romain de Soissons, les Wisigoths, par leur roi Alaric, les **Francs**, par Mérovée, fils de Clodion, leur premier chef, vainquirent les Huns, à Châlons-sur-Marne, en 451. 160 mille hommes, selon les uns, 350 mille selon les autres, trouvèrent la mort dans les champs catalauniques.

En souvenir de cette mémorable victoire, les **Francs** choisirent longtemps leurs chefs dans les descendants de Mérovée : de là le nom de **Mérovingiens** *donné à la première race de nos rois.*

CHAPITRE III

Compiègne et son arrondissement à l'époque Franque.

Les Gallo-Romains entamés par les Barbares, virent bientôt la Gaule-Belgique envahie par diverses tribus franques (420), dont les chefs connus furent sucessivement Clodion (428) Mérovée, Childéric et Clovis Ier, véritable fondateur de la monarchie française.

Règne de Clovis Ier. — Ce prince monta sur le pavois en 481, à l'âge de quinze ans. En 486, il vainquit à Soissons les Gallo-Romains commandés par Syagrius. Tout le nord de la Gaule tomba ensuite au pouvoir des Francs, y compris la Tour de César, où Clovis, croit-on, fit bâtir un logis sous la protection de cette forteresse : ces deux édifices furent le berceau du *Compiègne actuel*, dont l'emplacement commun a toujours été le centre de la ville, (la rue St-Corneille et ses abords entre les quatre places de l'Hôtel-de-Ville, du Change, Saint-Clément et aux Herbes).

La victoire de Soissons mit fin à la domination romaine dans les Gaules. Cette ville devint plus tard le siège d'un évêché, dont *Compiègne* et les pays sur la rive gauche de l'Oise ont toujours fait partie jusqu'en 1790 ou mieux jusqu'au Concordat.

En 496, Clovis Ier repoussa une invasion d'Allemands, à Tolbiac, avec 3,000 Francs qui se firent baptiser à l'exemple de leur chef, par saint Remi, évêque de Reims, capitale de la province romaine, dont *Compiègne* et Soissons ont toujours ressorti au point de vue ecclésiastique.

En 500, Clovis vainc les Bourguignons, au pays des-la pieuse Clotilde, sa femme, appartenait.

Ce même prince bat les Wisigoths, à Vouillé, en 507 ; puis il assure ses conquêtes par de nombreux crimes qu'il croit effacer par les dons par lui faits aux églises. Il mourut à Paris, sa résidence ordinaire en 511.

C'est donc à l'époque du règne de Clovis Ier que se trouvent les bases obscures, peut-être, mais fondamentales de l'Histoire locale de Compiègne, *et aussi de* l'Histoire nationale, *lesquelles se confondent dès les premiers jours de la monarchie, pour se retrouver très souvent et dans toute la suite de* l'Histoire de France.

Premier partage de la monarchie franque en 511. — C'est à *Compiègne* que Clovis Ier partagea les territoires qu'il avait conquis entre ses compagnons d'armes ; mais ce fut à Paris, dont il avait fait sa capitale, que ses quatre fils se divisèrent ses états. — Clotaire qui régna à Soissons, dont *Compiègne* dépendait aussi au point de vue territorial, fut donc après son père, le chef de notre pays. Ce premier roi de Soissons survécut à ses frères, et en 558, il hérita seul des possessions de Clovis ; il mourut à Choisy-sur-Aisne, à 3 kilomètres de *Compiègne*, où il avait un château, et au retour d'une chasse où il prit froid. Plus tard, son corps fut inhumé à Saint-Médard de Soissons.

Les deux tronçons de Compiègne en 561. — Mais vers cette époque, le hameau primitivement bâti aux abords du pont, au gué de Venette, était devenu bourg, ayant son marché public dans la vaste prairie sur la rive droite de l'Oise, en face du barrage actuel et du bassin de carrénage.

D'un autre côté, la Tour de César avait vu s'élever le long de ses fossés, outre le logis royal, des habitations légères en bois destinées sans doute aux fournisseurs de la maison royale, et aux défenseurs de la forteresse. Toutefois ces deux tronçons du *Compiègne* primitif restèrent longtemps séparés et indépendants

Deuxième partage de la monarchie Mérovingienne en 561. — Cinquante ans après la première division du territoire conquis par Clovis et par ses fils, eut lieu un second partage à la mort de Clotaire 1er. Chilpéric 1er, un de ses quatre fils, auquel échut la Neustrie, séjourna tout le mois d'octobre 584 au palais près la Tour de César de *Compiègne*, où Frédégonde, son épouse, vint le retrouver pour aller ensemble à Saint-Jean-aux-Bois pleurer la mort de leur fils Théodoric.

Après la mort de Chilpéric, sa veuve en Neustrie, (France occidentale) et Brunehaut, reine d'Austrasie, (France orientale), ensanglantèrent le pays de leurs forfaits. Cette dernière reine fit réparer les routes gallo-romaines, de là le nom de *chaussées Brunehaut*, donné à tort à ces grandes voies de communication.

Troisième partage du royaume en 628, à la mort de Clotaire II. — Ce roi, père de Dagobert, choisit *Compiègne* pour y recevoir Théodebert, roi d'Austrasie en 611, tandis que Cuise, (1) Verberie, *Compiègne*, Choisy-en-Laigue, Venette, etc., étaient tour à tour les rendez-vous des chasses royales.

Vers 630 Dagobert transforma son logis et les abris provisoires attenant à la Tour de César, en constructions permanentes en pierres et bois, avec un rempart solide. Une place fermée fut annexée à ces nouveaux édifices, sous le nom de *Cour-le-Roi*, et destinée aux assemblées d'Etat. *Cet ensemble constitua le premier palais fortifié de* Compiègne, *dont les deux sections primitives, celle de la Tour et du Pont au gué, en s'agrandissant, ne tardèrent pas à se joindre pour ne former qu'une même cité.* La primitive église du faubourg St-Germain, *première paroisse de Compiègne,* remontait à cette époque.

Dagobert avec ses ministres, saint Eloi, évêque de Noyon et saint Ouen, évêque de Rouen, réunirent à *Compiègne* une assemblée de Prélats et de Grands qui décida, entre autres questions, la fondation de l'église de Saint-Denis. Depuis, cette cathédrale servit de sépulture à la plupart des rois de France. Eloi était orfèvre du roi à *Compiègne*, et Ouen, fondateur du monastère de Lacroix près de la même ville, avant leur élévation à l'épiscopat et au ministère royal.

Le nom du roi Dagobert et de son premier ministre sont restés populaires, comme ceux de Louis XII et Henri IV, à cause de leur bonté proverbiale.

Les Maires du palais gouvernent au nom des rois fainéants.— Les successeurs de Dagobert laissèrent le soin des affaires publiques aux officiers appelés Maires du Palais, et ne s'occupèrent que de chasse, de pêche et de culture dans leurs palais de Verberie, Rivecourt, Choisy, Montmacq, entourés de bois, d'étangs et de fermes.

---

(1) Aujourd'hui Cuise-la-Motte : de là le nom de forêt de Cuise donné à la forêt de Compiègne jusqu'au XVIIIe siècle.

En 715, les Neustriens battirent les Austrasiens dans la forêt de Cuise-*Compiègne*.

En 732, le plus illustre et le dernier maire du palais, Charles Martel, à la tête des Francs, courut à la rencontre des Arabes, venus d'Afrique et établis en Espagne, et les vainquit près de Poitiers : il fit ainsi triompher le Catholicisme en Europe en refoulant l'Islamisme en Afrique. Pour reconnaître les services rendus à la chrétienté, par Charles Martel, le légat du pape vint lui offrir, à Verberie, des présents magnifiques.

CHAPITRE IV

Compiègne et son arrondissement sous les Carlovingiens.

Pépin-le-Bref, fils de Charles-Martel, fut choisi par une assemblée des Grands à Senlis en 732 et sacré à Noyon, comme 1er roi de la seconde race. Cinq ans après, ce prince rassembla à *Compiègne* un concile de 120 évêques et abbés qui entendirent pour la première fois, en Europe et dans l'église de Saint-Corneille, les sons majestueux d'un orgue, le roi des instruments : c'était un présent de Constantin V, empereur d'Orient, à Pépin, et qui rappelait les insignes consulaires offerts à Clovis Ier par un autre empereur de Constantinople, Anastase.

Charlemagne, son fils et successeur (768-814) qui par ses capitulaires, ses exploits et son administration glorieuse, donna son nom à la **dynastie carlovingienne**, fut aussi sacré à Noyon par le pape Étienne III. Les plus anciennes parties de la cathédrale de cette ville remontent à cette époque. Berthe, veuve de Pépin et mère de Charlemagne, mourut à Choisy-au-Bac, ce qui prouve avec plusieurs chartes et diplômes que les trois premiers rois Carlovingiens ont souvent résidé aux palais de Verberie, Venette, Cuise, Dives, Trosly-Breuil, Quierzy, Vic-sur-Aisne, etc.

Ce prince illustre, avant de faire d'Aix-la-Chapelle la capitale de son vaste empire, agrandit le domaine du palais de *Compiègne* de tout l'enclos qui s'étendait de la Tour de César jusqu'à l'Aisne, de sorte que ce terrain, occupé par le château, le parc actuel en partie, le cimetière du Nord et les alentours, s'appela jusqu'au siècle dernier le **pourpris ou culture de Charlemagne**.

Enfin c'est à *Compiègne* que Charlemagne, à son retour de Rome, où il avait reçu du pape la couronne comme empereur d'Occident, en 800, accueillit l'hommage de Tassillon, roi de Bavière, comme il avait fait vingt ans plus tôt pour Hildebrand, duc de Spolète.

Louis-le-Débonnaire (814-840) par sa faiblesse envers ses enfants, compromit l'œuvre politique de son père Charlemagne. Plusieurs fois vaincu par ses fils ingrats, il est enfin détrôné à *Compiègne*, dans une assemblée de princes et de prélats, en 830, et relégué dans l'abbaye de Saint-Médard, à Soissons.

Charles-le-Chauve (843-877). *Compiègne* plusieurs fois saccagé par les Normands, ainsi que les villas environnantes, fut rebâti, en grande partie, par Charles-le-Chauve qui, a-t-on dit, lui donna le nom de **Carlopolis** (ville de Charles), avec l'intention d'en faire la capitale de la France occidentale. A cet effet, ce prince transforma son palais attenant à la Tour de César en un monastère dédié d'abord à Notre-Dame, desservi par cent chanoines et pourvu d'immenses revenus. Cette abbaye qui avait la prééminence sur les établissements religieux environnants prit le nom de Saint-Corneille quand les reliques de ce martyr furent rapportées d'Aix-la-Chapelle dans l'église de l'abbaye royale de Compiègne.

Charles-le-Chauve fit bâtir un autre palais à Beau-Regard, sur la rive gauche de l'Oise, en conservant entre l'ancien et le nouveau palais le vaste espace appelé la Cour-le-Roi, qui pendant près de trois siècles sera le centre de la vie civile et publique de Compiègne et tous les pays compris entre la Marne, la Seine, l'Aisne, l'Oise et la Somme. La Cour-le-Roi de Compiègne, au moyen-âge, fut pour le commerce de l'Picardie, comme une succursale des célèbres foires de la Champagne et de Saint-Denis.

Mais si la France moderne, dans ses limites naturelles, ne date véritablement que du traité de Verdun, en 843 qui, sous Charles-le-Chauve, crée les Etats Européens du centre de l'Europe, de même aussi **Compiègne**, *comme ville importante et royale remonte à l'époque de ce roi, où apparaissent encore les premiers rudiments de la langue française, conservés dans le serment de Strasbourg, en 841.*

C'est à la date de 877, capitulaire de Quiersy-sur-Oise, qui constitua la **Féodalité**, par **l'hérédité des fiefs, offices**, etc., que furent inaugurés à *Compiègne*, la Cour du Roi, l'abbaye de Saint-Corneille et sans doute le palais de Beauregard, en partie, avec sa grosse tour, dite de Charles-le-Chauve, et à tort de Saint-Louis ou Jeanne-d'Arc, dont on admire la ruine séculaire près de l'Oise.

Le 8 décembre, de la même année, Louis II, dit le Bègue, son fils, fut sacré dans l'église de St-Corneille par Hincmar, archevêque de Reims, abbé de ce monastère royal. Ce prince mourut deux ans après dans la même ville et fut inhumé dans l'église abbatiale. Il avait 22 ans. Louis III et Carloman, Charles-le-Gros, Eudes, Charles-le-Simple, Raoul, Louis IV d'Outremer, Lothaire et Louis V, dernier roi Carlovingien, habitèrent Compiègne et les résidences royales environnantes, qu'ils ne quittaient que pour combattre les Normands ou pour éviter leur rencontre.

Ces pirates ravagèrent longtemps notre région, en remontant la Seine, puis l'Oise et l'Aisne. Beauvais, Noyon, Senlis, à cause de leurs évêchés réputés très riches, furent plus souvent dévastés que *Compiègne*. On sait que ces hommes du Nord, en 884, firent le siège de Paris, qui dut son salut à Eudes, comte de

Paris, fils de Robert-le-Fort, duc de France, tige des rois de la 3e race.

En récompense de ses services Eudes fut choisi par une assemblée de Grands, à *Compiègne*, en 887, comme roi et sacré en cette qualité à Saint-Corneille par l'archevêque de Sens. Le vieux loup de mer normand, Hastings, détruisit dans le nord de Paris, les villes, bourgs, châteaux, abbayes ; rien ne fut épargné de la Seine à la Somme et à l'Escaut de 850 à 912.

En 912, date du fameux traité de **Saint-Clair-sur-Epte**, Charles-le-Simple, en même temps qu'il cédait la Normandie à ces pirates, donnant à Rollon, leur chef, sa fille Giselle en mariage, fondait à *Compiègne* la collégiale de Saint-Clément, et rebâtissait l'abbaye de Saint-Corneille et le palais de Beauregard détruits en grande partie par les Normands. Ces nouvelles constructions furent **agrandies et mieux fortifiées** que les anciennes, aussi la population qui vint s'établir sous la protection de ces défenses nécessita bientôt la construction de l'église Saint-Pierre, vers la culture Charlemagne, qui sert actuellement de gymnase à Compiègne, et dont l'architecture romane ogivale fait l'admiration des archéologues.

En 923, Charles-le-Simple fut vaincu à Soissons par les Grands révoltés et enfermé à Péronne, où il mourut.

Raoul, un des vainqueurs du roi captif régna jusqu'en 936. Alors Hugues-le-Grand, duc de France, rappela d'Angleterre le fils de Charles-le-Simple et lui rendit la couronne. Ce roi fut vaincu à son tour par les Normands qui le gardèrent un an prisonnier à Rouen. Pendant ce temps, en 943, *Compiègne* fut assiégé par Bernard, comte de Senlis et Thibaut de Tours, qui pillèrent l'abbaye et le palais du roi : insignes royaux, chevaux, chiens, armes, tout disparut. Lothaire, successeur de Louis IV, d'Outre-mer séjourna beaucoup à *Compiègne* et Louis V, son fils, y mourut à l'âge de vingt ans et fut inhumé dans l'église de St-Corneille.

Lutte entre le roi de France et l'abbaye de Saint-Corneille de Compiègne, laquelle donne naissance à une nouvelle puissance locale, la COMMUNE. — Mais à la faveur des guerres des Normands et des discordes intérieures, dès la mort de Charles-le-Chauve, il surgit à *Compiègne* deux puissances rivales : la Seigneurie royale et la Seigneurie de Saint-Corneille ayant chacune de grands fiefs, leurs barons, leurs vassaux et leurs serfs. Du rapprochement d'intérêts opposés naissaient de constantes querelles où s'épuisaient également les deux puissances royale et religieuse.

Aussi un troisième pouvoir allait apparaître au préjudice des deux autres : celui des habitants du bourg voisin du gué joints à ceux qui étaient établis en dehors des fortifications abbatiales et palatines, vers la culture Charlemagne. Ces deux sections importantes, mais indépendantes des deux Seigneuries, eurent chacune leur église, celle de St-Pierre, au nord et celle de St-Germain au sud, cette dernière érigée en paroisse au temps des successeurs de Clovis Ier.

La culture des terres, l'industrie, le commerce de ces travailleurs, en augmentant de jour en jour leur nombre et leurs richesse constituèrent bientôt à *Compiègne* la troisième puissance, appelée **Commune**, à cette époque, **Tiers-Etat** plus tard, la grande majorité de la nation en tout temps, sous les noms modernes de peuple ou démocratie.

De même que Compiègne se transformait ainsi dans sa population et changeait partiellement d'autorité, de même aussi le Pouvoir royal passa en d'autres mains plus fermes : les princes Carlovingiens francs sont abandonnés à leur tour.

CHAPITRE V

Compiègne et son arrondissement sous les Capétiens

Le duc de France, Hugues Capet et Adalberon, archevêque de Reims, convoquèrent les Seigneurs à Senlis pour aviser au bien de l'Etat. L'assemblée offrit la couronne à Hugues, qui fut sacré à Noyon en 987. Cette nouvelle dynastie, issue d'une famille gallo-romaine, donna un caractère vraiment **national** au roi choisi par ses égaux qui devint comme seigneur féodal le **suzerain** des seigneurs et non leur souverain absolu, comme sous les deux premières races royales.

Ce prince et ses successeurs Robert-le-Pieux 996, Henri Ier 1031 et Philippe Ier 1060, résidèrent souvent à *Compiègne* et dans les palais environnants, mais rien d'important ne s'accomplit dans cette région sous les premiers Capétiens. Ainsi les évènements de l'an mil, la construction des églises romanes, la paix et la trêve de Dieu indiquent que la puissance du clergé est au comble, tandis que la conquête de l'Angleterre par les Normands, la querelle des Investitures en Allemagne, et la première croisade, auxquelles Philippe Ier ne prend aucune part, montrent que l'autorité royale est d'une faiblesse extrême.

Règne de Louis VI et de Louis VII. La charte de Compiègne. — Mais le moment est arrivé où grâce à l'énergie de Louis VI, dit le Gros ou l'Eveillé (1108-1137) les choses vont changer de face. Dès 1110, le roi conteste à l'abbaye de Saint-Corneille le déplacement du pont; mais il est débouté en Conseil.

En 1112, Louis VI **autorise les premières libertés communales** pour combattre la puissance envahissante de l'abbaye de Saint-Corneille : c'est la première étape de **l'affranchissement des communes.**

En 1130, le pape Innocent II vint sacrer Louis VII à *Compiègne*.

C'est dans cette même ville que fut ratifié par le roi, en 1075 la charte qui fonde à Laon la première commune de France. Cependant Le Mans, Cambrai, Saint-Quentin, Amiens, Soissons, Noyon jurèrent la Commune, pour des raisons particulières, avant *Compiègne*, qui à toutes les époques de l'histoire fait preuve de la plus parfaite fidélité aux Pouvoirs constitués.

Louis VII, le Jeune continua de faire respecter le Pouvoir royal par ses vassaux laïcs et ecclésiastiques tout en favorisant la bourgeoisie des Communes ; c'est ainsi que les religieux de Saint-Corneille furent domptés en 1150 : ces moines qui tant de fois avaient violé leur règle sont remplacés par un autre ordre, les Bénédictins, auxquels le roi concède volontairement la Cour-le-Roi.

Les intérêts civils ont acquis à cette époque une si grande importance par la jonction du faubourg St-Germain au faubourg Saint-Pierre, le tout formant une ville considérable, que la charte communale de *Compiègne* est jurée entre le roi, Saint-Corneille et le peuple, d'un commun accord en 1153.

Compiègne, ville abbatiale et royale, resta étrangère à l'administration de Suger, aux prédications de St-Bernard, à la seconde Croisade et au divorce de Louis VII avec Éléonore de Guyenne ; mais si le pouvoir royal était suffisamment au-dessus de celui de l'Abbaye et de la Commune des Bourgeois, les intérêts du Monastère et du Peuple étaient souvent en lutte.

Règne de Philippe-Auguste. Première enceinte fortifiée de la ville de Compiègne. — Philippe-Auguste (1180-1223) pava Paris et entoura la capitale de la France d'une enceinte fortifiée. Il en fit autant poursa bonne ville de *Compiègne* afin de mettre ces deux cités privilégiées à l'abri des convoitises de l'étranger et de l'ambition des grands vassaux. Les fondations de cette première enceinte de *Compiègne* sous Philippe-Auguste se retrouvent de la rue des Clochettes vers l'angle nord du portail St-Antoine ; de là en ligne droite jusqu'à la jonction des places de l'Hôtel-de-Ville et Saint-Jacques. Le mur allait de là vers le nord traversait l'impasse Saint-Martin, passait derrière l'Hôtel-de-Ville actuel jusqu'à vers la jonction des rues Pierre-Sauvage et Sainte-Marie. Il se dirigeait alors en droite ligne vers la ruelle des Neiges jusqu'à la Cour-le-Roy déjà fortifiée. A chacun des angles du mur d'enceinte était une tour défensive: Telles étaient les limites du *Compiègne* primitif, comme cité royale fortifiée.

Sur les conseils de ce roi les religieux de Saint-Corneille rétrocédèrent à la commune de *Compiègne* leurs droits sur le marché public, c'est-à-dire sur la Cour-le-Roi, à titre de cens, redevance ou location, et cette place appelée désormais Marché-aux-Fromages, puis Place-aux-Herbes — bien que faisant partie de l'abbaye ou du Palais royal — ne rentrera plus dans le domaine féodal ni dans le domaine du roi : c'est une place communale destinée aux vulgaires usages d'un marché public, et non plus exclusivement consacrée aux fêtes royales aux assemblées féodales ou aux cérémonies abbatiales : c'est comme la charte, une conquête du Tiers-Etat sur les deux autres ordres de la nation,

En 1150, agrandissement du prieuré et de l'église Saint-Nicolas, aujourd'hui Hôtel-Dieu fondé par Suger; vers 1180, édification de l'église de St-Antoine et du couvent des Cordeliers ; en 1200, construction de Saint-Jacques, le tout en dehors du mur d'enceinte de Philippe-Auguste.

1214. Bataille de Bouvines. La milice et les armes de Compiègne. — Othon, empereur d'Allemagne, Ferrand, duc de Flandre et nombre d'autres princes des Pays-Bas, avec 150 mille hommes vinrent d'attaquer les Français à Bouvines, entre **Lille** et **Tournay**. Le roi donna de sa personne. Les évêques de Beauvais, Noyon, Senlis et Soissons, à la tête de leurs vassaux firent des prodiges de valeur ainsi que les milices communales.

Compiègne se distingua tout particulièrement, et les armes de la ville, a-t-on dit, furent la récompense du courage et de la fidélité des Compiégnois à la ba-bataille de Bouvines, avec la devise : **Regi et regno fidelissima.** (1)

C'est ici le lieu de faire ressortir que *Compiègne* est toujours resté fidèle à la France représentée pendant de longs siècles par la Monarchie absolue, puis successivement par la République constituante, l'Empire autoritaire, la Royauté constitutionnelle, la 2e République et le 2e Empire avec le suffrage universel et la 3e République, née à la suite de l'année terrible 1870-1871.

Ce constant attachement aux divers gouvernements que la France s'est donnés (depuis un siècle surtout) est peut être le plus beau titre de gloire et de sagesse de *Compiègne* qui pratique ainsi le principe fondamental des Etats et des Sociétés : **le respect de la loi, la soumission à la majorité, la fidélité aux représentants du Pays,** quels que soient leurs titres ou leurs mérites personnels.

Si, en effet, les progrès de l'humanité transforment lentement les Sociétés et les lois qui les régissent, la fidélité à la Patrie sera toujours la première vertu d'un bon citoyen : ainsi ont fait les Compiégnois depuis

------

(1) Les armes de *Compiègne* sont composées d'un écu d'argent au lion d'azur et lampassé de gueules, couronné d'or et chargé de six fleurs de lys, le tout porté par un homme et une femme, avec la devise **Regi et Regno fidelissima.**

Bouvines, ainsi feront nos descendants pour rester fidèles à la mémoire de leurs aïeux, à la devise de leur cité, fidèles au gouvernement de la France !

Administration de Philippe-Auguste. — *Compiègne* et sa région, à partir de ce règne et de la victoire nationale et communale de Bouvines, suivront constamment les destinées de la royauté, qui dès lors, représente essentiellement la patrie française. Enfin c'est Philippe-Auguste qui donne le premier une direction administrative régulière à la France, dont *Compiègne*, après Paris, est le plus fidèle représentant.

CHAPITRE VI

Compiègne et sa région sous Louis IX ou saint Louis (1226 à 1270)

Louis VIII, fils de Philippe-Auguste ne fit que passer sur le trône. Louis IX, son fils, lui succéda avant l'âge de douze ans, sous la tutelle de sa vertueuse mère, Blanche de Castille.

Mais avant de montrer ce que fut saint Louis pour *Compiègne*, pour la France et pour le monde alors connu, rappelons que l'Inquisition, qui eut une si grande influence sur les évènements du moyen-âge fut établie en 1415 par St-Dominique pour empêcher le retour des Albigeois à l'hérésie; que la 4e croisade fut prêchée à Ecry-sur-Aisne par Foulques, curé de Neuilly-Saint-Front, à quelques lieues de *Compiègne*; que les chevaliers picards se distinguèrent dans cette expédition, et que l'empire latin de Constantinople (1204-1261) compta plusieurs fiefs fondés en Orient par les seigneurs de nos environs.

Les comtes et barons habitant la région de *Compiègne* ne prirent aucune part à la 5e ni à la 6e croisades, mais ils suivirent saint Louis en Egypte et en Palestine, et plus tard en Sicile et en Afrique.

Naissance et éducation de Louis IX. — Une

constante tradition rapporte que saint Louis, la plus grande figure du 13e siècle et du moyen-âge, naquit à La Neuville-en-Hez (Oise), à quelques lieues de *Compiègne*, où se passa la plus grande partie de son enfance. Sa pieuse mère fit ainsi l'éducation de son fils au milieu de sujets calmes et dévoués à la cause royale. Cette ville, en effet, ne prit aucune part aux nombreuses rébellions qui troublèrent longtemps l'habile gouvernement de la reine Blanche.

Les actes datés de *Compiègne*, pendant toute la durée du règne glorieux de Saint Louis, sont très nombreux ; nous n'indiquerons que les principaux.

En 1228, *Compiègne* jure « fidélité au roy et au gouvernement de la reine-régente » qui confirment les privilèges de leur bonne ville.

En 1230, les grands vassaux soumis signent avec le roi la paix de *Compiègne*.

Tournoi de Compiègne. — En 1238, deux ans après le mariage du roi avec Marguerite, héritière de la Provence, *Compiègne* fut témoin des fêtes magnifiques données à l'occasion du mariage de son frère Robert avec Mathilde, duchesse de Brabant, de l'investiture de l'Artois, conférée à ce prince et de sa réception comme chevalier avec 140 gentilshommes français, ses compagnons d'armes.

Cette triple cérémonie royale donna lieu à des joutes militaires, à des tournois et à des revues qui durèrent plusieurs semaines, et qui surpassèrent les magnificences déployées à *Compiègne* aussi sous Philippe-Auguste pour une pareille réception de chevaliers.

La vaste plaine comprise entre l'Oise, l'Aisne et la forêt, qui tant de fois dans l'histoire de *Compiègne* servira de camps d'études, de défense ou d'attaque pour notre ville, fut témoin des fêtes splendides dont nous résumons le récit.

Les historiens du temps nous ont conservé la description de ces solennités, où la France tout entière était représentée, les noms des principaux personnages, et jusqu'au détail des sommes dépensées à l'occasion de ces « joieusetés ». Ce qui prouve que les plaisirs n'excluaient pas l'esprit d'ordre chez nos ancêtres.

Septième croisade.— Dix ans plus tard, ce même Robert d'Artois après avoir emporté Damiette en compagnie roi son frère, fut massacré par les Turcs avec plusieurs chevaliers des environs de *Compiègne*, dans une charge au milieu des escadrons ennemis, où leur bouillant courage les avait entraînés. On connaît les résultats malheureux de cette expédition. Nos ancêtres furent vaincus par le climat meurtrier de l'Egypte malgré les prodiges de bravoure et de dignité dont le roi donna des preuves admirables.

Après avoir visité la Palestine, fortifié les villes saintes, racheté les captifs, saint Louis rappelé en France par la mort de sa mère, rapporta la couronne d'épines pour laquelle il fit construire à Paris la Sainte-Chapelle, le chef-d'œuvre de l'architecture française du 13e siècle.

De 1256 à 1260, saint Louis donna aux Frères-Prêcheurs (Jacobins) l'ancien palais bâti par Charles-le-Chauve, sur la rive gauche de l'Oise, ne réservant pour son propre logis ou hôtel-du-roi que la partie qui s'étendait de la collégiale Saint-Clément à la rivière, y compris la grosse tour de Charles-le-Chauve, alors principale défense de la ville de *Compiègne*. Puis ce même prince fait élever en face de son logis, l'église Saint-Nicolas et l'annexe à l'hôpital ou Hôtel-Dieu, qu'il agrandit, dote et exempte de tous impôts et péages dûs au roi.

L'ancien pont qui existait sur l'Oise, au bas de la rue actuelle dite de Jeanne-d'Arc, et dont plusieurs arches très solides subsistent encore, date vraisemblablement du règne de saint Louis, ainsi que les magnifiques caves de l'Hôtel-Dieu.

Saint-Louis à l'hôpital de Compiègne. — *Compiègne* déjà connu par l'acte de mansuétude qui vit Robert-le-Pieux pardonner aux voleurs des franges d'or de son manteau, en les admettant à sa table après les avoir fait asseoir à celle du Christ, fut témoin d'un trait de fraternité non moins admirable de la part de saint Louis et de toute la population compiégnoise.

Après la reconstruction et l'agrandissement de l'Hôtel-Dieu de *Compiègne*, le roi et sa famille suivis de toute la Cour, dans une cérémonie solennelle, procédèrent à l'inauguration de cet asile public de la charité chrétienne.

Le roi, les princes et princesses, aidés des religieux, transportèrent les malades et les paralytiques dans leur nouvelle demeure, avec un drap de soie que saint Louis abandonna aux pauvres. Les seigneurs suivirent l'exemple royal ; les bourgeois et le peuple, dans une louable émulation, imitèrent la Cour, le clergé et la noblesse : ainsi les malades, les vieillards et les orphelins furent installés en peu d'instants, car l'établissement primitif était, selon la coutume du temps, tout à la fois un hôpital et un hospice. Depuis les deux services ont été judicieusement séparés.

Exemple édifiant d'égalité et de fraternité dans un siècle que l'on considère trop souvent comme celui de l'ignorance et de la barbarie, mais dont nous indiquerons bientôt la marche rapide dans la voie des progrès moraux et intellectuels.

Cet épisode historique est rappelé dans une verrière placée dans l'église Saint-Jacques de *Compiègne*, où saint Louis, dans une des salles de l'Hôtel-Dieu, console les malades, panse leurs plaies et leur offre des aliments.

Saint-Louis à l'Abbaye de St-Corneille. — Louis IX fit transporter les restes des princes inhumés à l'église abbatiale dans une chapelle royale particulière. Une grande pompe fut déployée pour cette cérémonie. Le roi lui-même prononça l'oraison funèbre des personnages qui faisaient l'objet de cette translation.

Ainsi saint Louis n'aimait pas seulement à rendre la justice à ses sujets sous le chêne de Vincennes, mais aux morts même, comme chez les Egyptiens primitifs.

La tradition de *Compiègne* a conservé d'autres traits qui ne font que confirmer les vertus singulières de saint Louis, comme roi, comme législateur, comme guerrier, etc.

Ce prince augmenta les fortifications de *Compiègne*, offrit aux Cordeliers une habitation plus spacieuse près de l'église Saint-Antoine, fit élever un rendez-vous de chasse à Royallieu, comme annexe de son logis restreint désormais dans la ville ; enfin il avait conçu le projet de construction d'un troisième palais royal au haut de la culture Charlemagne : la **huitième croisade** l'empêcha de réaliser son dessein.

A la prière de son frère Charles d'Anjou, roi de Naples et de Sicile, saint Louis marcha de nouveau contre les Infidèles.

On sait que la peste décima les armées coalisées, et que Louis IX mourut à Tunis le 25 août 1270 de la contagion qu'il contracta en soignant les malades et en ensevelissant les morts.

« L'ère des croisades (ces expéditions de Dieu par la France) était terminée. »

Nous nous sommes étendu sur le règne de saint Louis dans ce précis d'histoire locale, parce que ce roi avait une prédilection particulière pour *Compiègne* où s'était passée son enfance, où s'était faite son éducation par sa mère, où il a constitué de nombreuses fondations pieuses et édifié plusieurs monuments qui subsistent encore.

Compiègne, de tout temps aussi, a particulièrement honoré la mémoire de saint Louis. Dans nombre de discours officiels les représentants de la cité appellent *Compiègne la ville de saint Louis*. Il n'est pas une église, pas une chapelle, pas un édifice public qui ne perpétue le souvenir de ce royal bienfaiteur de *Compiègne.*

CHAPITRE VII

Tableau historique de Compiègne et de sa région de l'avènement des Capétiens à la mort de Saint-Louis, 1000 à 1300, 11ᵉ, 12ᵉ et 13ᵉ siècles.

Il convient, croyons-nous, à la mémorable époque où nous sommes arrivés, de jeter un coup d'œil d'ensemble sur ce que nos pères ont accompli d'intéressant pendant les trois derniers siècles dans la région de *Compiègne* et, en particulier sous Philippe-Auguste et sous son petit-fils saint Louis.

L'établissement du régime féodal, les expéditions militaires et religieuses des croisades, la fondation des ordres de chevalerie, l'affranchissement des Communes et les conséquences sociales qui en découlèrent appartiennent surtout à la France du Nord, dont *Compiègne* ville du domaine royal fait partie intégrante.

La bataille de Bouvines, où *Compiègne* et les villes d'alentour occupent un rang illustre, consacre définitivement l'avènement du Tiers en puissance qui marchera désormais à côté de la Noblesse et du Clergé. Au-dessus des trois Ordres de la nation, l'autorité incontestée du roi dans son domaine.

La Cour des pairs est remplacée par le Parlement, tribunal suprême de la justice, où figurent en première ligne l'archevêque de Reims, grand prieur de Saint-Corneille de *Compiègne* et ses suffragants les évêques de Laon, Beauvais et Noyon. Les bailliages et les prévotés qui administrent les biens royaux, rendent la justice au nom du roi avec appel au Parlement. La fondation de l'Université, de la Sorbonne, des Collèges et des Ordres monastiques, tous chargés de l'enseignement des sciences, des lettres, de la philosophie, surtout de la Théologie qui règne en maîtresse science au moyen-âge. Les travaux historiques de Joinville, Villehardoin, Jean de Beauvais, Beaumanoir, Jean de Venette, Roscelin de Compiègne apparaissent. Les premiers romans de chevalerie sont lus avec ardeur. Les pièces de théâtre sont jouées par les confréries et les corporations.

Le roi entoure les villes de son domaine de hautes murailles, de tours crénelées et flanquées de châteaux-forts; les seigneurs suivent l'exemple de leur suzerain; le clergé bâtit des couvents, de vastes abbayes, de superbes cathédrales, en style ogival, art essentiellement français, et appelé à tort architecture gothique.

Encore une fois, toutes les créations que nous venons de résumer appartiennent avant tout à la France de la langue d'oil, où *Compiègne* brille d'un éclat particulier à cause de sa situation au confluent de deux cours d'eau importants, de la proximité de forêts immenses, de son enceinte fortifiée, son commerce, son industrie, son agriculture et surtout de la résidence des rois, qui à cette époque déjà, faisait de *Compiègne* la capitale secondaire de la France.

Aussi, à toutes les époques de notre histoire nationale, — de Clovis Ier à saint Louis, en ne citant que Dagobert, Charlemagne, Charles-le-Chauve, Eudes Louis-le-Gros et Philippe-Auguste — nous pouvons nous flatter que *Compiègne*, plus que Paris peut-être, a été le berceau de la France naissante, de la France catholique, de la langue et de l'unité françaises, des premières libertés communales, le berceau enfin des plus belles conceptions dans les arts, les sciences, les lettres, la civilisation du moyen âge incarné dans saint Louis, le plus accompli des hommes de l'avis de tous les historiens.

CHAPITRE VIII

Description de Compiègne et des pays ayant formé son arrondissement actuel, à la fin du 13ᵉ siècle.

D'après ce que nous avons dit jusqu'ici de *Compiègne* et de sa région, il est facile de se faire une idée à peu près exacte de l'état de ce pays vers la mort de saint Louis, fin des croisades et du 13ᵉ siècle, et à la veille de la guerre de cent ans.

A cette époque, qui est l'apogée du plus beau siècle du moyen-âge, *Compiègne*, entouré du rempart de fortifications de Philippe-Auguste, réparées et un peu agrandies par saint Louis, occupe l'espace délimité aujourd'hui par l'Oise, les rues Pierre-Sauvage, de l'Etoile, Saint-Martin, des Cordeliers, petite rue Saint-Antoine ; de là, le mur, avec de légères sinuosités allait à l'angle ouest des Jacobins ou Dominicains (propriété actuelle de Mme de Bicquilley). L'Oise s'étendait jusqu'à l'ancien portail de l'église St-Nicolas, où se trouvait la porte du pont flanquée de deux tours. En allant vers l'est, la rivière se divisait en deux bras formant les îles de la Pallée, longue ellipse qui se terminait à la tour du même nom, située à la rencontre actuelle de la route de Paris à Reims, de la rue du Petit-Canal et des fortifications subsistant encore, mais dont le mur de ce côté, n'a été élevé que sous Charles V.

Le vaste terrain qui s'étendait de la Pallée aux rives de l'Oise et de l'Aisne et à la forêt jusqu'aux rues Hurtebise, de Pierrefonds et de Magenta, c'était la grande culture Charlemagne, où avaient été édifiées d'abord la chapelle Saint-Pierre, puis l'église Saint-Jacques, cette dernière, agrandie à diverses reprises.

Au midi, et toujours à l'extérieur du mur d'enceinte, le plateau des Sablons, puis la plaine de Royallieu, allant de la forêt et la rivière jusqu'au mur fortifié, et dont les habitants avaient en dehors de la ville, les églises de Saint-Germain et de Saint-Antoine et plusieurs chapelles, Saint-Lazare, etc.

En face vers l'ouest, Venette et Margny, séparés de *Compiègne* par une prairie longue et étroite et qui s'étend jusqu'au pied du Gannelon et de Clairoix. Ce pré est souvent submergé par les débordements de l'Oise et de l'Aronde qui se jette dans cette rivière près de son confluent avec l'Aisne.

Des alentours de la ville murée et entourée d'eau que nous décrivons, on pénètre dans l'enceinte par les portes de Soissons, de Pierrefonds, de Paris et du Pont et par deux poternes donnant sur le bras secondaire de l'Oise qui coule jusqu'à la rue Vivenel, au pied du rempart.

En entrant dans *Compiègne* par la porte du Pont, au nord-ouest, on voit à sa gauche, l'église Saint-Nicolas et l'Hôtel-Dieu et à droite l'imposante tour de Charles-le-Chauve, qui garde la porte étroite du pont de saint Louis : les ruines de ces quatre monuments attestent encore aujourd'hui l'importance de notre cité il y a six cents ans !

En face de l'entrée, le logis du roi resserré entre la Cour-le-Roi, entourée de halles pour le commerce intérieur et extérieur, l'abbaye, son église à quatre clochers et ses vastes dépendances, puis la vieille tour de César, appelée alors tour de Saint-Michel. A droite, le couvent des Dominicains et sa longue église, et plus haut la collégiale de Saint-Clément, dont la place actuelle et quelques soubassements de murs rappellent seuls le souvenir.

Les Templiers établis intra-muros par l'abbaye de Saint-Corneille, occupaient le vaste espace compris aujourd'hui entre l'Oise, les rues de Solferino et Pierre-Sauvage jusqu'à la rue Sainte-Marie ouverte depuis près du mur fortifié regardant le Nord. En dehors du mur d'enceinte, comme nous l'avons déjà dit, étaient les trois églises paroissiales actuelles et celle des Minimes.

La haute tour de l'église Saint-Jacques n'était pas bâtie, mais une flèche existait, au centre de la croix latine que forme cette église, comme la plupart des cathédrales de France de la même époque.

Compiègne ne comptait alors qu'une vingtaine de rues étroites et tortueuses, des maisons à un ou deux étages, avec pignon sur rue d'ordinaire. Deux ou trois mille habitants dans l'enceinte, autant en dehors.

A l'intérieur, le roi, les princes, des seigneurs, leurs soldats ou leurs varlets ; — des religieux, leurs clercs et leurs nombreux personnels, barons, vilains, manants ; — des bourgeois, des artisans et des commerçants ; — de nombreux voyageurs, trafiquants, pélerins, mendiants, logeant dans les hôtelleries, les couvents, ou les tripots, selon leur condition.

Au dehors, des bûcherons et des cultivateurs attachés à la glèbe dans le pourpris Charlemagne et dans les plaines des Sablons et de Royallieu ; des mariniers et des jardiniers au faubourg St-Germain, dont l'église romane des Mérovingiens subsistera jusqu'aux sièges de *Compiègne*, au quinzième siècle.

En face du faubourg du Saint-Germain de l'autre côté de l'Oise, Venette, villa regia, son château-fort, sa vieille église disparue, et depuis reconstruite, ses coteaux couverts de vignes, son plateau en partie cultivé, en partie boisé.

Vis à vis du pont, Margny présentant le même aspect que Venette, dont il n'est séparé que par la voie gallo-romaine qui tourne les plateaux contigus.

Vers le nord, entre ces coteaux et la montagne pittoresque du Gannelon, de vastes prairies souvent inondées, puis Coudun, Clairoix et Janville sur la rive droite de l'Oise, Choisy sur la rive droite de l'Aisne, ayant chacun leur château fortifié pour se défendre d'abord, et pour servir de postes avancés à *Compiègne*.

A l'est et au sud, la forêt de Cuise se reliant à celle

de Laigue et de Villers-Cotterêts et de l'autre à la longue ligne forestière d'Hallatte, de Chantilly et de Senlis. Dans ces bois profonds et séculaires Saint-Pierre-en-Chastres, Offémont, Pierrefonds et son château des Nivelon, entré dans le domaine royal depuis un siècle, Saint-Jean-aux-Bois, Morienval, Orrouy, Béthisy, Saintines, Lacroix, Verberie ; à l'ouest, Jaux, Le Meux, Rivecourt, Longueil, Jonquières, Remy, tous fortifiés et habités par des seigneurs, leurs vassaux, arrière-vassaux, serfs affranchis ou non, travaillant les domaines des barons, comtes, ducs, ou des évêques, abbés, prieurs, seuls possesseurs terriens.

A une plus grande distance de *Compiègne*, mais toujours dans sa région topographique, les villages fortifiés en tout ou en partie de Gournay, Mortemer, Ressons, Boulogne, Mareuil, Margny, Elincourt, (Beauvoir), Canny, Lassigny, Dives, Beaulieu, Lagny, Ribécourt, Mauconseil (Chiry), Sempigny, Carlepont, Tracy, Bailly, Pimprez, Thourotte, Longueil, Rethondes, Trosly-Breuil, Saint-Crépin, Attichy, Vic-sur-Aisne, etc.

Au troisième plan enfin, les villes fortes de Noyon, Roye, Montdidier, Clermont, Senlis, Crépy, Villers-Cotterêts et Soissons.

Et dans cette triple enceinte, qui circonscrit la région de *Compiègne*, de nombreuses montagnes boisées, de grandes prairies et marais couverts d'eaux stagnantes ; sur les coteaux, de hauts manoirs avec tours et donjons ; des églises avec clochers au milieu de plaines bien cultivées, où vivent des paysans travaillant durement, payant bien les impôts, venant rarement à la ville, aimant le roi qui pour eux représente Dieu et la France, dévoués enfin à leurs seigneurs et maîtres, laïques ou ecclésiastiques : tel était l'état physique, politique et social de la région de *Compiègne* et en général de la France du Nord du Xe au XIIIe siècle.

A cette époque, l'Eglise était toute puissante, la

Noblesse, la Bourgeoisie des villes et les populations nombreuses des campagnes étaient également soumises au Clergé au point de vue spirituel, intellectuel et souvent judiciaire. C'est alors que s'organisent les paroisses, que se bâtissent les cathédrales de Paris, de Noyon, etc., et successivement dans nos environs au XIe siècle, les églises romanes de Roye-sur-Matz, Elincourt-Ste-Marguerite (chœur et portail) de Tracy-le-Val, Berneuil, Coudun, Antheuil, Cuts, Cuise-la-Motte, Saint-Barthélemy et Saint-Eloi de Noyon, dont l'église du Sacré-Cœur de Montmartre-Paris sera la merveille du genre. Au XIIe siècle, époque de transition de l'art roman à l'architecture ogivale, nous trouvons la belle église abbatiale de Saint-Jean-aux-Bois, la cathédrale de Noyon en grande partie, les églises de Thourotte, Saint-Léger, Chiry (chœur), Ressons (chœur), Canly, Estrées (partie), Lagny, Laberlière.

Au XIIIe siècle enfin, le style ogival (architecture vraiment française) atteint la perfection avec la Sainte-Chapelle de Paris, et offre de beaux modèles dans les églises plus ou moins complètes de Saint-Antoine et de Saint-Jacques de Compiègne, Attichy, Berneuil Babœuf, Remy. Les églises de l'arrondissement bâties ou réparées dans ces derniers temps ont généralement emprunté au XIIIe siècle, les gracieuses et solides ogives ainsi que les colonnes à corniches sculptées de notre architecture nationale : c'est un acte de patriotisme concerté entre l'Etat, le département, les municipalités et le clergé, qui mérite tous les éloges des savants et des bons citoyens.

CHAPITRE IX

Compiègne et son arrondissement sous les successeurs de Saint Louis jusqu'à la Guerre de Cent-Ans (1270 à 1328).

Philippe III le Hardi fils de Louis IX, pendant un règne de quinze ans, s'occupa de recueillir la

Champagne et le Languedoc et d'expéditions extérieures. C'est sous son règne en 1282, qu'eut lieu à Palerme le massacre de 8,000 français qui avaient suivi Charles d'Anjou. Ce sanglant épisode est connu sous le nom de *Vêpres Siciliennes*, parce qu'il fût exécuté le jour de Pâques, au son des Vêpres, signal choisi par les conjurés.

Philippe le Hardi est connu à *Compiègne* par le privilège qu'il accorda aux habitants d'avoir un *champion*, c'est-à-dire un défenseur en champ clos de leurs droits, quand la justice communale manquait de preuves suffisantes pour régler le différend : c'était un vestige du duel judiciaire, coutume barbare abolie par saint Louis.

Philippe IV le Bel (1285-1314) continua la politique nationale de Louis VI, de Philippe-Auguste et de saint Louis, en organisant fortement l'administration de la France, par la création du grand Conseil, conseil d'Etat où les légistes dominaient avec Nogaret et Enguerand de Marigny qui accompagnère it souvent le roi à *Compiègne*.

En 1297, après la canonisation de saint Louis par le pape Boniface VIII, Philippe-le-Bel fit bâtir à *Royallieu-Compiègne* une chapelle en l'honneur de son aïeul et sous le vocable du nouveau saint. Cette fondation fut dotée de grands revenus et de riches reliques, notamment d'un morceau de la vraie croix, pris à la Sainte-Chapelle de Paris et qui attirait à l'abbaye de Royallieu de nombreux pèlerins de toute la région. La chapelle de Bon-Secours, des anciens Capucins du faubourg Saint-Germain de *Compiègne*, paraît avoir hérité jusqu'aujourd'hui de ce courant religieux qui portait la population du moyen-âge à Saint-Louis de Royallieu.

C'est à *Compiègne* que la guerre de Flandre fut préparée. A Furnes, les chevaliers picards et artésiens furent vainqueurs, mais les Flamands de Bruges dans un soulèvement qui rappelle les Vêpres siciliennes, massacrèrent 3,000 Français. Pour venger cette surprise une armée féodale entra en Flandre, mais mal disciplinée, elle fut battue par les milices flamandes à Courtray en 1302. Plusieurs seigneurs de la région de *Compiègne* furent parmi les 12,000 morts de la prairie du sang de Courtray, ainsi que le frère du roi, son connétable et son chancelier.

Deux ans plus tard, le roi à la tête des milices des Communes de France, plus prudentes que les seigneurs, vainquit les Flamands à Mons-en-Puelle.

Compiègne paraît être resté étranger à la querelle entre le roi et le pape, ainsi qu'au procès des Templiers, qui, outre l'établissement considérable qu'ils possédaient dans la ville avaient des maisons florissantes, à Bienville, Pimprez, Tracy, Lassigny, Cuvilly, etc. Après l'abolition de cet ordre fameux par le pape en 1312, et le supplice du grand maître Jacques Molay, à Paris l'année suivante, leurs biens immenses furent confisqués par le roi. A *Compiègne*, le Temple conserva son nom avec les dépendances qui furent occupées par les chevaliers de Malte.

Avant Philippe-le-Bel, il s'était tenu à *Compiègne*, à Noyon, à Senlis, et même dans plusieurs résidences rurales des rois, à Verberie, Quierzy, Trosly, Cuise, des Conciles, Assemblées provinciales ou d'État ; mais en 1302, ce prince pour appuyer sa lutte contre Boniface VIII, convoqua à Paris, **les premiers Etats-Généraux.**

Cette réunion des trois Ordres de la Nation, **Clergé, Noblesse et Bourgeoisie** du Tiers-État eut lieu dans l'église cathédrale de Notre-Dame où les représentants de *Compiègne*, ville royale, jouèrent un rôle prépondérant, car cette Assemblée nationale **établit la suprématie du roi sur les trois Ordres de la Nation,** comme cela existait à *Compiègne* depuis deux siècles et demi : c'est le principe de la Royauté absolue qui subsista avec plus ou moins de tempérament jusqu'à la Révolution de 1789.

Tout en revendiquant comme son aïeul, la supériorité temporelle en France sur la papauté, Philippe IV protégea le clergé : les abbayes d'Ourscamps, d'Offémont, de Noyon, les Chartreux du Mont-Renaud, qui prirent aussi le nom de Saint-Louis, plusieurs autres monastères, couvents ou prieurés reçurent les libéralités royales. Les seigneurs suivirent l'exemple du roi, ce qui explique les richesses immenses de l'abbaye d'Ourscamps qui jouissait à une époque de 200,000 livres de revenus en bien-fonds.

La Cour des Aides comprenant la gabelle, la maltote et l'altération des monnaies, fonctionna d'abord dans le domaine du roi et par conséquent à *Compiègne* : c'est peut être ce qui détermina le Parlement à adresser au roi aussi les **premières remontrances** qui souvent tempérèrent, dans la suite des temps, l'absolutisme des rois.

Louis X, le Hutin, après son père, agrandit la résidence de Royallieu, appelée alors La Neuville, **abolit le servage** dans ses domaines, dont *Compiègne* et les environs recueilleront les premiers bienfaits (1315). C'est dans cette ville, par contre, qu'il fit enfermer Marguerite de Bourgogne, sa femme, qui était indigne d'occuper un trône.

Son frère Philippe V le Long réglementa l'**Administration** des **Eaux** et **Forêts**, qui intéressait doublement la région de *Compiègne* ; il sépara les fonctions judiciaires de celles de l'Administration royale ou municipale et des Finances. Cette multiple division gouvernementale devint de plus en plus oréneuse pour la **commune de Compiègne** qui fut forcée de renoncer aux droits, mais aussi aux dures obligations de la charte de 1153.

Suppression de la commune en 1319. — Depuis plus d'un siècle et demi que *Compiègne* avait obtenu une **charte communale**, cette ville s'était administrée librement en élisant tous les 5 ou six ans un **Maire** ou Maïeur et **12 Echevins** ou

Jurés qui avaient à peu près les mêmes attributions que les Conseils municipaux de nos jours. Le premier maire connu est **Pierre, élu en 1185** ; viennent successivement Jehan d'Estrées, Simon de St-Germain e'c., enfin, Pierre, l'orfèvre, le dernier, en 1375 ; ce qui établit que les noms de famille n'étaient point encore en usage à *Compiègne* à cette époque.

Mais les charges en argent, en hommes et en fonctions gratuites envers le roi, l'abbaye, les seigneurs et le clergé séculier devinrent si lourdes pour les **bourgeois réunis en commune,** que le Tiers-Etat de *Compiègne* fut obligé d'abandonner les privilèges qu'il payait trop cher. Philippe V agréa cette détermination, reprit le gouvernement militaire de la ville et rétablit la charge de Prévôt royal pour la justice civile et criminelle : la charte communale était ainsi supprimée et «le peuple n'eut plus que des libertés précaires ne reposant sur aucun contrat. »

Les habitants de *Compiègne,* ville de simple bourgeoisie désormais ne sont plus représentés que par **des gouverneurs attournés,** sorte de fonctionnaires à gages annuels, au nombre de 3, 4, 5 ou 6, et élus la veille de la St-Jean-Baptiste. Le 23 juin 1320 la première élection eut lieu en faveur de Messires Henry l'Ecripvain, Jacob Vaguemulle, Jehan de Marchières ; on voit naître à *Compiègne,* comme ailleurs, les noms de famille, au moment où disparaissent les libertés communales.

Les élections des officiers municipaux pendant le régime communal, comme depuis sa suppression, consistaient dans l'assemblée des habitants au son de la bancloke ou cloche de la commune. Les suffrages étaient recueillls par le greffier de la ville qui dressait procès-verbal des opérations, ainsi que cela se pratique de nos jours.

Jusqu'en 1319, sous les garanties de la charte, les élections du Maire et des échevins étaient sans contrôle ; à partir de cette époque, la nomination des gouverneurs attournés est soumise à l'avis du gouverneur militaire et à la sanction définitive du roi.

En retour, le gouverneur royal remettait les clefs de la ville aux nouveaux magistrats élus, après leur avoir fait jurer de « bien et fidèlement servir le roi et les habitants. »

Charles IV, le Bel, dernier fils de Philippe-le-Bel, succéda à ses frères, à l'exclusion des filles laissées par ceux-ci, et par application de la loi salique qui ne permettait pas que le domaine du roi « tombât en quenouille » c'est-à-dire aux mains d'une femme.

En 1326, une ordonnance de ce prince autorise les habitants de *Compiègne* « quoique leur ville ne fût plus érigée en commune », à sonner les cloches du beffroi, mais seulement en cas d'incendie ou de meurtre.

En dehors des persécutions des lépreux et des juifs que le peuple accusait, souvent à tort, de crimes imaginaires, ou des calamités publiques qui de temps à autres assaillent l'humanité, le règne de Charles le Bel n'est remarquable que par la prospérité générale qui continue en France au début du 14e siècle. L'industrie est florissante, le commerce actif, l'agriculture en progrès. Les arts de cette époque nous ont transmis des chefs-d'œuvre dont nos cathédrales, nos églises, nos musées, nos hôtels de ville, ont conservé de précieux spécimens, en partie réunis présentement au palais du Trocadéro de Paris, à l'occasion de l'Exposition universelle de 1889.

Mais de même que les invasions des Normands ruinèrent pour longtemps la France et la région de *Compiègne* en particulier, la guerre de Cent-Ans, la Jacquerie et la rivalité des Bourguignons et des Armagnacs, qui en furent les conséquences, vont mettre un terme à cette prospérité publique et couvrir nos contrées de misères et de ruines, car l'invasion étrangère vient des mêmes parages, à peu près, que celles qui ont précédé.

CHAPITRE X

Compiègne et sa région sous les I^{ers} Valois.

Philippe VI de Valois (1328-1350). Les trois derniers rois étant morts sans laisser de fils, la branche des Capétiens directs était éteinte. D'après la loi salique, une troisième fois appliquée, Philippe, fils de Charles de Valois, frère de Philippe-le-Bel, fut reconnu roi, malgré les prétentions d'Edouard III, roi d'Angleterre et de Charles de Navarre, descendants par les femmes, des derniers Capétiens.

L'année même de son avènement Philippe VI vient à *Compiègne*, où il signe plusieurs chartes ; on retrouve ce roi dans la même ville en 1336 et en 1340, lors des élections des gouverneurs attournés municipaux.

Ce prince, qui avait toutes les habitudes ruineuses des seigneurs féodaux, avec une antipathie prononcée contre la bourgeoisie des villes, fit ainsi le malheur de la France en abandonnant les bons procédés de ses prédécesseurs à l'égard de l'ordre le plus nombreux de la nation.

Vainqueur des Flamands à Cassel, puis vaincu avec les Gênois et les nobles à la bataille navale de l'Ecluse, Philippe s'engagea encore dans la querelle de Bretagne contre Jean de Montfort et en faveur de Charles de Blois, neveu du roi de France.

Dans toutes ces guerres, les villes du domaine royal, *Compiègne* et les environs, avaient eu à lutter par leurs contingents militaires, contre les troupes d'Edouard, roi d'Angleterre qui soutenait en tous lieux les adversaires de Philippe de Valois.

En qualité de petit-fils de Philippe-le-Bel, par sa mère Isabelle, Edouard contesta de nouveau à Philippe ses droits à la couronne de France : ces revendications sont, en fait, *le commencement de la* **guerre de Cent Ans,** qui doit être un siècle de malheurs de toute nature pour notre pays.

En 1346, Philippe de Valois vint à *Compiègne* se consoler de la défaite de **Crécy**, dont le récit émouvant se trouve dans toutes les histoires de France, et où s'illustrèrent encore une fois les milices du roi, des villes, et de tous les pays du nord.

Dans cette fatale journée, les seigneurs d'Attichy, de Coudun et Séchelles-Cuvilly trouvèrent la mort avec le vieux roi aveugle Jean de Bohême, onze princes, deux archevêques, douze cents chevaliers et plus de trente mille soldats.

Calais tomba au pouvoir des Anglais l'année suivante, après un siège de onze mois, soutenu héroïquement par le gouverneur Jean de Vienne, dont les descendants (la famille des de Voguë) possèdent encore le château de Séchelles, la ferme et le bois de Ressons-sur-Matz, qui sont contigus du premier domaine.

Ainsi le dévouement légendaire d'Eustache de St-Pierre et de ses compagnons se rattache directement à l'histoire de *Compiègne*, et nos enfants sauront trouver dans ces rapprochements des leçons du plus noble patriotisme.

La peste noire, dite de Florence, qui décima un tiers de la population française, n'épargna pas la région de *Compiègne*, où existaient heureusement de nombreux hôpitaux, maladreries et léproseries.

Philippe VI mourut en 1350, peu de temps après la donation du Dauphiné à la France : ce fut une consolation nationale au milieu de tant de malheurs publics.

Jean II (1350-1364) surnommé **Le Bon**, signifiant alors le **Brave**, succéda à son père dont il avait la vaillance, mais aussi le mépris pour le peuple.

Le faste de la Cour, l'altération des monnaies et la misère générale obligèrent de réunir les Etats-Généraux en 1355.

Le roi, auquel ces Etats accordèrent cinq millions pour une armée de cent mille hommes, courut aussitôt à la rencontre du Prince Noir, fils du roi d'Angleterre, qui venait de débarquer à Bordeaux. Le prince de Galles n'avait que 12,000 soldats avec lesquels il se mit à ravager l'ouest de la France.

Le roi Jean, à la tête de 50,000 hommes pouvait facilement avoir raison des Anglais. Sa fougue et son imprudence amenèrent un désastre épouvantable près de Poitiers, (1356), dont il faut lire le détail navrant dans tous les auteurs qui ont raconté cette deuxième bataille du même nom, aussi funeste pour la France que celle de 732 avait été féconde pour l'Europe.

Le roi, fait prisonnier, fut emmené à Londres tandis que la reine se retirait à *Compiègne* au milieu de sujets dont les malheurs de la patrie n'altéraient pas la fidélité.

Le Dauphin Charles, meilleur politique que bon soldat, (il s'était enfui pendant la bataille de Poitiers), prit le titre de lieutenant général du royaume et assembla les États-Généraux de 1356.

Devant l'incapacité des deux premiers Valois et des seigneurs, qui avait amené les fatales défaites de Crécy et de Poitiers, les députés du Tiers-État conduits par Robert Le Coq, évêque de Laon, et surtout par Étienne Marcel, prévôt des marchands de Paris, imposèrent leurs conditions au Dauphin.

Tandis que Laon, Amiens, Beauvais et Senlis prenaient parti pour Marcel, *Compiègne* consolait la reine de son infortune, par son calme et son respect.

Les 36 délégués des États-Généraux, à Paris, demandaient : 1º l'armement des milices communales pour en faire une armée nationale ; 2º le vote de la surveillance des impôts par les *élus* ; 3º une organisation judiciaire plus simple ; 4º des libertés plus étendues et plus sûres : c'était la base des principes du gouvernement constitutionnel, dont quatre siècles nous séparaient encore.

Le Régent résista. Étienne Marcel, soutenu par les Parisiens recourut à la violence pour soutenir les revendications populaires.

Le prévôt des marchands de Paris, qui remplissait

les fonctions de maire, songea même à remplacer la
famille des Valois par Charles-le-Mauvais, roi de Navarre, issu par les femmes, des Capétiens directs et
gendre de Jean le Bon.

Etienne Marcel et les Parisiens en lutte ouverte contre l'autorité légitime du Dauphin, se rallient autour
du chaperon rouge et bleu de leur chef ; ces couleurs
sont restées dans les armes de Paris.

Le prévôt de Paris voulut entraîner *Compiègne*
dans sa révolte. La fidélité des habitants se maintint
intacte dans ces graves circonstances.

Les conseillers du régent, Robert de Clermont et
le sire de Conflans sont massacrés par les partisans de
Marcel ; le désordre est à son comble dans la capitale,
tandis que les provinces en butte aux dévastations des
Anglais et des Navarrois unis pour ruiner et démembrer la France, sont dans la plus profonde misère.

Un échevin de Paris, Jean Maillard, apprenant que
Marcel va ouvrir une des portes de la capitale aux ennemis, le massacre.

Les partisans du roi reprennent courage et le régent
qui avait réuni à *Compiègne*, le 4 mai 1358, les *Etats*
de Picardie, pour balancer la puissance d'Etienne
Marcel, vit bientôt son autorité se rétablir.

Cette même année un incendie détruisit toutes les
archives de *Compiègne*. Quelques titres et chartes
échappèrent aux flammes, et c'est à l'aide de ces documents et de quelques pièces dispersées dans diverses collections, que l'on peut rétablir, non sans peine,
l'histoire de *Compiègne* et de sa région jusqu'au 15e
siècle.

La Jacquerie à Compiègne et dans les environs. — Pendant ce temps d'anarchie générale,
les paysans de Paris à Beauvais, Montdidier, Noyon,
Soissons jusqu'à Meaux, au nombre de cent mille et
plus, pour échapper au pillage des ennemis ou aux
exactions des seigneurs, se levèrent en masse, armés
de bâtons ferrés, de coutelas et de fourches, détermi-

nés à anéantir les nobles qu'ils accusaient de leur misère extrême.

Les campagnards qui ne voulaient pas s'enrôler avec les émeutiers se réfugiaient dans les cavernes, les carrières et les bois avec leurs bestiaux et leurs provisions, comme cela s'est vu à toutes les époques malheureuses de l'histoire de notre région, et encore en 1814 et en 1870.

En mai 1358, les *Jacques* (nom donné par les seigneurs aux Jacques Bonshommes ou paysans « qui criaient mais payaient de gré ou de force », les Jacques poussés à bout, pillèrent, massacrèrent, incendièrent un nombre considérable de châteaux en Picardie, dans le Beauvaisis, le Valois, le Noyonnais et le Soissonnais.

Les seigneurs se liguèrent contre ces bandes indisciplinées et les exterminèrent en détail avec une cruauté inouïe.

Enguerand de Coucy, si connu par son château et sa devise orgueilleuse, se chargea de la destruction d'innombrables Jacques qui, repoussés de *Compiègne* qu'ils avaient tenté de surprendre, ravageaient les alentours avec une sauvagerie impitoyable.

Charles de Navarre fit un carnage horrible des dernières bandes de *Jacques* à Meaux en Brie; ce sanglant épisode ne dura pas un mois, mais ruina pour longtemps nos environs. Caillet, de Catenoy, chef des Jacques, fut pris, couronné avec un trépied de fer rougi au feu et pendu à Clermont de l'Oise.

L'historien Froissart, qui nous a transmis les détails horribles de la Jacquerie dans les environs de *Compiègne*, cite les noms de plusieurs chefs particuliers des Jacques. qui habitaient Jaux, Venette, Remy, Pierrefonds, Pont-Sainte-Maxence, etc., et auxquels le Régent accorda des lettres de rémission, qu'ils ne paraissent guère avoir méritées.

Mais après que les révolutions ont passé sur un pays et que les réactions ont assouvi de tristes vengeances, les partis sont tous plus ou moins coupables ; une amnistie générale devient un mal nécessaire : tel est le perpétuel recommencement des événements historiques.

Le grand Ferret de Rivecourt et la défense de Longueil-Sainte-Marie. — L'année qui suivit la guerre civile de la Jacquerie ne fut pas moins terrible pour les villages situés entre Creil et *Compiègne* en proie aux dévastations des étrangers. Maîtres du château-fort de Creil, les Anglais, à leur tour, levaient des contributions énormes, détruisaient les églises, pillaient, incendiaient et souvent massacraient en masse les populations rurales environnantes.

Les villageois, exaspérés de nouveau par l'excès de leurs maux, osèrent, cette fois, regarder en face l'étranger, le véritable ennemi.

Deux historiens de cette époque, nés dans notre contrée, Fillon, dit Jean de Venette et Jean de Noyal, près de Guise, nous ont conservé le récit des exploits de Guillaume l'Aloue et de son lieutenant le Grand Ferret, de Rivecourt, à Longueil-Sainte-Marie, possession de l'abbaye de Saint-Corneille de *Compiègne*.

Le grand Ferret, enrôlé d'abord dans les bandes des *Jacques* en fut détaché par les partisans du Régent et pourvu, croit-on, des fonctions de garde du Bois-d'Ageux pour le roi et l'abbaye royale.

A la tête de 200 villageois, l'Aloue et Ferret défendirent avec intrépidité le château de Longueil, dont la porte seule était fortifiée, contre 1.700 Anglais venus de Creil et des châteaux voisins. 160 anglais trouvèrent la mort dans ce premier engagement, et deux paysans seulement, dont le capitaine l'Aloue, aussitôt remplacé par Colard Sade.

A la vue de son chef baigné dans son sang, le grand Ferret ne put maîtriser sa douleur ni sa furie. Il se rua sur les Anglais, brandit sa hache et frappa avec une telle impétuosité « que la place se vida devant lui. » En moins d'une heure, il tue dix-huit ennemis à lui seul sans compter ceux qu'il blesse...

A deux reprises différentes, et à peu de jours d'intervalle, les Anglais furent repoussés de Longueil avec des pertes considérables, grâce à la bravoure du colossal Ferret.

Après le combat, le grand Ferret altéré par une chaleur excessive et par la fatigue alla puiser de l'eau à une fontaine voisine et en but en abondance. Cette imprudence détermina presqu'aussitôt chez le robuste héros une fluxion de poitrine qui l'obligea à se mettre au lit.

Les Anglais, ayant appris cette maladie, envoyèrent à Rivecourt douze d'entre eux pour surprendre leur ennemi. La femme du grand Ferret qui les vit venir de loin cria : Ouais ! mon pauvre homme, voilà les Anglais ! Le malade saute de son lit, s'arme de sa lourde hache, et sortant de sa maison : « Tas de lâches brigands, s'écrie-t-il, vous ne me tenez pas encore. » Et s'adossant à un mur, il se défend avec la dernière énergie dans ce combat inégal. Cinq Anglais tombent sous les coups redoublés du colosse, les sept autres prennent la fuite....

Le grand Ferret regagna sa couche et but de nouveau de l'eau froide, alors qu'il était en sueur. La fièvre redoubla et, malgré sa robuste constitution, il mourut en chrétien au bout de peu de jours et fut enterré dans le cimetière de son village.

Une statue en bronze, de proportions qui ne rappellent pas assez le grand Ferret, a été élevée sur la place de Longueil-Sainte-Marie, en 1889, par la munificence de M. Meurinne, de Chevrières, ancien conseiller général du canton d'Estrées-Saint-Denis.

Il est désirable qu'une plaque de marbre, au moins, perpétue au cimetière de Rivecourt, pays natal du grand Ferret, le souvenir de ce type du patriotisme rural.

C'est pendant les années 1358 et 1359, qui virent

l'émeute de la Jacquerie et l'héroïque défense de Longueil, que les environs de *Compiègne* furent témoins de faits d'armes qui font également honneur à nos ancêtres.

Nous résumons ces événements locaux en quelques lignes.

L'évêque de Noyon possédait alors à l'ouest de l'église de Chiry et à peu de distance du lieu occupé aujourd'hui par la tour, le château-fort de Mauconseil, dont les Anglais s'emparèrent, et d'où ils rançonnaient tout le pays d'alentour.

Le Régent avec ses troupes et celles des seigneurs de Coudun, Choisy, Canny, Beauvoir, Varesnes, etc., tenta en vain de reprendre cette forteresse.

La plupart de ces seigneurs tombèrent prisonniers des Anglais qui les emmenèrent à Creil.

Les châteaux des captifs ainsi que ceux de Ribécourt, Venette, Remy, Verberie furent successivement pris par les Navarrais et les Anglais, qui incendièrent en même temps les abbayes d'Ourscamps et de Lacroix-Saint-Ouen.

Les combats sanglants de Pont-l'Evêque, Béthisy, Giromesnil (depuis Saint-Sauveur), où les ennemis furent vaincus, sont restés dans le souvenir des populations de ces villages, où les faits historiques ont pris, avec le temps, des proportions légendaires.

Traité de Brétigny (1360). — Pour rentrer en France, le roi Jean fut obligé de signer le traité de Bretigny, en Beauce, qui cédait à Edouard III la moitié de notre territoire au sud et à l'ouest, de plus **Calais** Guines et Montreuil au nord, avec 60 millions de rançon.

Le roi Jean vint retrouver la reine à *Compiègne*. La cour demeura presque constamment dans cette ville jusqu'au retour volontaire du roi à Londres, où il mourut en 1364.

Pour garantir le paiement de la rançon royale, un fils de Jean II, et plusieurs ôtages de *Compiègne* et des villes voisines furent emmenés en Angleterre; leur fuite décida Jean le Bon à aller loyalement réintégrer sa prison.

Pendant son séjour à *Compiègne*, retour d'Angleterre, Jean le Bon donna en apanage la Bourgogne à son second fils, Philippe le Hardi, qui avait vaillamment combattu à Poitiers : cette libéralité inutile et imprudente fut funeste à la France et en particulier à *Compiègne* et aux environs, comme on le verra bientôt.

C'est à *Compiègne* que naquit, sous le règne de Jean le Bon, Pierre d'Ailly, qui devint chancelier de l'Université, évêque du Puy, archevêque de Cambrai et légat du pape.

Un monument élevé dans l'église de Saint-Antoine, par la Société historique, perpétue la mémoire de cet illustre enfant de la cité compiégnoise.

Mathieu de Quesne, 1er *capitaine-gouverneur de Compiègne* et Thibault de Camely, 1er *élu* de la même ville, lieutenant-général du Bailliage de Senlis, furent aussi les contemporains des personnages célèbres que nous avons cités dans ce chapitre comme nos concitoyens.

Compiègne et son arrondisssement
sous les régnes
de Charles V, Charles VI et Charles VII.

Charles V, dit le Sage, qui régna de 1364 à 1380, par son habileté, cicatrisa les maux que son père et son aïeul avaient attirés sur la France, en même temps qu'il fit les plus grandes œuvres pour la ville de *Compiègne.*

Au retour de son sacre à Reims, le nouveau roi fait son entrée solennelle à *Compiègne ;* il y reste plusieurs mois consécutifs et il y réunit les États-Généraux de 1356. Là sont arrêtées les mesures qui doivent préparer le retour à la France des provinces arrachées par l'Angleterre.

A l'époque où le grand Ferret naissait dans nos parages, venait au monde en Bretagne un héros qui, sur un plus vaste champ devait être pour la France, ce que fut pour nos environs, le défenseur de Longueil.

Bertrand Duguesclin, après avoir fait ses premières armes en Normandie contre les troupes de Charles le Mauvais, et pendant la guerre de Bretagne entre les familles de Jean de Montfort et de Charles de Blois, — vint offrir ses services à *Compiègne* au roi Charles V.

Les grandes qualités militaires de Duguesclin étaient déjà connues de toute la France ; le roi accueillit avec empressement les propositions du soldat breton, qui répondaient si bien aux désirs qu'ils avaient l'un et l'autre de débarrasser le pays de l'étranger.

Duguesclin, à la tête des grandes compagnies, (troupes licenciées et rebut des dernières guerres), passe en Espagne, élève sur le trône Henri de Transtamare qui tue Pierre le Cruel, son frère et compétiteur, et ramène à Charles V 1,500 hommes aguerris et disciplinés qui serviront de cadres aux recrues dont la France avait grand besoin.

En récompense de ses services, Duguesclin reçut l'épée de connétable, la première dignité militaire, et dès lors il mit en œuvre le plan arrêté à *Compiègne* pour reprendre. sans batailles rangées, les provinces que le traité de Bretigny nous avaient enlevées.

Le Prince Noir, cité à la Cour des pairs pour rendre compte de son administration de la Guyenne, dont la noblesse se plaignait, refusa de comparaître : il fut condamné à perdre ses possessions en France.

Furieux, le prince anglais, envahit de nouveau notre pays, ainsi que Robert Knolles, son lieutenant, qui avait déjà rançonné *Compiègne* et les environs du temps de la Jacquerie.

La tactique adoptée par le roi et son connétable consistait, tout en évitant les grandes batailles, à hareler les petits corps de troupes, à enlever les convois de vivres et de munitions, à surprendre les traînards, à réduire l'ennemi en détail.

En moins de cinq ans, trois armées anglaises furent ainsi détruites et Édouard III ne posséda bientôt plus en France que Bordeaux, Brest, Calais et Châteauneuf de Randon (Lozère) devant lequel mourut Duguesclin, vainqueur après sa mort, car les clefs du fort, assiégé et rendu, furent déposées sur le cercueil du libérateur de la patrie, digne serviteur d'un roi sage et prudent. (1379) Charles V lui-même mourut l'année suivante.

Le prince de Galles et son père Édouard III, rivaux de gloire de Bertrand Duguesclin et de Charles le Sage, les précédèrent au tombeau trois années plus tôt, et aussi à un an d'intervalle.

On sait que Charles V agrandit les fortifications de Paris et le Louvre, construisit les châteaux de Saint-Germain et de Vincennes et commença la Bastille, citadelle et prison d'État.

Mais ce qu'il faut que les Compiégnois n'ignorent pas non plus, c'est que Charles le Sage fit pour leur ville tout autant que pour la capitale : en effet ce roi agrandit considérablement les fortifications de *Compiègne*, bâtit le palais dont les fondations et le plan ont été conservés en partie, perça de nombreuses rues, surtout dans les anciens faubourgs qu'il entoura de la nouvelle enceinte fortifiée, et il tripla ainsi la superficie de la « ville des rois » Charles-le-Chauve, Philippe-Auguste et saint Louis.

Construction du Palais de Compiègne par Charles V. — Lorsque Charles le Sage monta sur le trône, le premier logis royal commmencé par les Gallo-Romains, continué par Clovis Ier et Dagobert était toujours occupé par l'abbaye de Saint-Corneille ; le château de Beauregard, bâti par Charles-le-Chauve, sur les bords de l'Oise, était en possession des Dominicains ou Jacobins ; le troisième logis royal, avec la Cour-le-Roi, était abandonné aux usages communaux;

le rendez-vous de chasse de La Neuville-Royallieu était insuffisant pour le roi et pour sa cour.

Charles le Sage qui affectionnait particulièrement *Compiègne*, comme ses prédécesseurs, voulut y posséder une demeure en rapport avec l'importance de la ville et des longs et nombreux séjours qu'il y faisait.

En 1374, il acheta des religieux de Saint-Corneille plusieurs maisons bâties sur le point le plus élevé de la Culture Charlemagne, près de la forêt, les fit abattre et jeta les fondements du 5e logis royal à *Compiègne*, au lieu même où fut reconstruit à diverses époques, le château actuel. Plusieurs caves, murs, tours, terrasses, fossés, du palais primitif subsistent encore aujourd'hui, et les archéologues de la localité les montrent aux touristes savants qui, avec nos sites merveilleux, nous envient la Tour de Beauregard, les édifices de Louis IX, Pierrefonds, Coucy et Champlieu qui sont comme les fleurons de la couronne artistique de *Compiègne*.

Troisième enceinte fortifiée de la ville de Compiègne. — Depuis la construction de l'enceinte de Philippe-Auguste, vieille déjà de cent cinquante ans, la cité s'était considérablement accrue, et les églises de Saint-Jacques et de Saint-Antoine, le nouveau Palais et les faubourgs qui entouraient ces édifices n'auraient pu être protégés en cas d'attaque.

Aussi Charles V résolut-il de les enfermer dans un rempart et des fossés de fortification à redans, beaucoup plus étendues que celles du 12e siècle.

La nouvelle enceinte commença vers la tour puissante de la Pallée, sur l'île du même nom, dont nous avons déjà parlé, contournait la terrasse du château, telle que nous la voyons aujourd'hui avec le mur, les demi-tours et les fossés du temps de Charles V. La porte de Soissons avec ses deux tours n'a guère changé depuis cinq cents ans. La muraille de la rampe et de la terrasse du Palais, en face de la merveilleuse avenue des Beaux-Monts, est bâtie sur l'ancien mur du rempart, que l'on retrouve tout le long et derrière les maisons du boulevard Victor-Hugo et de la rue des Fossés.

Ce mur haut de 8 à 10 mètres par endroit, aboutit à la rue des Domeliers en face de la rue Hersan, qu'il traversait ainsi que la propriété de M. Méresse, où l'on voit encore une des deux tours qui défendaient la porte de Paris. De là, le mur d'enceinte allait, en ligne presque directe, à la principale tour des Jacobins près de l'Oise. Le mur et la rivière servaient de défense à *Compiègne* du côté du pont de Saint-Louis, vers le nord et le plateau de Margny-les-Compiègne.

Rien, d'ailleurs, ne peut remplacer l'étude du plus ancien plan de *Compiègne*, qui porte la date de 1509, avec les cinq bastions, la rivière et les fossés, si on veut se rendre un compte exact de ce qu'étaient les fortifications de cette ville au lendemain des sièges successifs qu'elle venait de subir, l'enceinte n'ayant guère changé depuis Charles V jusqu'à Louis XV. Du reste peu de villes de l'intérieur peuvent, comme la nôtre, montrer encore dans l'état de belle et bonne conservation, plus de la moitié du mur de l'ancien rempart, avec ses demi-tours et ses fossés. Ces restes majestueux, à l'est et au midi, soutiennent des terrasses à beaucoup de jardins particuliers et publics, et leur offrent un cadre grandiose et pittoresque.

Charles-le-Sage qui sut s'entourer de savants, de ministres habiles et de guerriers dévoués, accorda une confiance spéciale aux arbalétriers de *Compiègne* dont il se fit une garde d'honneur. Cette prérogative a traversé les âges et nous retrouverons plus tard ce corps d'élite honoré à *Compiègne* même par des princes étrangers.

Vers la fin du règne de Charles V, en 1378, *Compiègne* reçut dans ses murs l'empereur d'Allemagne Charles IV et son fils Venceslas, le futur roi des Romains : de grandes fêtes furent données à cette occasion.

C'est aussi l'époque du grand schisme d'Occident qui affaiblit la foi religieuse et qui donna naissance à de graves hérésies.

Charles VI (1380-1422). Minorité du roi. Les Maillotins à Paris et à Compiègne. — Le fils du dernier roi n'ayant que douze ans à la mort de son père, ses oncles les ducs d'Anjou, de Berry, de Bourgogne et de Bourbon se disputèrent la tutelle, tout en accablant le peuple d'impôts pour payer leurs prodigalités.

Les Parisiens exaspérés tuèrent les collecteurs des nouvelles taxes, avec des maillets pris à l'hôtel de ville ; les Rouennais firent de même; les *Compiègnois* se contentèrent de chasser les percepteurs de la ville.

A la suite de ces révoltes qui s'étendirent dans d'autres villes encore, le roi et ses oncles privés de tout subside convoquèrent à *Compiègne* les Etats-Généraux en 1382. Cette assemblée nationale, mécontente du gouvernement désordonné des Princes refusa de voter de nouveaux impôts.

C'est vers le même temps que *Compiègne* fit des réceptions solennelles au duc de Bretagne Jean IV et un peu plus tard à Jean de Montfort, qui vinrent faire hommage au roi de leurs Etats.

Le comte de Flandre, autre vassal du roi de France, voulut attenter aux libertés de ses sujets. Gand se souleva à l'appel de Philippe Arteveld.

Le roi de France, sous l'influence du duc de Bourgogne, beau-père du comte de Flandre, réunit à *Compiègne* les troupes commandées par Clisson qui avait succédé à Duguesclin, son compatriote, dans la dignité de connétable. Les Flamands furent vaincus à Rosebeck. Le bataillon de Gand et son chef moururent jusqu'au dernier pour la défense de leurs libertés communales.

Ce succès enorgueillit le jeune roi et ses oncles. Ils tirèrent de terribles représailles des bourgeois qui avaient soulevé les Maillotins à Paris, à Rouen, à *Com-*

piègne et dans les villes avoisinantes et donné l'exemple de la rébellion aux cités flamandes.

Néanmoins à la majorité du roi, les chefs du parti populaire reprirent le pouvoir. Les oncles du roi et leurs créatures qui avaient si mal géré les intérêts publics, furent remplacés par les sages conseillers de Charles V, entre autres par Juvénal des Ursins, Olivier Clisson, Bureau et Lemercier.

Ce nouveau régime de justice, de paix et d'économie produisait les meilleurs résultats et donnait les plus belles espérances, quand la démence du roi, récemment marié à Isabeau de Bavière, à laquelle Paris et *Compiègne* avaient fait une brillante réception, vint changer tristement la marche des évènements.

Pendant une excursion militaire en Bretagne, où il allait venger une sanglante injure faite au connétable de Clisson, le roi déjà souffrant, sous un soleil ardent, et à la vue d'un bûcheron exaspéré, fut atteint d'un accès de folie furieuse, dont il ne guérit jamais entièrement. Cette maladie, pendant trente ans, ne laissa que courts instants de bon sens au pauvre monarque. La reine et son entourage profitèrent de cette triste situation pour s'emparer du pouvoir et en abuser de toutes manières.

Les oncles du roi, reprirent la direction des affaires, et la France retomba de nouveau dans une sanglante anarchie. La guerre civile entre les partisans du duc d'Orléans et ceux du duc de Bourgogne, dont *Compiègne*, le Valois et les pays circonvoisins seront souvent le théâtre, mettra le comble aux maux que la guerre de Cent ans attirait sur notre région principalement.

Le parloir aux bourgeois de Compiègne. —En 1398, un bourgeois de *Compiègne*, Jean Loutrel, plusieurs fois élu gouverneur attourné de sa ville natale, lui légua deux maisons d'inégale importance : l'une destinée aux assemblées municipales, l'autre à la conservation des archives, des armes et du trésor communal. Ces deux maisons qu'on appelait le *Parloir* *aux Bourgeois*, furent démolies en 1504 et sur leur emplacement on édifia l'hôtel de ville actuel, un chef-d'œuvre d'architecture civile dont nous reparlerons plus tard.

Le nom de Jean Loutrel ne tardera pas, espérons-le, à être donné à la rue des Pâtissiers qui longe ce monument public modèle ; ce sera un acte de justice et de reconnaissance qui honorera de nouveau le Conseil municipal actuel.

Construction des châteaux-forts de Pierrefonds et de Coucy. — Louis d'Orléans, frère du roi, qui possédait le Valois en apanage, fit élever ce domaine en duché-pairie en 1406, et comme son ambition grandissait en conséquence de la faiblesse royale, il se ruina dans la construction des châteaux formidables de Pierrefonds et de Coucy qui le rendaient aussi puissant que son frère et son cousin Jean sans Peur, duc de Bourgogne, jeune, violent et ambitieux.

Guerre civile entre les Armagnacs et les Bourguignons, entre la France du sud et la France du nord. — Une lutte était inévitable entre le parti d'Orléans et celui de Bourgogne, dont les deux chefs aspiraient également au rang suprême et que le roi en démence ne remplissait que nominalement.

Jean sans Peur ayant fait assassiner à Paris Louis d'Orléans, Charles, fils de ce dernier, épouse Anne fille du comte d'Armagnac et de Gascogne, et excité par sa mère, Valentine Visconti, il appelle aux armes toute la noblesse du midi pour venger la mort de son père. Le duc de Bourgogne s'appuyant sur la bourgeoisie du nord de la France, le peuple de Paris, et surtout sur la corporation des bouchers de la capitale, fait un affreux carnage des partisans Orléans-Armagnacs dans Paris. C'était mettre aux mains une moitié du pays contre l'autre, dont les intérêts et l'origine étaient différents ; mais cette lutte impolitique, formentée par des ambitions personnelles, désarmera bientôt sur l'autel du patriotisme que fera surgir Jeanne d'Arc.

Compiègne est huit fois assiégé, pris ou repris par les Bourguignons, les Armagnacs les troupes royales ou les Anglais, de 1408 à 1430. — Charles V avait été bien inspiré en augmentant l'enceinte fortifiée de *Compiègne*, car les travaux étaient à peine terminés, que cette ville fut la principale victime des dissensions intérieures et des fureurs de l'étranger. Au début des hostilités, le parti Orléans-Armagnacs était soutenu par celui du roi, de la reine et de *Compiègne*, dont Jean de Hangest était gouverneur.

Les Bourguignons après s'être emparés de Paris et assouvi de cruelles vengeances, vinrent attaquer la ville de *Compiègne*, la prirent ainsi que le gouverneur qu'ils envoyèrent prisonnier à Lille avec plusieurs seigneurs voisins.

Mais *Compiègne* rentra bientôt sous l'obéissance du roi et Jean de Soissons fut élu gouverneur en remplacement de Hue de Lannoy que les Bourguignons avaient imposé pendant plusieurs mois aux habitants.

Confusion des pouvoirs. — La France mais surtout le Vermandois, le Clermontois, l'Ile-de-France étaient dans une telle confusion d'autorité à cette époque de combats incessants, de prises et de reprises des villes de notre région par les Bourguignons et les Armagnacs, tantôt adversaires du parti royal, tantôt ses alliés, que toutes les notions du juste et de l'injuste étaient perverties et qu'il était difficile d'apprécier de quel côté se trouvait le bon droit uni aux inspirations de la conscience et du vrai patriotisme.

Ainsi en 1413-14, les Bourguignons font de nouveau le siège de *Compiègne* qui retombe en leur pouvoir à la faveur des dissentiments entre les nobles et les bourgeois de la ville. Hue de Lannoy reprend la charge de gouverneur. Roye, Noyon, Soissons tombent également au pouvoir des Bourguignons. Senlis résiste. *Compiègne* est assiégé par le roi et le dauphin qui établissent leurs quartiers, le premier dans la plaine des Sablons, près de la forêt, le second à Royallieu.

Pendant ce siège, et bien que les assiégés épargnassent le quartier où flottait l'étendard royal et l'église de Saint-Germain, le faubourg fut en grande partie incendié. Le 1er mai, Hector de Bourbon par fanfaronnade, vint présenter le mai aux portes de la ville à la tête de plusieurs centaines de cavaliers portant des branches de bouleau vert en guise de lances. Cette prouesse audacieuse coûta la vie à beaucoup d'entre eux que les assiégés poursuivirent l'épée dans les reins. Une semaine plus tard la ville se rendit au roi qui réintégra Jean de Soissons comme gouverneur militaire.

Compiègne perd ses dernières libertés communales. — A la suite de ce siège, le roi, après une enquête minutieuse déclara que «la ville de *Compiègne* avait ouvert ses portes aux Bourguignons par sourdes menées, en 1413». En conséquence Charles VI en son Conseil donne pouvoir au Gouverneur militaire et aux Attournés agréés par le roi, d'appeler avec eux 12 notables pour délibérer sur les affaires publiques, sans convocation des habitants qui, au dire de la même ordonnance royale « n'avaient pas su discerner le bien du mal dans leurs assemblées. »

Par lettres patentes de la même année, les gouverneurs attournés de *Compiègne* furent autorisés à présider les assemblées municipales en l'absence du gouverneur royal militaire et de procéder au vote à deux degrés. Ainsi les divers corps de ville, Clergé, Juridiction, Jurandes et Maîtrises nomment des délégués à l'effet de choisir les députés de leurs corporations respectives : c'était l'exercice restreint mais plus réfléchi des libertées établies par la charte communale primitive.

Cependant les troubles intérieurs continuaient en

France, tandis qu'une révolution politique avait amené au trône d'Angleterre Henri V, un roi jeune et ambitieux qui voulut consacrer son avènement en reprenant en France les anciennes possessions anglaises à la faveur des discordes qui affaiblissaient notre malheureuse patrie.

Les contingents de Compiègne et des environs à la bataille d'Azincourt en 1415. — A cet effet, le prince anglais débarque en Normandie, et s'empare de Honfleur, mais avec de si grandes pertes que ce demi-succès encourage les troupes françaises, un moment réunies sous la bannière nationale du roi, à poursuivre l'ennemi commun qui, craignant un revers, se retirait précipitamment sur Calais.

Les Anglais n'avaient que 15,000 hommes chassés par 60,000 Français mal commandés par des chefs nobles, mais ennemis les uns des autres. Les fautes commises à Crécy et à Poitiers furent renouvelées à Azincourt. La France compta un désastre national de plus ! La noblesse fut décimée ; nos pertes en hommes furent égales aux combattants anglais. Le connétable d'Albret, Jean de Soissons, gouverneur de *Compiègne* et ses lieutenants, les seigneurs de Coudun, d'Élincourt, de Canny, de Cuvilly, d'Autrêches restèrent sur le champ de bataille. La plupart de ces illustres morts ont conservé des descendants dans notre arrondissement, que nous retrouverons dans les grands évènements de notre histoire contemporaine.

Le maréchal de Boucicault, les ducs d'Orléans et de Bourbon, les comtes de Richemont et d'Eu et beaucoup de nobles et de bourgeois distingués de nos environs furent emmenés prisonniers en Angleterre.

Le roi anglais, après cette victoire, revient sur ses pas, conquiert la Normandie, s'empare de Rouen, après un siège de sept mois où s'illustra Alain Blanchard et une jeune veuve normande La Roche-Guyon, qui s'expatria avec ses trois enfants plutôt que d'être sujette du roi anglais.

En 1416 mourut à *Compiègne* le Dauphin; il fut enterré en l'église de Saint-Corneille. Ce titre passa au cinquième fils du roi et d'Isabeau, Charles qui devait succéder à son père quelques années plus tard sous le nom de Charles VII.

Les Parisiens exaspérés par les défaites successives que subissaient les forces nationales dirigées par le nouveau connétable, le comte d'Armagnac, livrent la capitale à l'Isle-Adam, officier supérieur des Bourguignons. La corporation des bouchers se soulève de nouveau, égorge vingt mille partisans Orléans-Armagnacs, et Jean sans Peur réconcilié avec la reine Isabeau, gouverne Paris, tandis que l'Isle-Adam s'empare de *Compiègne* et des châteaux environnants, sauf de celui de Pierrefonds où commandait Nicolas Bosquiaux resté fidèle au roi et au parti d'Orléans.

C'est pendant ce siège de *Compiègne* par les Bourguignons, en 1418, qu'eût lieu le pillage et l'incendie des chartes, papiers, registres et trésor qui avaient échappé aux flammes en 1358.

On sait que les canons furent employés d'abord à la bataille de Crécy; mais ce qui est moins connu, c'est que les bombardes ou canons de siège servirent contre les remparts de *Compiègne*, et pour la première fois en 1418.

Surprise de Compiègne par Bosquiaux gouverneur du château de Pierrefonds. — Ce seigneur intrépide, que la garnison bourguignonne de *Compiègne* inquiétait, restait fidèle au parti du roi et du duc d'Orléans, dont il était le lieutenant le plus distingué. Comme les forces dont il disposait étaient trop faibles pour faire le siège de *Compiègne*, il employa la ruse audacieuse suivante pour faire rentrer cette ville sous l'autorité légitime.

Informé de l'absence du gouverneur bourguignon, Hector de Saveuse et de la sortie de la garnison qui allait journellement fourrager dans les vallées de l'Aronde et du Matz, Bosquiaux, avec 500 hommes, partit un malin de son château et vint s'embusquer dans la forêt, à proximité de la porte de Pierrefonds, entrée **sud** de la ville de *Compiègne*.

Un voiturier passe ; un des soldats apostés l'arrête, se revêt des habits du charretier, prend la conduite de l'attelage, suivi à quelque distance par sept ou huit autres soldats déguisés en bûcherons. Selon les ordres de Bosquiaux, au moment où la voiture se trouve sur le pont-levis, le conducteur tue le limonier. La charette et son chargement renversés empêchent la fermeture de la porte par laquelle pénètrent rapidement les faux bûcherons qui tuent la sentinelle, le concierge de la porte et le faible poste qui la défend.

Bosquiaux, qui a suivi de loin ce drame, arrive au galop avec sa troupe, court à la tour de César, de St-Michel ou du guetteur, et à celle de Charles-le-Chauve où loge le gouverneur, fait prisonniers Crèvecœur, lieutenant et Chièvres, major, avec le peu de défenseurs restés en ville. A sa rentrée, la garnison fut prise comme dans une souricière et emmenée avec ses chefs dans les châteaux-forts du Valois.

Bosquiaux fut commis aux commandements des ville et châteaux de *Compiègne,* Pierrefonds, Choisy, Courtieux, etc., pour le comte d'Armagnac, connétable de France. Bosquiaux délégua bientôt le commandement de *Compiègne* à Guillaume de Gamaches.

La ville de Roye fut surprise peu de temps après par des troupes parties de *Compiègne* et conduites par le capitaine Charles de Flavy.

Assassinat de Jean sans Peur (1419). — Honteux traité de Troyes (1420). — Le seul moyen de chasser encore une fois les Anglais du sol français était la réconciliation du duc de Bourgogne avec le Dauphin Charles devenu chef des Armagnacs.

Mais ces derniers n'ont pas oublié la vengeance différée de la famille d'Orléans. Ils assassinent à son tour Jean sans Peur à Montereau, où il était venu pour une entente avec le Dauphin.

Ce meurtre rendit toute paix impossible.

La reine, indignée de ce guet-apens des amis de son fils, résolut de déshériter son enfant en faisant alliance avec le roi d'Angleterre Henri V et Philippe le Bon, le nouveau duc de Bourgogne. Le traité de Troyes (1420) fut la conséquence déplorable de l'oubli de tous les principes à une époque où les crimes et les malheurs publics avaient perverti les meilleurs esprits. Par ce traité, à la mort de Charles VI, la couronne était dévolue à Henri V qui obtenait la main de la fille du roi de France et d'Isabeau de Bavière.

Ces arrangements immoraux et impolitiques furent ratifiés par Paris et les Etats-Généraux qui y furent réunis ; mais *Compiègne*, fidèle à sa devise, Pierrefonds, Choisy, Coucy, le Valois, le Vermandois, le Beauvaisis, le Vexin, le Clermontois, le Santerre tinrent d'abord pour le parti national du Dauphin.

Tandis que les Anglais et les Bourguignons, partis du château de Creil, revenaient de ravager la Brie, les sires de Bosquiaux, de Gamaches et d'Evreux, capitaines à Pierrefonds, à Compiègne et à Senlis infligèrent à nos ennemis une déroute complète à Montépilloy, tandis que le Dauphin poursuivi par les mêmes adversaires, au centre, perdait « joyeusement » le peu qui lui restait du territoire français.

La ville de Meaux étant tombée aux mains de Henri V, ce prince appela le sieur de Saint-Faron, abbé de cette ville et lui déclara que si le seigneur de Gamaches, gouverneur de *Compiègne*, ne remettait sans coup férir sa ville aux Anglais, lui, Saint-Faron, serait pendu sans délai.

L'abbé sollicita son frère de lui sauver la vie, et *Compiègne* paya de sa liberté la pusillanimité des deux Gamaches. L'abbé de Saint-Faron rachètera cette lâcheté huit ans plus tard comme nous le dirons.

Cette défection entraîna bientôt la prise des châteaux de Crépy, Béthisy, Saintines, Pierrefonds, que le valeureux Bosquiaux quitta nuitamment pour se réfugier dans celui de Choisy-au-Bac où il ne tarda pas à être assiégé. La place manquant de vivres et de défenseurs, Bosquiaux succomba et fut emmené à Paris. Il fut écartelé en punition de sa fidélité à la famille d'Orléans et au roi légitime de sa patrie : triste exemple d'un temps d'anarchie.

En 1422, Henri V et Charles VI moururent à trois mois d'intervalle. Henri VI, fils du roi anglais et de la fille de Charles VI, fut proclamé à Paris roi de France et à Londres roi d'Angleterre. Le duc de Bedfort fut régent du roi enfant pour la France.

Charles VII, entouré de partisans dévoués mais peu nombreux, fut reconnu roi légitime à Bourges et couronné à Poitiers.

CHARLES VII, le Victorieux (1422-1461) et JEANNE D'ARC à Compiègne et dans les environs (1428-1431). — Charles VII, à la mort de son père, ne possédait plus que les provinces du sud de la Loire ; mais *Compiègne* et les pays circonvoisins, le Valois et le Vermandois, défendus par les châteaux de Pierrefonds et de Coucy restèrent attachés au parti d'Orléans et à celui de Charles VII.

Et si l'indolence de ce prince lui faisait abandonner sa cause, Yolande d'Anjou, sa belle-mère, prépara l'œuvre de Jeanne-d'Arc en faisant donner l'épée de connétable au vaillant comte de Richemont, breton aussi comme les glorieux Duguesclin et Clisson.

En 1423, tandis que la garnison de *Compiègne* travaillait à la démolition du château du Meux, les troupes royales qui tenaient la Fère et Nesles suprirent *Compiègne endormi*, pillèrent la ville et emmenèrent prisonniers Lancelot de Francières, capitaine, plusieurs autres officiers et notables qui n'obtinrent de rentrer dans leurs foyers qu'en payant de fortes rançons : c'est peut-être depuis que les *Compiégnois* ont été surnommés par les villes voisines les *dormeurs*.

Cette victoire facile ne dura guère. Beaufort et ses lieutenants réunirent des troupes à Pont-Ste-Maxence pour marcher de nouveau sur *Compiègne*. Noyon, au pouvoir des Bourguignons, dut envoyer des renforts aux assiégeants. En mars 1424, *Compiègne* encore une fois fut obligé de se rendre. Le seigneur de l'Isle-Adam en reprit le commandement, ayant pour lieutenant Raoul de Hallus.

La prieure de Saint-Nicolas-du-Pont et huit courageuses bourgeoises de qualité à l'exemple des Calaisiennes héroïques, allèrent implorer le pardon de *Compiègne* auprès de Bedfort, cantonné à Creil.

Le régent n'accorda les lettres de rémission que moyennant une somme de plus de 40,000 francs de notre monnaie actuelle.

Les quarteniers de *Compiègne* connus à cette époque appartenaient aux familles Le Boucher, d'Ailly, Thibault, Demy, Benot, Gaim, Guimart, etc., qui ont eu des représentants dans la suite de l'histoire locale.

Les châteaux-forts de Choisy, Remy, Gournay, Ressons, Mortemer durent avoir le sort de *Compiègne ;* mais nous aurons bientôt occasion de croire que ceux de Coudun, Villers, Elincourt (Beauvoir), La Carmoye, Attiche, etc., dans la vallée du Matz, ne reçurent pas de garnison anglo-bourguignonne, tout en obéissant, sans doute, au capitaine qui commandait *Compiègne.*

Pendant les cinq années et plus que notre cité resta paisible mais frémissante au pouvoir des Anglais, il n'y avait au nord de la Loire aucune autre autorité reconnue que celle que le traité de Troyes, ratifié par les Etats-Généraux de Paris, avait donnée au prince anglais.

De son côté, Charles VII, indifférent aux maux de la nation, et sans confiance dans ses droits, languissait à Chinon dans la mollesse et les plaisirs, tandis que ses partisans voyaient leur nombre diminuer par les batailles de Crevant-sur-Yonne et de Verneuil-sur-l'Eure, remportées par les Anglais sur les troupes désorganisées du roi de *Bourges.*

Comme conséquence de ce double succès, Bedfort résolut de porter un coup décisif vers les provinces du centre-sud restées fidèles au fils de Charles VI, et à cet effet, vint assiéger Orléans. La journée des Harengs avait déjà livré aux Anglais la tête du pont, sur la Loire, et les défenses extérieures.

Mais de même qu'à *Compiègne*, le joug des ennemis devenait intolérable au peuple français tout entier et le sentiment national se réveillait. Le fanatisme, la superstition mêlés à l'enthousiasme religieux constituèrent, à cette époque d'ignorance et de malheurs publics, un patriotisme puissant qui s'incarna dans Jeanne d'Arc et qui sauva la France !

Cette héroïne appartient tout particulièrement à *Compiègne*, puisqu'en se sacrifiant, elle a sauvé en même temps cette ville et la Patrie ; mais l'histoire de l'illustre vierge-martyre a été tant de fois faite et refaite que, malgré notre patriotique admiration et notre désir, nous prions nos lecteurs de suivre ailleurs Jeanne d'Arc de Domremy à Vaucouleurs, Chinon, Poitiers, **Orléans**, Beaugency, **Patay**, Troyes, **Reims**, étapes glorieuses, presque surnaturelles, qui exaltèrent les cœurs de tous les Français et principalement des *Compiégnois* nos ancêtres.

Le 8 mai 1429, après des prodiges de sagacité et de bravoure, Jeanne d'Arc fit lever le siège d'Orléans, et le 17 juillet, sacrer solennellement Charles VII à Reims : il ne lui restait plus qu'à chasser les Anglais de Paris pour l'accomplissement du troisième et dernier terme de sa mission révélée.

L'armée royale, à la tête de laquelle on força Jeanne de rester avec les Dunois, les Richemont et autres capitaines distingués, se dirigea sur Soissons, où le roi reçut la soumission de Laon, Coulommiers, Château-Thierry, Provins, Crépy-en-Valois, etc.

Jeanne voulait aller droit à Paris ; les principaux conseillers du roi, jaloux de la popularité et des succès de la Pucelle d'Orléans, s'opposèrent par tous les moyens à cette marche naturelle autant qu'audacieuse.

Tandis que les populations de notre région accouraient de toutes parts pour acclamer la libératrice de la Patrie, l'armée se dirigea lentement vers Senlis.

A Montépilloy, les deux armées se recontrèrent ; mais après un engagement peu sérieux, les Anglais rentrèrent à Senlis et les Français à Crépy.

Des députés de *Compiègne* vinrent prier Charles VII, dans la capitale du Valois, de venir dans sa bonne ville dont les habitants lui avaient gardé fidélité sous le joug étranger.

Première entrée à Compiègne du roi Charles VII et de Jeanne d'Arc. — Le 10 août 1429, une partie des troupes royales pénétrèrent dans la ville par une poterne (qui existe encore) et à l'aide d'intelligences ménagées depuis longtemps dans la place : le lendemain la garnison anglaise surprise avant son réveil se rendit à discrétion.

Le roi, en grand appareil, entra à *Compiègne* le 18 août par la porte de Pierrefonds, aboutissant, par un coude prononcé, au carrefour Hurtebise actuel. Jeanne d'Arc, montée sur un cheval blanc, comme le roi, étendard déployé, La Trémoille, Dunois, Xaintrailles, La Hire, l'archevêque de Reims faisaient cortège au monarque qui fut reçu par le *capitaine* Guillaume de Flavy et les *attournés* avec les marques d'une fidélité inébranlable. Mais l'enthousiasme populaire éclatait surtout à la vue de la jeune vierge qui avait sauvé la France en délivrant Orléans et en faisant sacrer le roi.

Charles VII s'installa au château de Charles V, son aïeul, et Jeanne d'Arc avec sa suite, chez Jean Le Féron, rue de Paris, où une plaque de marbre rappelle ce souvenir de notre histoire locale.

C'est pendant le temps qu'elle passa à *Compiègne*, et aux environs sans doute, qu'elle apprécia si bien la fidélité des habitants au roi et leur attachement particulier pour elle-même.

Tous les jours elle assistait à la messe où souvent

elle communiait, comme une belle verrière de l'église Saint-Jacques en perpétue le souvenir aux générations qui se succèdent.

A son entrée et à sa sortie de temple, elle était entourée, dit la tradition locale, d'une foule de paroissiens, de pauvres, et surtout d'enfants qu'elle édifiait par la modestie de son maintien, ses aumônes et aussi par ses bons conseils.

Une autre tradition, appuyée par des documents historiques, veut que Jeanne, l'inspirée, ait également communié à Elincourt, ainsi qu'en témoignent une verrière et une inscription placées dans l'église de ce village situé à 15 kilomètres au nord de *Compiègne*.

Ce fait est vraisemblable, quand on sait que le gouverneur de la cité et l'abbaye royale possédaient des domaines sur toute la route menant à Elincourt, où ils avaient également des fiefs, enfin où sainte Marguerite et sainte Catherine étaient en mêmetemps les patronnes vénérées de Jeanne d'Arc et de cette commune, qui porte encore le vocable de l'église du prieuré.

Les deux foires annuelles qui se tiennent d'ailleurs à Elincourt, le 20 juillet et le 25 novembre, confirment ce que la tradition et l'histoire rapportent de Jeanne d'Arc à Elincourt-Sainte-Marguerite.

Cependant Jeanne d'Arc après ce repos accordé aux troupes, et ses dévotions faites, pressa le roi de se diriger sur Paris, le dernier objectif de sa mission; mais l'inertie de ce prince et plus encore le mauvais vouloir de ses ministres et de ses généraux, entraveront désormais toutes les résolutions de la patriote jeune fille.

Elle partit avec le duc d'Alençon et quelques troupes, prit Senlis et Saint-Denis, où le roi vint la rejoindre, après avoir reçu la soumission de toutes les places fortes du Beauvaisis et du Clermontois.

Le 8 septembre, Jeanne rassembla toutes ses troupes disponibles, réunit son matériel de siège et ayant pris toutes ses dispositions attaqua Paris vers la porte Saint-Honoré et la Butte des Moulins.

Après des prodiges de valeur, la Pucelle reçut une flèche qui lui traversa la cuisse; elle tomba sur le talus du fossé, d'où elle excitait ses soldats à monter à l'assaut. Le duc d'Alençon la fit emporter loin du combat et La Trémoille fit sonner la retraite, le tout malgré les réclamations de Jeanne d'Arc. Le roi, toujours malgré la volonté de Jeanne, licencia une partie des troupes, leva le camp et se retira vers la Loire.

L'hiver se passa dans l'inaction : c'était le but que voulaient atteindre le roi et ses conseillers.

On combla d'honneurs Jeanne et la famille d'Arc, qu'on anoblit en leur donnant pour armoiries *deux fleurs de lis séparées par une épée d'argent sur champ d'azur :* c'était masquer une faute par la conspiration de l'inertie.

Au printemps de 1430, Jeanne toujours confiante dans sa mission divine et patriotique se remit en campagne, reprit Melun et Lagny-sur-Marne près duquel elle vainquit Franquet d'Arras, qui désolait la contrée avec une bande de 300 aventuriers. Le bailli de Senlis réclama Franquet, comme son justiciable et le fit décapiter malgré les supplications de Jeanne d'Arc.

Pendant ce temps le duc de Bourgogne part de Montdidier, reprend Mortemer, Gournay-sur-Aronde, passe à Ressons, Elincourt, le plateau d'Attiche, arrive à Noyon, y séjourne une semaine, gagne Pont-l'Évêque et Sempigny, où il laisse garnison, Ourscamps, et se présente devant le château de Choisy, défendu par Louis de Flavy, frère du gouverneur de *Compiègne*.

Deuxième voyage de Jeanne d'Arc à Compiègne. — La Pucelle d'Orléans qui guerroyait dans le Valois ayant appris que *Compiègne*, qui était la clé de l'Ile-de-France, était menacé par le duc de Bourgogne y vint le 13 mai 1430 pour en concerter la défense avec le gouverneur Guillaume de Flavy et les attournés. Son entrée y causa une joie extrême et les livres de comptes de la ville portent que trois pièces de vin furent offertes à ses soldats par les officiers municipaux. Ces troupes furent logées aux halles communales pendant leur séjour et Jeanne, rue de l'Etoile, près du Change, ainsi que l'indique une plaque de marbre récemment posée par la Société historique de Compiègne.

Jeanne d'Arc guerroie dans les environs de Compiègne. — Pour faire une utile diversion et attaquer entre deux feux l'armée qui assiégeait Choisy, Jeanne partit nuitamment de *Compiègne*, par Coudun, Giraumont, Marest, Chevincourt, Elincourt, où elle dut, de nouveau, aller à l'église de ses inspiratrices.

Cette route, suivie par Jeanne d'Arc de *Compiègne à Noyon*, a été adoptée par M. le Président Sorel dans son bel ouvrage « Prise de Jeanne d'Arc devant Compiègne. » Nous admettons avec empressement cette marche qui répond à d'anciens pressentiments passés chez nous depuis très longtemps à l'état de conviction, mais que nous n'aurions osé émettre. L'autorité incontestable de M. Sorel lève tous nos doutes à cet égard.

Les deux mille hommes que conduisait Jeanne dans cette expédition hardie durent séjourner à Elincourt et aux environs, car l'étape à parcourir étant de sept à huit lieues au moins par des chemins escarpés et boisés, il n'aurait pas été possible aux troupes à pied d'arriver le même jour à Pont-l'Evêque et d'attaquer les ennemis avec quelque avantage.

Quoiqu'il en soit de cette hypothèse très vraisemblable, le combat de Pont-l'Evêque fut sérieux puisqu'il y eut trente morts de chaque côté, dit Monstrelet, notre ennemi. D'après le même auteur, toujours suspect pour nous, cette affaire a été un échec pour Jeanne d'Arc. Rien de moins prouvé, puisque nos troupes, si elles n'ont pas attaqué Noyon qui ne paraît pas avoir été leur objectif, traversèrent l'Oise à Pont-l'Evêque ou à Ourscamps et se dirigèrent vers Soissons qui était au pouvoir de Bournonville, officier de Charles VII. Jeanne espérait en obtenir un secours en faveur de Choisy assiégé et de *Compiègne* menacé. On sait que le gouverneur de Soissons, traître au roi et à sa patrie, refusa tout renfort, et rendit le lendemain sa ville à Jean de Luxembourg, lieutenant du duc de Bourgogne.

A leur retour vers *Compiègne*, les troupes françaises rencontrèrent celle de Jean de Brimeux près d'Attichy. Le chef bourguignon fut fait prisonnier et ses soldats décimés et mis en fuite.

Mais pendant cette expédition de Jeanne d'Arc vers Noyon et Soissons, Choisy avait succombé, grâce à la présence même du duc de Bourgogne qui fit démanteler cette forteresse. Louis de Flavy, gouverneur et la faible garnison obtinrent les honneurs de la guerre et rentrèrent dans *Compiègne* avec armes et bagages, notamment avec le gros canon de la ville prêté à Choisy.

Rentrée de Jeanne à Compiègne. — Quand Jeanne d'Arc, de son côté, revint à *Compiègne* avec une partie de ses troupes (le plus grand nombre avait suivi l'archevêque de Reims vers sa métropole), les Anglo-Bourguignons prenaient déjà position sur la rive droite de l'Oise, pour investir la ville vers l'entrée principale du pont.

Investissement de Compiègne. — Le duc de Bourgogne établit sa réserve et son quartier général à Coudun, à 6 kilomètres de *Compiègne*, qui possédait un château-fort de première importance. Son principal lieutenant, Jean de Luxembourg, comte de Ligny, prit position à Clairoix près du confluent de l'Oise, de l'Aisne et de l'Aronde. Baudot de Noyelle avec des troupes auxiliaires de Picards, d'Artésiens et de Flamands, occupa Margny, en face de *Compiègne*. Montgommery, commandant des Anglais, se plaça à Venette formant l'aile droite de l'attaque. Les ailes et le centre comptaient ensemble cinq mille hommes ; la réserve trois mille. *Compiègne* n'avait pas un millier de défenseurs armés, en dehors des habitants en âge de combattre.

Après un très court séjour à *Compiègne* pour s'entendre avec le gouverneur et mettre la ville à l'abri d'un coup de main, Jeanne s'empressa d'aller chercher du renfort à Crépy, à Senlis et dans les châteaux voisins et rentra dans la ville de grand matin le 23 mai 1430, à la tête de 4 à 500 soldats, et après avoir fait ses dévotions dans l'église abbatiale de Saint-Jean-aux-Bois.

Ces nouvelles troupes furent installées encore dans les halles de commerce qui entouraient la Cour-le-Roi, en face de l'abbaye de Saint-Corneille, aujourd'hui le Marché-aux-Herbes.

La prise de Jeanne d'Arc devant *Compiègne* est un des faits les plus intéressants de l'histoire de France au 15° siècle et mérite quelques détails dans l'histoire populaire de cette cité ; mais les péripéties de ce drame national, et du siège héroïque dont il fait partie, ont été si souvent décrits, d'après Monstrelet, notre ennemi et qui, comme tel, nous inspire une véritable défiance, que nous n'indiquerons que les grandes lignes de ce double et mémorable épisode de notre histoire locale. Les détails stratégiques ne sont, en effet, ni de notre compétence, ni de celle des lecteurs auxquels ce travail est destiné.

Sortie et combat héroïque de Jeanne d'Arc devant Compiègne, le 23 mai 1430. —Vers quatre heures du soir, le jour même de son arrivée et avant que les assiégeants connussent son retour, Jeanne réunit 5 à 600 hommes sur la place qui s'étend de l'église Saint-Jacques à l'Hôtel-de-Ville devant le gouverneur, les attournés, le clergé et les chefs des diverses corporations.

L'héroïne, croyons-nous, dans la même attitude que la statue pédestre qui décore la place principale de *Compiègne* a dû redire avant de monter à cheval : « En avant, mes bons amis, nous sommes assez pour combattre et pour vaincre ! » Et une longue salve d'applaudissements partie de tous les points a certainement répondu au cri de guerre de la glorieuse vierge lorraine. Les soldats à pied ou à cheval, à la suite de Jeanne d'Arc prirent la rue de l'Etoile, la place du Change et saluant la basilique de Saint-Corneille, descendirent la rue du Pont (aujourd'hui rue Jeanne-d'Arc).

En face du donjon, et avant de franchir le pont, deux édifices dont les restes imposants sont encore debout, ne voyons-nous pas par la pensée le gouverneur de Flavy sortir de son logis pour encourager ceux qui allaient combattre pour l'honneur et peut-être pour la délivrance de leur cité !

Il était cinq heures du soir quand Jeanne, ayant à ses côtés son frère Pierre et son chapelain, un page portant la bannière, Poton de Bourgogne, Jean d'Aulon, franchit la porte du pont suivie de ses troupes en bon ordre.

A peine de l'autre côté de l'Oise, Jeanne entraîne du geste et de la voix les soldats vers Margny, centre des assiégeants.

Combat devant Compiègne. — Au premier choc de cette reconnaissance hardie, la garnison de Margny fut entamée avec perte et cependant elle refoula d'abord cette attaque. Les Français reforment leur colonne ; mais déjà l'aile gauche des ennemis, avec Jean de Luxembourg est arrivée sur le terrain. Jeanne à la tête de ses hommes repousse une deuxième fois les Bourguignons sur le centre fortement atteint, puis les Français se retirent en bon ordre pour reprendre une troisième fois l'offensive.

Ils avaient de nouveau franchi « la moitié de la chaussée » qui conduisait à Margny, quand l'aile droite ennemie, — composée des Anglais établis à Venette et que devaient contenir Guillaume de Flavy et la garnison de Compiègne — vint se poster entre l'Oise et la colonne sortie de la ville et placer la Pucelle et ses hommes entre les Anglais et les Bourguignons.

Le combat de plusieurs milliers d'Anglo-Bourguignons contre quelques centaines de Français devenait trop inégal.

Il fallut battre en retraite.

Jeanne d'Arc se tint constamment au dernier rang jusqu'au boulevard près de la rivière, faisant face à l'ennemi pour le contenir, ce qui permit à la plupart des siens de rentrer par le pont ou de se jeter dans les bateaux préparés à l'avance dans ce dessein.

Prise de Jeanne d'Arc. — Craignant l'envahissement de la ville par l'ennemi vainqueur, le gouverneur fait hausser le pont-levis et baisser la herse de la porte...

Tout espoir était perdu pour Jeanne et pour le petit groupe de fidèles combattants qui ne l'avaient pas quittée.

Reconnue à la huque cramoisie et frangée d'or qui recouvre son armure, la Pucelle est tirée par le pan de ce vêtement, et jetée à bas de son cheval par un archer picard au service du bâtard de Wandonne, officier de Jean de Luxembourg.

Vingt bras à la fois saisissent l'héroïne, et tous ceux qui l'approchent lui demandent de se rendre. — « Non, non, s'écria-t-elle, je ne donne point ma parole et ne fais aucun serment de rester entre vos mains. »

Pierre, son frère, d'Aulon, son écuyer, Poton le Bourguignon, son page et plusieurs des hommes d'armes attachés à la personne de Jeanne d'Arc furent faits prisonniers avec elle.

Une troisième plaque de marbre avec les armes d'Arc, le tout placé par les soins de la Société historique de Compiègne sur la maison de M. Z. Rendu, architecte, en face de l'ancien pont rappelle cette catastrophe nationale.

Jeanne fut emmenée à Margny, dit Monstrelet, mais

très probablement à Clairoix, où étaient cantonnées les troupes qui l'avaient capturée.

Le même jour le duc de Bourgogne vint voir la prisonnière, et le secrétaire du duc qui assista à l'entretien, prétend ne pas se souvenir de ce qui s'y est dit

Ce silence calculé est le fait d'un ennemi dont nous avons déjà eu occasion de nous défier.

En effet, Jeanne d'Arc qui avait sommé le duc de Bourgogne par lettre et par hérault, de rentrer en l'obéissance du légitime roi de France, Charles VII, a dû faire à celui qui combattait « contre Dieu, la Patrie et le Roi » de nouveaux reproches, que le suspect Monstrelet n'a pu ni rappeler à son maître ni voulu transmettre à ses ennemis les Compiégnois « si bons Français. »

La prise de Jeanne d'Arc jeta la consternation dans *Compiègne*, tandis que les Anglo-Bourguignons se livraient à toutes sortes de réjouissances.

Jeanne d'Arc à Beauvoir(Elincourt),Noyon, Beaulieu et Beaurevoir.—Monstrelet, qui a servi de guide jusqu'aujourd'hui à la relation de la prise de Jeanne d'Arc sous les murs de *Compiègne*, dit encore que la prisonnière resta quatre jours dans le camp, à moins d'une demi-lieue des remparts, d'où on voyait tout ce qui se passait chez les assiégeants.

Celle assertion n'est pas plausible non plus, car les Anglo-Bourguignons devaient craindre une nouvelle sortie, et le plus simple bon sens (d'accord avec la tradition et l'histoire) veut que dès le lendemain, Jeanne sous bonne escorte, fût conduite par Coudun, Giraumont, Marest, Elincourt, à *Beauvoir*, château-fort, isolé, sur une pente escarpée, au milieu « des bois » et loin de tout coup de main possible, et pour d'autres raisons encore qui n'ont pas leur place dans ce résumé.

C'est donc à **Beauvoir**, vraisemblablement, que Jeanne d'Arc passa les quatre jours au moins, dont parle le secrétaire de Philippe de Bourgogne, d'où elle fut conduite à **Noyon** par le chemin assez court suivi par le duc et la Pucelle lors du combat de Pont-L'Evêque-Noyon, quinze jours p'us tôt.... et lors que ses troupes avaient fait étape à Chevincourt, Marest, Elincourt.

A Noyon, Jeanne fut présentée à la duchesse de Bourgogne, qui lui témoigna le plus vif intérêt, et de là transférée dans la forteresse de **Beaulieu-les-Fontaines**, où elle demeura jusqu'au mois d'août suivant.

C'est pendant ce séjour, de plus de deux mois dans ce château, que la prisonnière, qui avait refusé d'engager sa foi chevaleresque, tenta de s'évader avec son écuyer d'Aulon, qui avait obtenu la permission de la servir. Quatre siècles plus tard, nous retrouverons dans une forteresse voisine de Beaulieu un prisonnier d'Etat, plus heureux dans sa fuite, et dont la destinée singulière a eu également pour la France actuelle de singulières conséquences.

Après sa tentative infructueuse, la Pucelle fut conduite à **Beaurevoir**, en Artois, résidence habituelle de Jean de Luxembourg, où elle fut comblée d'attentions par la tante et la femme du comte de Ligny-Luxembourg.

Continuation du siége de Compiègne. — La prise de Jeanne d'Arc devant *Compiègne* est un des faits les plus saillants de l'histoire nationale, mais il n'est qu'un des épisodes de l'histoire du siège fameux entre tous que nos pères ont eu à soutenir en 1430.

Ainsi, dès que Jeanne eut été emmenée hors de leur camp, les Anglo-Bourguignons, enhardis par ce premier succès, continuèrent l'investissement de *Compiègne* avec une nouvelle ardeur, tandis que les assiégés de leur côté, se mettaient héroïquement en état de défense.

Mais trop faible pour tenter une nouvelle reconnaissance, qui aurait pu se changer en nouveau désastre et tout compromettre, on se borna à fortifier les endroits faibles du rempart et à repousser les attaques de jour et de nuit avec la garnison puissamment aidée par les habitants, hommes, femmes, enfants.

Louis de Flavy, frère du gouverneur, est tué par un boulet. — Pendant un bombardement de plusieurs jours consécutifs, entre autres victimes notables, Louis de Flavy, le défenseur malheureux de Choisy, frère du gouverneur de *Compiègne*, fut tué raide par un boulet de pierre et inhumé au couvent des Jacobins, près de la grosse tour où il avait reçu le coup mortel.

Ce ne fut qu'au bout de deux mois de siège que les Anglo-Bourguignons purent se rendre maîtres du bastion et du boulevard, en avant du pont, auprès duquel Jeanne d'Arc avait été prise avec ses quelques compagnons d'infortune.

Aussitôt les ennemis construisirent trois bastilles le long de l'Oise, en face de la ville, passèrent cette rivière sur un pont qu'ils établirent à Venette, occupèrent Royallieu, d'où ils firent des excursions sur Crépy, Verberie, Saintines, Béthisy, Pierrefonds, etc.

Hulington et Norfolk qui avaient remplacé Montgommery à la tête des Anglais, s'emparèrent de Saintines et de Verberie. Les habitants de ce bourg, réfugiés dans l'église et commandés par Jean D'Ours, se défendirent jusqu'à la mort. D'Ours, né aux mêmes lieux que le Grand Ferret, suivit l'exemple de son compatriote en tuant beaucoup d'Anglais.

Sachant que *Compiègne* était à bout de munitions et de vivres, les assiégeants élevèrent au sud deux autres bastilles, et principalement une très forte dans le domaine de Bournonville (propriétés actuelles Le Caron de Fleury et Dupressoir, traversées par la rue Saint-Lazare), à deux cents pas de la porte de Pierrefonds.

Les frères de Brimeux et le seigneur de Créqui furent commis à la garde et au commandement de cette importante bastille, avec trois cents hommes d'élite.

Compiègne est ravitaillé. — Cependant le roi, plusieurs fois sollicité d'envoyer des secours à une ville qui se défendait si courageusement fit expédier un convoi de vivres et de munitions, avec 400 hommes, commandés par le maréchal de Boussac, gouverneur de Senlis, et le comte de Vendôme, capitaine de Clermont.

Les habitants de Verberie secondèrent puissamment les troupes qui allaient ravitailler les Compiégnois.

Lorsque ces derniers furent informés du secours qui leur arrivait, la garnison, les habitants, les femmes même sortirent pour prendre les ennemis entre deux feux ; et sous la conduite de Guillaume de Flavy et de l'abbé de Saint-Faron, prieur de Saint-Corneille, qui voulaient, sans doute, racheter les fautes qu'ils avaient commises, l'un contre Jeanne, l'autre contre *Compiègne*, nos vaillants ancêtres, avec toutes sortes d'armes s'élancèrent à l'assaut de la redoutable bastille qui battait en brêche les approches de la porte de Pierrefonds, principale défense de la ville de *Compiegne* vers le sud.

Ce premier assaut fut repoussé, non sans de douloureuses pertes pour les Compiégnois.

Mais dès qu'une partie des troupes de secours du maréchal de Boussac arrivèrent sur le derrière des défenseurs de la bastille, la garnison de *Compiègne* renouvela l'assaut, et les trois cents Anglo-Bourguignons furent tous tués ou faits prisonniers et leur bastille incendiée.

Tandis que ce fait d'armes glorieux se passait en avant du bastion de la porte de Pierrefonds, le convoi de vivres et de munitions avait tourné les fossés de la ville, sous bois et à distance respectable, et était entré à *Compiègne* par la porte de Choisy ou de Soissons, en même temps que les troupes victorieuses du maréchal de Boussac y pénétraient avec leurs prisonniers par celle de Crépy ou de Pierrefonds.

Compiègne secouru reprend courage. — La garnison renforcée passe l'Oise, enlève une bastille, force les assaillants à incendier la seconde, renverse le pont de Venette, reprend Royallieu bien approvisionné et voit la désertion éclaircir les rangs des Anglo-Bourguignons.

Levée du siège. — Le duc de Bourgogne ayant été rappelé en Flandre, Jean de Luxembourg, Hutington, Baudot de Noyelle et les autres chefs anglais et bourguignons ont perdu tout espoir désormais de prendre *Compiègne* pourvu de vivres, de munitions et de défenseurs.

Ils incendient la grande bastille du pont et lèvent le siège à la hâte le 25 octobre 1430.

Dans leur fuite précipitée, ils abandonnent une grande partie de leurs engins de guerre, bombardes, canons, chariots, munitions, vivres, dont les défenseurs de *Compiègne* firent leur profit.

Les forteresses environnantes, que nous avons souvent indiquées, et qui étaient pour la plupart tombées au pouvoir des ennemis, avant ou pendant ces cinq longs mois du siège héroïque de *Compiègne* en 1430, se donnèrent au roi aussitôt l'éloignement des Anglo-Bourguignons.

Nous avons laissé Jeanne d'Arc prisonnière à Beaurevoir en Artois.

Jeanne d'Arc vendue aux Anglais ; son procès ; sa mort à Rouen. — Ce double échec des Anglais et des Bourguignons devant *Compiègne* appelait une vengeance : une faible femme sera le prix des hontes dévorées par les Anglais : Jean de Luxembourg leur vendit Jeanne pour une somme de dix mille livres !

La Pucelle ayant été prise sur la rive droite de l'Oise appartenant au diocèse de Beauvais, Pierre Cauchon, évêque de ce siège, d'où il avait été chassé par les habitants à cause de ses relations avec les Anglais, re vendiqua Jeanne d'Arc comme sa justiciable.

On sait que la vierge de Domremy, après un procès inique, dont les débats navrants ont été si souvent publiés, fut brûlée vive à Rouen un an et sept jours après sa prise devant *Compiègne*, et que Charles VII eut l'ingratitude impardonnable de ne rien faire pour sauver celle qui lui avait rendu le trône de ses aïeux.

La mort de Jeanne d'Arc déshonora l'Angleterre, le roi de France, la Cour, l'Université, le Clergé de la langue d'oil, particulièrement Jean Dacier, prieur de l'abbaye Saint-Corneille de *Compiègne*, un des juges de cette libératrice de la ville et du royaume, et surtout le perfide Pierre Cauchon, évêque de Beauvais, président vendu du tribunal criminel de Rouen.

La mémoire de cette glorieuse vierge-martyre fut réhabilitée 27 ans après sa condamnation par ordre du pape.

Aujourd'hui il n'y a qu'un sentiment en France sur ce type parfait du patriotisme national, et l'église catholique travaille généreusement à mettre Jeanne d'Arc au nombre de ses saintes dans son martyrologe.

Statue de Jeanne d'Arc à Compiègne. — La ville de *Compiègne* qui a dû sa délivrance au sacrifice que cette héroïne fit de sa liberté, lui a solennellement érigé une statue sur la place de l'Hôtel-de-Ville le 10 octobre 1880.

Sur le socle du monument on lit cette inscription : « *Je iray voir mes bons amys de Compiengne* », paroles de Jeanne, qui rappellent si noblement son amour pour nos ancêtres, dont tous les Français doivent honorer et suivre les exemples.

Par une heureuse coïncidence, c'est M. Carnot, président actuel de la République, le petit-fils de l'organisateur de la victoire, qui a présidé la cérémonie d'inauguration à *Compiègne* de la statue de la libératrice de la France !

La France est délivrée des Anglais. — L'élan donné par l'énergie et les victoires de cette fille du peuple se propagea successivement dans tout le royaume et de toutes parts aussi on repoussa le joug de l'étranger. Paris et Rouen, particulièrement sous la main tyrannique des Anglais, faisaient des efforts de tous les instants pour s'affranchir.

En 1434 le duc le duc de Bourgogne signe la paix d'Arras avec Charles VII, et peu après Bedfort honni et Isabeau maudite, meurent en même temps. Enfin Paris ouvre ses portes au roi que Jeanne d'Arc avait déclaré seul légitime et fait couronner en cette qualité à Reims cinq ans plus tôt.

La bataille de Formigny en 1450 nous rendit Rouen et la Normandie ; celle de Castillon en 1453, remit entre nos mains Bordeaux et la Guyenne.

Calais seul resta aux Anglais.

CHAPITRE XIII (1)

Etat social de la France, et principalement de Compiègne et de sa région, vers le milieu du XVe siècle, fin de la guerre de Cent-Ans et du moyen-âge.

La prospérité générale que le règne de saint Louis avait répandue sur notre pays se maintint à peu près pendant un demi-siècle après sa mort ; mais avec les premiers désastres de la guerre de Cent Ans, la Jacquerie et la rivalité des Armagnacs et des Bourguignons, la France retomba dans un état de misère et d'ignorance, pire que celui du dixième siècle. « Dans « les villes, dit M. le président Sorel, citant M. du « Fresne de Beaucourt, de lourds impôts, absorbés en « grande partie par les frais de la défense, ruinaient « les habitants ; une cherté effroyable de toutes cho- « ses ; des disettes continuelles ; de fréquentes épi- « démies venaient s'ajouter à tous les maux possibles.

---

(1) Les titres des chapitres XI et XII ont été omis aux pages 46 et 60.

« A Paris, cent mille personnes périrent en quelques
« mois. »

Compiègne, à proximité de la capitale et en constant
rapport avec Paris, dut voir décimer sa population
qui changeait de maître à tout instant.

« Dans les campagnes, les champs étaient déserts,
« privés de culture, couverts de ronces et de buissons.
« De la Loire à la Somme, le travail fut interrompu
« pendant de longues années ; on eût dit un sol enne-
« mi. Partout les routes interceptées; plus de sécurité;
« plus de commerce ; plus de culte même, car les
« églises étaient brûlées ou dévastées ; on en était ré-
« duit à célébrer l'office divin dans les granges. Tou-
« tes les conditions étaient bouleversées ; les maîtres
« devenaient valets. Les cultivateurs affolés quittaient
« femmes et enfants pour aller grossir les bandes de
« brigands. Une soldatesque effrénée, des aventuriers
« de tous pays donnaient carrière à toutes les convoi-
« tises, à toutes les passions brutales et tenaient les
« populations sous le joug.

« A *Compiègne* et dans les environs, la misère éta-
« lait toute sa laideur; les ressources étaient épuisées,
« les charges augmentaient, les édifices étaient tous
« endommagés ; les halles du commerce étaient dé-
« molies ou converties en corps de garde ; six cents
« maisons ou hôtels avaient été atteints par les boulets;
« de tous côtés ce n'était que ruine et désolation »
aussi bien à la ville que dans les campagnes.

Cependant, malgré cet état social, déplorable conséquence de tant de bouleversements, les progrès de la civilisation avaient continué pendant les
époques d'accalmie, de lassitude ou de repos qui
succèdent nécessairement aux longues périodes de
calamités publiques, et *Compiègne*, depuis les deux
siècles que nous l'avons succintement décrit, a triplé
sa superficie intra-muros. A la fin du règne de Charles VII, cette ville occupait un emplacement de 53
hectares, et le mur du rempart avait un développement

de 2.600 mètres. Comme nous l'avons indiqué, les églises de Saint-Antoine, de Saint-Jacques et le Louvre royal ont été bâtis en dehors de la première enceinte. Des faubourgs populeux se sont groupés auprès de ces monuments. Un nouveau rempart, de nouvelles portes flanquées de tours crénelées ont enfermé et défendu le tout en décuplant la longueur des murs, fossés et bastions du 13e siècle. Ainsi la ville de *Compiègne*, vers 1450, comptait assurément le double d'habitants, de maisons, de fabriques, de couvents, d'hôtels, qu'à la fin des croisades.

Résultats pour la France, Compiègne et sa région en particulier, des règnes des successeurs de saint Louis jusqu'à la mort de Charles VII et la fin du moyen âge.

Dans la seconde partie du règne de Charles VII, c'est-à-dire de 1436 à 1461, la France répara les maux qu'elle avait si longtemps endurés. L'agriculture, premier besoin des nations, reprit sa place légitime ; l'industrie et le commerce retrouvèrent leur marche prospère ; les arts, les sciences et les lettres firent de nouveaux progrès. Ainsi Charles d'Orléans composa de belles poésies dans son manoir de Pierrefonds et pendant sa longue captivité à Londres ; Alain Chartier historien du roi et François Villon, le comique de cette époque, ont écrit leurs œuvres dans notre région, qui, d'au're part, renferme peu d'édifices de ce temps.

Et tandis que les Anglais étaient définitivement chassés de France, le gouvernement de Charles VII avait besoin de se débarrasser des forces féodales — si souvent vaincues — et de créer une *armée permanente* par l'établissement de l'impôt ou *taille perpétuelle* destinée à la solde de cette nouvelle force nationale.

L'armée permanente se composait de 15 compagnies d'ordonnance de 100 lances chacune. Une lance garnie comprenait primitivement six hommes montés, un chevalier-lancier et son écuyer, trois archers et un coutillier: c'était la *cavalerie*. L'*infanterie* était fournie par chaque paroisse qui devait avoir son archer à pied prêt à se mettre au service du roi au premier appel, en s'exerçant chaque dimanche au tir à l'arc. L'*artillerie* fit aussi de grands progrès sous la direction des frères Bureau.

Les archers, qu'on affranchit de l'impôt, furent appelés *francs-archers* pour cette raison et leurs compagnies d'arc, dans notre région, subsistent encore pour des joûtes pacifiques en attendant qu'elles se transforment en sociétés de tir et de gymnastique. Ce sera une préparation utile au service militaire obligataire de trois ans, que le Centenaire de 1889 a vu passer en loi, après diverses tentatives insuffisantes pour la défense nationale. Avec le systéme de paix armée qui prévaut actuellement en Europe, dont l'équilibre est rompu depuis vingt ans, il faut que la France soit toujours sur la défensive.

Les **finances de l'Etat** étaient alimentées: 1° par la *taille* ou impôt direct sur les maisons et les terres des roturiers ; 2° par les *aides* ou impôts indirects sur les boissons, cuirs, savons, etc, ; 3° par la *gabelle* ou monopole du sel.

La **Justice** fut aussi heureusement réformée et compléta ainsi la réorganisation du royaume. Les arrêts du Parlement sédentaire de Paris furent rendus exécutoires dans toute la France; la surveillance et le contrôle des juges seigneuriaux s'exercèrent régulièrement; les coutumes écrites remplacèrent bientôt l'interprétation bénévole des magistrats.

L'administration municipale des villes du domaine royal, dont *Compiégne* faisait partie, reçut d'abord d'heureuses modifications après une si longue anarchie : les élections du Prévot et des échevins attournés se firent régulièrement comme autrefois par les soins des quarteniers. Les élus prêtèrent de nouveau serment au roi qui confirmait leurs droits et prérogatives, en un mot une réorganisation complète du pouvoir royal et des administrations locales succéda à la longue confusion des pouvoirs, amenée par les guerres étrangères et par les discordes intérieures.

Charles VII, comme plusieurs de ses prédécesseurs, voulut affranchir le clergé français, pour le temporel, de l'autorité du pape, par la pragmatique sanction de Bourges qui fonda l'église gallicane. Le Saint-Siège refusa de reconnaître ce droit.

Jacques Cœur, de la même ville, qui avait le génie du commerce aida le roi de son immense fortune ; mais ce prince se montra aussi injuste envers son argentier qu'il avait été ingrat à l'égard de Jeanne d'Arc et défiant pour le connétable de Richemont.

La révolte de son fils et de plusieurs seigneurs vers la fin de sa vie, lui fit expier durement ses fautes envers ses plus fidèles sujets. Craignant d'être empoisonné, il se laissa mourir de faim en 1461.

Inventions et découvertes. Fin du Moyen-Age. — L'histoire populaire de *Compiégne* et de son arrondissement, pendant les dix siècles qui forment ce qu'on appelle le *moyen âge*, trouve un naturel point d'arrêt avec la fin de la guerre de Cent ans, la mort de Charles VII et la chute de l'empire de Constantinople (1453), dernier reste du monde ancien. L'invention de la poudre à canon, de la boussole, de l'imprimerie, du papier, de la gravure, de la peinture à l'huile, des cartes à jouer, vont transformer la Société tout entière, en attendant la constitution des Etats européens, la découverte de l'Amérique et celle des Indes. Ces grandes inventions et dévouvertes ouvriront la période de l'histoire moderne avec le règne de Louis XI et la ruine de la Féodalité.

CHAPITRE XIV

Compiègne et sa région, dans l'histoire de France moderne, sous les règnes de Louis XI, Charles VIII et Louis XII.

A la nouvelle de la mort de Charles VII, le Dauphin quitta son exil et vint se faire sacrer à Reims sous le nom de Louis XI, en 1461. Le nouveau roi de France était aussi simple que le duc de Bourgogne, chez lequel il s'était expatrié, était fastueux : aussi aux cérémonies du sacre, comme à son entrée solennelle à Paris, le roi fut partout éclipsé par la magnificence de son vassal Philippe le Bon, plus puissant peut-être que son suzerain, mais beaucoup moins rusé.

Louis XI habite Compiègne en simple bourgeois. — Une des premières cités que Louis XI visita fut celle de *Compiègne*, dont la réputation de fidélité lui était connue ; mais les travaux que son père avait fait exécuter au palais et qui se continuaient, et surtout les goûts vulgaires du jeune roi, lui firent prendre logis chez un bourgeois, attourné municipal, Jean Morlière, qui demeurait au coin de la rue des Domeliers et de Pierrefonds, plus tard l'hôtel de la Grande Croix-d'Or, récemment disparu.

Le soin que Louis XI prit de n'avoir de rapports qu'avec les bourgeois, qu'il appelait ses compères, à l'exclusion des grands seigneurs qu'il affecta de blesser, souleva bientôt contre lui les princes apanagés, à la tête desquels se plaça le nouveau duc de Bourgogne, Charles le Téméraire, plus orgueilleux encore que son père.

La Ligue du Bien public; confirmation des libertés de Compiègne. — Cette association des grands seigneurs contre l'autorité royale, reçut le nom de *Ligue du Bien public*; mais Louis XI se concilia l'amitié des bourgeois et du peuple en confirmant les libertés de Paris, Senlis, *Compiègne* et de toutes les bonnes villes de ses domaines. Ainsi il tint en échec ses puissants adversaires. L'indécise bataille de Montlhéry, à quelques lieues de la capitale, l'obligea à faire des concessions aux confédérés par les traités deConflans et de Saint-Maur.

Louis XI à Compiègne et à Noyon, avant et après l'entrevue de Péronne. — En se rendant à la célèbre entrevue de Péronne en 1468, Louis XI passa à *Compiègne* et à Noyon, où de grands honneurs lui furent rendus par le clergé, le corps de ville et les corporations des arts et métiers.

A peine est-il arrivé chez son rival, qu'il espérait tromper par son habile duplicité, que le duc de Bourgogne est informé de la révolte des Liégeois, excitée par les émissaires de Louis XI. Charles, furieux de cette perfidie, enferme le roi de France dans la tour où était mort Charles le Simple, l'oblige à signer un traité humiliant et à aller avec lui massacrer les Liégeois.

De retour à *Compiègne*, Louis XI, selon sa honteuse habitude, déclare que la violence qui lui a été faite à Péronne l'a délié d'avance de son serment. Charles le Téméraire reprend les armes, entre en Picardie avec 60 mille hommes, égorge les habitants de Nesle, saccage Roye, et les villages voisins, Solente, Ognolles, Boulogne, Mortemer, Ressons, Gournay, et va mettre le siège devant Beauvais.

Siège mémorable de Beauvais. — Les habitants de cette ville firent des prodiges de valeur pour repousser les Bourguignons. Et comme cela est souvent arrivé dans nos environs, et à toutes les époques de notre histoire, les villes de *Compiègne*, Noyon, Senlis, Clermont envoyèrent leurs hommes d'armes au secours de Beauvais, tandis que par la sortie des reliques des églises, le clergé lui-même enflammait le patriotisme des assiégés. Les femmes elles-mêmes se précipitèrent sur le rempart, conduites par une autre Jeanne, appelée depuis Hachette, à cause de l'arme dont elle se servit pour tuer un ennemi et lui enlever le drapeau qu'il plantait au haut de la muraille.

Tous les ans, en mémoire de cet acte d'héroïsme et de la délivrance de la ville, les femmes de Beauvais marchent en tête d'une procession solennelle, tirent le canon devant toutes les autorités réunies, dans une fête dite de l'Assaut, où figure en tête l'étendard enlevé par Jeanne Hachette.

Construction à Compiègne de la chapelle N.-D. des Bonnes-Nouvelles où est sonné le 1ᵉʳ Angelus. — Deux ans avant le siège de Beauvais, Louis XI étant à *Compiègne* apprit la défaite du duc de Bretagne, au moment où il passait sous la porte de Pierrefonds. Aussitôt le roi fait vœu d'élever sur cette porte même une chapelle à N.-D. des Bonnes-Nouvelles ou de la Salvation, puis compose à la même occasion la prière populaire de l'*Angelus*, que les cloches catholiques annoncent depuis trois fois par jour.

La construction de cette chapelle fut confiée au compère du roi, Jean Morlière, attourné de la ville. Les mémoires des travaux, soldés par l'hôte de Louis XI, sont conservés aux archives municipales de *Compiègne*. Cet édicule fut détruit vers 1782, et les revenus affectés à l'entretien du collège.

Ce même roi, dit la tradition compiégnoise, fit couvrir en ardoises l'église de Saint-Jacques, ne voulant pas que Dieu fût moins bien logé que le roi dans la ville de saint-Louis.

Louis XI, qui ne voulait en France d'autre maître que lui-même, traita avec Edouard IV, roi d'Angleterre à Pecquigny, près d'Amiens, en 1475 et suscita de tels embarras à Charles le Téméraire, que celui-ci perdit les batailles de Grandson et de Morat contre les Suisses, en 1476 et se fit tuer misérablement devant Nancy où il assiégeait le duc de Lorraine.

Jugement du duc de Nemours à Noyon. — Cette même année, Louis XI assembla à Noyon le Parlement de Paris pour juger le duc de Nemours.

Les crimes ds Jacques d'Armagnac étaient si peu notoires, que les juges hésitaient à se prononcer ; mais le roi leur fit savoir qu'ils devaient opter entre leurs dignités et une condamnation capitale. A Noyon, comme à Rouen, le tribunal s'inclina devant la force. L'exécution de la sentence eut lieu à Paris, et selon l'habitude barbare de l'époque, les enfants du malheureux duc furent obligés d'assister au supplice de leur père.

Le connétable de St-Pol et le cardinal de La Ballue, qui avaient trahi le roi, subirent aussi la vengeance de l'implacable monarque.

Aussitôt que le duc de Bourgogne fut mort, Louis XI s'empara de la Bourgogne et de la Picardie que le traité d'Arras (1482) lui laissa. L'Anjou, le Maine, la Provence, le Roussillon furent aussi réunis à la France sous ce règne.

Louis XI créa les milices communales de Paris et de *Compiègne*, où le titre d'échevin remplaça celui d'attourné. Il institua les parlements de Dijon, Grenoble et Bordeaux, établit les postes royales, protégea les imprimeurs qu'il installa au Louvre, et fonda l'Ecole de médecine.

C'est ce même roi qui posa les règles de la diplomatie et les bases de l'équilibre européen, tout en affermissant l'unité de la France par la ruine de la Féodalité.

Louis XI fut un profond politique et un grand roi, si ces qualités peuvent s'allier avec les défauts de fils ingrat, de mauvais époux et de père indifférent.

Soupçonneux, superstitieux et cruel plus que jamais en vieillissant, il mourut au château de Plessis-les-Tours en 1483.

L'église de Saint-Germain de *Compiègne*, détruite depuis le siège de 1430, fut reconstruite vers 1470, grâce aux aumônes reçues en vertu de cent jours d'indulgence que le pape accorda pour cette œuvre p e.

En même temps, croit-on, les châteaux-forts de Ressons et des environs disparurent.

Charles VIII.— Vers la fin de sa vie, Louis XI avait abandonné Paris et *Compiègne* pour les bords de a Loire. Son fils, jeune et maladif, gouverné par sa' sœur, l'intelligente et énergique Anne de Beaujeu restera dans les mêmes parages pendant sa minorité, et plus tard, entraîné en Italie, notre région ne verra plus les splendeurs royales pendant ce règne ni le suivant, qu'à de rares intervalles.

Pourtant aussitôt après son sacre à Reims, en 1486, il fit à *Compiègne* une brillante entrée et pendant ce séjour, l'édit qui réunissait la Provence au domaine royal, fut signé dans cette ville.

Eloigné du gouvernement central pendant le règne de Charles VIII, *Compiègne*, en échange, était voisin d'une puissance de second ordre, qui fit constamment échec à l'administration de la régente. Louis d'Orléans, en effet, dans son castel de Pierrefonds, était le chef reconnu des grands seigneurs mécontents et cherchait à supplanter Anne de Beaujeu dans le gouvernement en attendant la grande majorité du roi : il parvint même à faire disgrâcier les meilleurs amis du dernier roi et de la régente ; mais celle-ci convoqua à Tours les Etats-Généraux afin d'opposer leurs prérogatives à l'ambition du duc d'Orléans et des seigneurs qu'il inspirait. Pour la première fois, ces Etats déclarèrent que la volonté générale était la loi suprême des empires et que le roi, devenu majeur à quatorze ans, devait prendre le pouvoir avec son Conseil.

Louis d'Orléans ainsi écarté s'unit au duc de Bretagne contre Anne de Beaujeu qui avait conservé la régence effective : Cette dernière *guerre folle* de la Féodalité aux abois contre l'autorité royale eut un terme fatal à Saint-Aubin-du-Cormier, en 1488 ; les deux princes furent vaincus, et le duc d'Orléans tomba entre les mains de la Trémoille qui commandait l'armée du roi.

Anne héritière de la Bretagne épousa Charles VIII, mais ce jeune ambitieux démembra bientôt la France au profit des princes voisins pour courir à la conquête de l'Italie asservie par des chefs incapables.

La *furia française* renversa tous les obstacles et Charles VIII arriva bientôt à Naples, où il entra en triomphe.

Une ligue se forma à Venise de toute l'Italie contre le roi de France qui dut se hâter de rentrer dans ses états, après avoir vaincu les coalisés à Fornoue, 1495.

Charles VIII se disposait à retourner en Italie, quand il mourut par accident à Amboise sur la Loire, en 1498.

Ce prince mort sans enfant, la couronne, d'après la loi salique revenait au duc d'Orléans, seigneur de Pierrefonds, seul de la branche des Valois-Orléans qui régna sur la France, sous le nom de Louis XII.

Louis XII. — Après son sacre à Reims, ce roi comme ses prédécesseurs, entre à *Compiègne*, qui lui donne des fêtes extraordinaires pendant quinze jours. Louis XII pendant ce séjour tint, dans l'abbaye de Saint Corneille, un chapitre des Ordres royaux où il confirma les immunités que *Compiègne* avait obtenues des rois depuis Charles le Chauve, et arrêta la construction de l'hôtel de ville pour remplacer le Parloir aux Bourgeois qui tombait en ruines.

A l'exemple de Charles VIII, Louis XII quitta bientôt son royaume pour aller à la conquête du Milanais et de la Sicile, sur lesquels il se croyait des droits par sa mère et son prédécesseur. La bataille de Novarre (1500) lui livra Milan, et Gonzalve de Cordoue conquit l'Italie du sud pour le roi d'Aragon et Louis XII.

Mais bientôt les vainqueurs de Naples ne purent s'entendre sur le partage de leur conquête. Les défaites successives des Français et l'alliance du fameux pape Jules II avec Gênes, Venise, Ferdinand d'Aragon et Maximilien, empereur, dite la *Sainte-Ligue*, firent reculer notre armée malgré les brillants succès de Gaston de Foix à Bologne, Brescia et Ravenne, où le jeune général de 22 ans trouva une mort glorieuse.

Les Suisses nous vainquirent à Novarre et les Autrichiens à Guinegate, 1513, et arrivèrent victorieux jusqu'à Dijon, où il fallut traiter d'une manière onéreuse.

Ce prince mourut le 1er janvier 1515, regretté de ses sujets à cause de sa bonté proverbiale et malgré sa folle ambition de conquêtes inutiles.

Construction de l'hôtel de ville de Compiègne.— C'est après la perte de l'Italie, consommée par le traité de Blois en 1504, et avant la réunion des Etats-Généraux de Tours, en 1506, que la paix permit de commencer la construction du magnifique hôtel de ville de *Compiègne*. Ce monument que nous décrirons plus tard, fut achevé en moins de quatre années, tandis que celui de Noyon, commencé vingt ans plus tôt ne fut terminé que vingt ans plus tard, c'est-à-dire à l'époque où on jeta les fondements de l'hôtel de ville de Paris, dont l'édification complète dura près d'un siècle.

De grandes fêtes étaient données en ce temps quand on inaugurait les hôtels de ville. Pour que les enfants pussent garder le souvenir de ces dédicaces, on leur distribuait à profusion des *oublies* et des soufflets : les petits compiégnois goûtèrent ce double plaisir en 1508, car à cette époque l'éducation était rude comme le prouve cette manière de cultiver la mémoire des enfants !

Ecroulement des donjons romain et carlovingien de Compiègne en 1492 et en 1500 — L'année même de la découverte de l'Amérique par C. Colomb, l'antique tour de César, ce premier monument de notre histoire locale, s'écroula, précédant de peu d'années l'effondrement de la tour de Charles le Chauve ou du Beau-Regard, dont les ruines gigantesques font encore l'orgueil de *Compiègne* et l'admiration des étrangers.

CHAPITRE XV

Compiègne et son arrondissement sous les règnes de François 1er, de Henri II et de ses trois fils et successeurs.

A l'exemple de la plupart de ses prédécesseurs, François 1er, aussitôt son sacre, passa à Noyon et à *Compiègne* : dans la ville épiscopale, il fut reçu en grande pompe sous le portail de la cathédrale par le comte-pair et évêque qui lui rappela que le premier roi de sa dynastie, dont il était la troisième branche, avait été couronné au même lieu, sept siècles plus tôt.

Au retour de la bataille de Marignan, dite des géants, le roi victorieux, et nouveau chevalier armé par Bayart, revint à *Compiègne*. Le gouverneur de la ville à la tête du clergé, des maire et échevins escortés par les arbalétriers, les archers et les corporations civiles et religieuses, reçut le roi-chevalier avec un appareil sans égal. Le lendemain, dans une seconde fête toute religieuse, le roi, en personne, ouvrit la châsse du Saint-Suaire pour vénérer la relique la plus populaire du riche trésor de l'abbaye royale de Saint-Corneille.

La même année 1516, François 1er signa un concordat avec le pape Léon X, ainsi que la paix de Fribourg, dite perpétuelle avec les Suisses, laquelle donnait à la France le droit de recruter des soldats chez ces vaillants montagnards, enfin le traité de Noyon avec Charles d'Autriche qui venait d'hériter l'Espagne.

Trois ans plus tard, le trône impérial d'Autriche étant devenu vacant, Charles 1er d'Espagne et François 1er posèrent ensemble leur candidature à l'empire. Charles fut élu par les princes-électeurs allemands sous le nom de Charles-Quint. François 1er, irrité voulant se venger de cet affront, rechercha l'appui de Henri VIII, roi d'Angleterre.

Mais au camp du Drap d'or, le roi de France blessa le roi d'Angleterre par l'orgueil de son luxe et sa valeur chevaleresque ; Charles d'Autriche plus habile, gagna l'amitié que François 1er s'aliénait imprudemment. D'abord, Bayart s'illustra au siège de Mézières, mais les défaites successives de la Biagrasso et de la Sésia où Bayart « le chevalier sans peur et sans reproche » trouva une mort glorieuse, préparèrent celle de Pavie, en 1523, où la bravoure téméraire de François 1er entraîna la perte de la bataille et de la liberté du roi.

Le roi de France emmené à Madrid, dut signer dans cette ville un honteux traité par lequel il abandonnait la Bourgogne et le Milanais.

Création de l'ordre St-Michel à Compiègne —Le 27 septembre 1527, jour de la fête de St-Michel, patron de la France, fut créé à *Compiègne* l'Ordre militaire fameux de Saint-Michel.

Dix-huit chevaliers du nouvel Ordre furent armés dans une solennité extraordinaire devant l'Empereur d'Autriche et les rois de Navarre et de Danemark : les princes échangèrent le collier de Saint-Michel et de la Toison d'Or ; ces témoignages politiques ne garantirent que peu de temps la longue amitié qu'ils semblaient promettre.

Charles-Quint à Compiègne. — Pendant cette trêve, une révolte de Gantois appela Charles-Quint en Flandre. Il demanda le droit de traverser la France. Paris le fêta magnifiquement ; *Compiègne* et Noyon suivirent l'exemple de la capitale et s'endettèrent pour recevoir l'empereur qui trompa indignement le gouverneur de *Compiègne*, le connétable Anne de Montmorency lequel fut disgrâcié pour avoir eu foi en la parole de l'empereur sans exiger sa signature. Il se retira dans son domaine de Chantilly où il était né. Nous le verrons rappelé plus tard, malheureux dans ses exploits, mais toujours loyal, contrairement à son prédécesseur le connétable de

Bourbon qui avait trahi, selon l'expression de Bayart, « sa patrie, son roi et ses serments ».

Sous François 1er, Jacques Amyot, évêque d'Auxerre, grand écrivain, fut un instant abbé de Saint-Corneille. Il eut pour successeur, dans la dite abbaye, Louis de Bourbon, cardinal-évêque de Laon qui fit édifier le portail monumental de l'église de la royale abbaye de *Compiègne* à la place de la tour de César, écroulée quelque années auparavant, comme nous l'avons indiqué.

Le Puits-du-Roi. — C'est François 1er qui fit établir dans la forêt le magnifique carrefour appelé le Puits-du-Roi, le rendez-vous le plus connu des chasses a courre depuis quatre cents ans. Il y fit aboutir les huit grandes routes qui partagent la forêt de *Compiègne* en secteurs immenses et giboyeux.

La guerre recommença en 1544 avec Charles-Quint. Le duc d'Enghien remporta la brillante victoire de Cérisolles, mais l'empereur et le roi d'Angleterre ayant chacun de son côté envahi la France, il fallut traiter à Crespy, près de Laon en 1544, avec Charles-Quint, et à Ardres, avec Henri VIII, en 1546. François 1er mourut à Rambouillet l'année suivante.

Il créa le seize Généralités ou recettes du royaume ainsi que la Dette publique ; établit la loterie et rendit vénales les charges judiciaires et financières.

Il institua l'état-civil des citoyens en imposant aux curés la tenue régulière des actes de baptêmes, mariages et mortuaires, en 1539, rédigés en français, ainsi que les autres actes publics pour lesquels le latin était employé jusqu'alors. Il fallut tout un siècle pour que l'état-civil fût organisé, même dans les villes du domaine royal, car l'ordonnance royale de 1636 trouva la tenue de ces registres dans un état des plus insuffisants.

Les qualités brillantes de François Ier furent ternies par de grandes fautes, par de graves abus de pouvoir ; mais la protection qu'il accorda à l'érudit Budé, aux

frères du Bellay, au poète Marot, à l'imprimeur Etienne-
au satirique Rabelais, au peintre Jean Cousin, aux ar,
chitectes Delorme et Goujon, lui ont valu la popularité
et le glorieux surnom de *père et restaurateur des lettres et des arts.*

Les châteaux de Fontainebleau, de Saint-Germain
et de Chambord furent bâtis sous son règne, le Louvre fut commencé.

Henri II, 1547 à 1559, succéda à son père, et au
retour de son sacre vint à *Compiègne.* Le gouverneur
de la ville, Anne de Montmorency, à cette occasion,
rentra en crédit auprès du nouveau roi à la faveur de
Diane de Poitiers et ensemble ils tinrent tête à la famille
lorraine des Guises, François et son frère le Cardinal.
La sœur de ce dernier, veuve de Jacques V, roi d'E-
cosse, avait une fille, Marie Stuart qui fut fiancée avec
le dauphin, lequel devait bientôt régner un moment
sous le nom de François II.

La rivalité entre Charles-Quint et Henri II reprit
avec vigueur. Le roi de France, soutenu par les princes
allemands, s'empara des villes épiscopales de Metz,
Toul et Verdun en 1552.

L'empereur, à la tête de cent mille hommes, tenta
de reprendre Metz dont les fortifications étaient fortement endommagées. François de Guise sollicita l'honneur de défendre la capitale de son pays, et par son
énergie força Charles-Quint à s'enfuir après avoir vu
périr la moitié de son armée.

**Les Espagnols saccagent Noyon et les
environs.** — Pour se venger de ce grave échec, les Espagnols, comme feront plus tard les Prussiens en quit-
tant dans d'autres conditions, hélas ! Metz aussi, se
jetèrent sur la Picardie qu'ils livrèrent au pillage et
aux flammes. La ville de Noyon souffrit énormément ;
la moitié de la ville fut détruite et la cathédrale n'é-
chappa à l'incendie que grâce à un de ses concitoyens
du nom de Marquet, le guetteur et sonneur d'Angelus
qui tua, en faisant sentinelle dans les clochers, ceux

des ennemis envoyés pour mettre le feu aux combles. Tous les villages environnant Noyon, Ham, Chauny, furent ruinés par les bandes espagnoles,

Construction à Compiègne de la porte du Connétable.—Le connétable Anne de Montmorency, gouverneur de la ville, en fit plusieurs fois réparer les fortifications. Il attacha son nom à la réédification de la porte de la ville vers l'est, qui a reçu à différentes époques les noms de porte de Choisy, de Soissons, porte Chapelle, qui subsiste encore et qui est une des curiosités archéologiques de notre cité. La voute, longue de 65 mètres passe obliquement sous l'ancien rempart bien conservé. L'entrée qui donne sur l'ancien fossé est flanquée de deux tours rondes qui protégeaient la herse. L'entrée dans l'intérieur de la ville, décorée par Philibert Delorme, l'architecte de François Iᵉʳ, est un des plus beaux spécimens du style civil de la Renaissance, dont nous ferons la description dans un chapitre particulier.

En 1554, un édit publié à *Compiègne*, réorganise le Parlement de Paris en même temps que Jean de Francières, capitaine, aide François de Guise à battre de nouveau les Espagnols.

A la nouvelle de ce dernier échec, Charles-Quint, fatigué des grandeurs et malade, abdique solennellement son double titre d'empereur et de roi : il lègue ses états d'Allemagne et l'empire à son frère Ferdinand, l'Espagne et ses autres possessions en Europe et en Amérique échurent à son fils Philippe II, avec la couronne royale.

En 1557, le connétable de Montmorency, gouverneur de *Compiègne* perdit la bataille de St Quentin, contre les Espagnols, commandés par l'intrépide Philibert de Savoie. Coligny, par son audace en défendant Saint-Quentin assiégé, annule l'effet de la victoire remportée près de cette ville et permet au duc de Guise de réorganiser à *Compiègne* l'armée française, et de la conduire à marches forcées devant Calais, qui fut em-

porté en quelques jours avec autant de bonheur que
de bravoure : Jeanne d'Arc était vengée.... et le coup
était parti de *Compiègne*, qui lui devait bien ce suprême souvenir ainsi qu'à la France délivrée du dernier anglais, 1558.

L'année suivante, le traité de Câteau Cambrésis
termina les guerres d'Italie ; les trois évêchés et leurs
territoires nous restèrent ; deux mariages scellèrent
cette paix : celui de la sœur du roi avec le vainqueur
de Saint-Quentin et celui de sa fille avec le roi Philippe II. Dans un tournoi donné à Paris, à l'occasion
de cette double alliance, le roi de France Henri II
fut mortellement blessé en 1559.

La Renaissance des arts et des lettres en France et dans la région de Compiègne.

Pendant les règnes de François Ier et de Henri II,
deux évènements historiques d'une importance considérable prirent naissance en Europe et principalement
dans la région de *Compiègne : la Renaissance des
lettres, des arts et des sciences, et, d'autre part, la
Réforme* de la religion catholique et de la philosophie
scolastique. Nous avons indiqué que le treizième siècle
avait marqué l'apogée de l'inspiration chrétienne et
féodale, dont les monuments de *Compiègne* et des environs de cette brillante époque nous donnent une si
haute et si juste idée : (les ruines du pont de saint
Louis, l'Hôtel-Dieu et ses caves, les églises de Saint-
Antoine et de Saint-Jacques, celles de Saint-Jean-aux
Bois et d'Autrêches, les ruines de l'église abbatiale
d'Ourscamp avec l'élégante salle des morts qui les ac-
compagne, la cathédrale de Noyon et la riche salle
capitulaire y attenante, les châteaux restaurés de Pierrefonds et de Coucy, etc.)

Les siècles suivants, remplis en France par la guerre
de Cent ans, la rivalité des Armagnacs et des Bourgui-

gnons, puis par la lutte du pouvoir royal contre les puissantes familles féodales apanagées, enfin par les brillantes mais stériles guerres d'Italie ; toutes ces longues commotions politiques et sociales ont entravé pendant deux cents ans les progrès moraux et intellectuels, malgré les découvertes et inventions qui avaient été faites chez les nations voisines plus encore qu'en France.

Après cette longue crise sociale, résultat inévitable de tant de perturbations de toute nature, avec la sage administration de Louis XII plus que par la magnificence de François 1er et la frivolité de Henri II, le goût du beau artististique et littéraire se développa avec une singulière émulation dans les hautes classes de la société, à l'exemple de la cour des rois de France, et surtout des princes italiens qui protégeaient les grands génies qui s'appellent Michel-Ange, Raphaël, Léonard de Vinci, le Titien, Paul Véronèse, Le Primatice, Cellini, Machiavel, l'Arioste.

Ces artistes et ces savants formèrent en France l'illustre pléiade des Jean Cousin, Jean Goujon, Germain Pilon, Pierre Lescot, Philibert Delorme, Clément Marot, Rabelais, Marguerite de Navarre, Étienne Dolet et Ronsard.

Ces peintres, ces architectes, ces littérateurs et les œuvres immortelles qu'ils nous ont laissées au seizième siècle, c'est la **Renaissance**, c'est-à-dire le retour plus ou moins accentué aux modèles que le monde ancien de la Grèce et de Rome nous ont transmis en architecture, en sculpture, en peinture, en gravure, aussi bien qu'en littérature, laquelle comprend tant de branches différentes.

A *Compiègne*, bornons-nous à indiquer que l'Hôtel de ville, la porte Chapelle, le Palais actuel, l'hôtel du Tribunal civil, le bel ensemble des grandes Ecuries et de l'Orangerie, le pont, etc., ont emprunté à l'art ancien, c'est-à-dire aussi au style de la Renaissance, les parties principales de leur construction.

La Réforme et les guerres de religion en France et en particulier dans la région de Compiègne.

Nous avons dit précédemment que le grand schisme d'Occident avait fait naître des hérésies au sein de l'église catholique et développé l'esprit d'examen. Beaucoup de rois, et de princes allemands surtout, voulaient s'affranchir de la domination du pape et instituer des églises nationales qu'ils pussent associer à leur politique envahissante.

Le pape Léon X, ayant besoin d'argent pour bâtir la magnifique et immense basilique de Saint-Pierre de Rome, ordonna de vendre des indulgences pour aider à la construction de ce monument sans pareil, produit de génie combiné de Michel-Ange et de Raphaël.

Luther, moine allemand, prêcha contre ce trafic, et leva audacieusement l'étendard de la révolte contre tous les abus vrais ou supposés de l'église. La plupart des princes d'Allemagne donnèrent leur appui aux réformes religieuses professées par Luther, et le Protestantisme était fondé.

Calvin, natif de Noyon, d'abord attaché au clergé de cette ville, embrassa bientôt les idées de la Réforme et les répandit en personne dans différentes parties de la France. Chassé de sa patrie, à cause de ses opinions anti-catholiques, il se réfugia en Suisse et établit le siège du calvinisme à Genève. Il déploya un génie de sectaire pour la propagation de sa doctrine, qui fit d'autant plus de prosélytes qu'elle trouva de plus ardents persécuteurs.

Parmi ces derniers, nous devons avant tout, citer Antoine de Mouchy, surnommé Democharès, né à Ressons-sur-Matz, où son souvenir est resté vivace. La présence de Calvin et de Democharès, attachés simultanément au clergé de Noyon, avec des opinions religieuses opposées et des tempéraments intransigeants et persécuteurs, a laissé longtemps dans Noyon et les

environs des souvenirs lugubres, dont nous retrouverons les conséquences au moment de la *Sainte-Ligue*.
Celle-ci prendra naissance dans les même parages
que le *Calvinisme*, mais dans un esprit tout contraire.

À cette époque, *Compiègne* avait pour gouverneur le
célèbre Philippe de Brosly ou Brouilly, seigneur de
Chevrières et autres lieux, grand dignitaire royal, dont
les arrière-descendants actuels paraissent alliés aux
arrière-neveux d'un des quarteniers de l'époque de
Charles V. Ces descendants des Brosly ont conservé
des terres à Chevrières, à Longueil-Sainte-Marie, à
Rivecourt, pays d'origine aussi de Guillaume l'Alloue
et du Grand Ferret, avec lesquels il conviendrait de
rechercher une filiation morale, au moins, du patriotisme ardent de ces temps héroïques du moyen âge,
où notre région compiégnoise a été si fertile en enfants
illustres.

François II qui succéda à son père en 1559, faible
de corps et d'esprit, avait épousé Marie Stuart, fille de
Marie de Lorraine, sœur de l'illustre François de
Guise et du cardinal du même nom. Les princes lor-
rains devinrent ainsi tout puissants à la cour. Jaloux
de leur crédit, Condé, Coligny et Antoine de Bourbon
tous trois protestants, résolurent de soustraire le roi
à l'influence des Guises, ardents catholiques : c'est la
conjuration d'Amboise, où le parti protestant échoua.

La guerre était sur le point d'éclater entre catholiques et réformés quand le roi mourut. En 1560,
Charles IX, sous la régence de Catherine de Médicis,
sa mère, devint roi à dix ans. Michel de l'Hôpital,
chancelier de France, par son patriotisme et son grand
caractère atténue les fautes de l'astucieuse et cor-
rompue régente, mais ne peut empêcher les prises
d'armes et les quatre guerres que se livrent en dix ans,
les deux partis dont les ambitions politiques se dispu-
taient sous prétexte de religion.

Dans la première guerre, Antoine de Bourbon qui
avait habité *Compiègne* avec Jeanne d'Albret sa femme,

très peu de temps avant la naissance de Henri IV, leur fils, fut tué au siège de Rouen. Le maréchal de Saint-André eut le même sort à Dreux, où Montmorency, gouverneur de *Compiègne* fut fait prisonnier. Guise l'immortel héros de Metz et de Calais fut assassiné sous les murs d'Orléans.

Institution à Compiègne du Tribunal Consulaire. — La juridiction consulaire appelée aujourd'hui le Tribunal du Commerce fut établie à *Compiègne*, par lettres-patentes de Charles IX, en août 1565. Elle se composait alors d'un juge-consul, de deux assesseurs, d'un greffier, d'un huissier-audiencier et de plusieurs procureurs, avoués ou agréés.

Nouvel édit royal pour l'élection municipale à Compiègne. — A la même date une nouvelle réglementation municipale confirme les trois gouverneurs-attournés municipaux sous les noms de *maire et échevins*. De 1565 à 1573, ces trois attournés communaux sont : Jehan Coffin, tabellion (receveur de l'enregistrement) ; Simon Laurent, procureur du roi, et Jehan Charmolue, notaire. Les autres officiers ou subdélégués de la ville reçurent également de l'élection une nouvelle institution. Le roi dans un voyage à *Compiègne*, à Noyon et à Ourscamps confirme les divers magistrats dans leurs fonctions et prérogatives en recevant leur serment solennel en présence du gouverneur militaire, le connétable Anne de Montmorency.

Mort du gouverneur de Compiègne. — Ces fêtes furent les dernières que la ville donna à son vieux et illustre gouverneur. Condé et Coligny, l'année suivante, étant venus assiéger Paris à la tête de l'armée calviniste, le capitaine, Anne de Montmorency, sortit pour les combattre avec l'armée royale catholique. Le connétable, vainqueur dans les plaines de Saint-Denis, fut tué en triomphant et mourut ainsi plus glorieusement encore que Duguesclin!

Les chefs protestants s'enfuirent à La Rochelle, qui servira désormais de capitale aux Huguenots français.

A la bataille de Jarnac, de nouveau perdue par les Calvinistes, Condé, à son tour, fut lâchement assassiné.

Fondation du collège de Compiègne. — C'est pendant le calme qui suivit la paix de Saint-Germain, accordant aux Réformés la liberté de conscience et de leur culte dans quatre places de sûreté, et à la veille du massacre de la Saint-Barthélemy, que le collège de *Compiègne* fut fondé en 1571.

Noël Gambier et Jean Charmolue, deux Compiégnois auxquels notre reconnaissance doit être manifestée autrement que par ce modeste souvenir, offrirent à la ville une rente de 2.000 livres tournois pour fonder le collège de *Compiègne* qui fait la gloire de notre cité depuis trois siècles, car il donne à la jeunesse d'élite de la région la vraie richesse d'un peuple, une éducation saine et virile avec une instruction solide et étendue.

Une réconciliation parut se faire entre les protestants et les catholiques par le mariage de Henri de Bourbon jeune chef des calvinistes et de Marguerite de Valois, sœur du roi ; mais Catherine de Médicis sentant son crédit disparaître, décida Charles IX à ordonner le massacre de tous les chefs protestants réunis à Paris à l'occasion des fêtes du mariage de Henri de Navarre avec la sœur du roi.

Cet odieux attentat eut lieu le 24 août 1572 ; il est connu dans l'histoire sous le nom de la *Saint-Barthélemy*. L'amiral de Coligny en fut la plus illustre victime.

A Paris deux mille protestants furent égorgés sans pitié ; de semblables massacres eurent lieu dans beaucoup de provinces françaises. Heureusement *Compiègne* et les environs, toujours fidèles à l'autel comme au trône, paraissent avoir échappé aux assassinats, aux guerres et aux horreurs fanatiques que les premières guerres de religion déchaînèrent sur la France.

Henri III arriva au trône en 1574. Quoiqu'il annonçât, par sa conduite scandaleuse, les plus fâcheux présages pour un roi, la région de *Compiègne* ne fut pas troublée avant le serment de la *Sainte Ligue*, qui prit naissance dans nos parages avec une formidable intensité.

Charles d'Humières gouverneur de Compiègne fonde la Sainte-Ligue en Picardie. — Henri de Condé, placé à la tête du gouvernement de la Picardie, était un calviniste forcené qui avait pour lieutenant à Péronne d'Humières, gouverneur de cette importante place de guerre et de *Compiègne*, et qui possédait le marquisat de Monchy et de nombreux domaines dans nos environs. Catholique exalté, le marquis d'Humières refusa de reconnaître pour chef un prince hérétique ; il engagea tous ses corréligionnaires à s'unir par un serment solennel pour la défense de la religion catholique menacée dans la province que Condé gouvernait : telle est l'origine de cette union des premiers Ligueurs (1576), que la plupart des historiens paraissent avoir ignorée.

Péronne, Montdidier, Roye, Noyon, *Compiègne*, sous l'autorité de Charles d'Humières, Senlis, Paris adhérèrent successivement à la Sainte-Ligue, tandis que le duc de Condé qui possédait le château de Plessis-de-Roye, près de Lassigny, et les domaines de Canny, Roye-sur-Matz, Gury, Laberlière, Varenne, Morlincourt, etc., faisait avec ses gens des recrues pour le protestantisme sur tous les territoires qui lui appartenaient.

Cette situation créa dans nos contrées un antagonisme religieux qui dura plus d'un siècle. Il laissa des traces qui ne furent effacées que par les secousses de la Révolution Française.

Promotion dans l'Ordre du Saint-Esprit à l'abbaye de Saint-Corneille de Compiègne. — Henri III qui avait été appelé d'abord au trône de Pologne le jour de la Pentecôte, puis à la couronne de France, à la même tête l'année suivante, institua, en mémoire de ce double avènement, l'Ordre du St-Esprit, en 1578, dont il fit avec une grande solennité, huit chevaliers dans l'église abbatiale et royale de *Compiègne*. Pour être promu à cette dignité, les chevaliers devaient être membres de l'Ordre de Saint-Michel : c'était donc le comble de l'honneur que d'être décoré du grand cordon de l'Ordre du Saint-Esprit au moment surtout où le protestantisme niait les dogmes catholiques de la Trinité et de la Vierge-Mère.

Le mariage de Henri de Bourbon avec Marguerite de Valois, loin de servir de trait-d'union entre les protestants et les catholiques, comme on l'avait espéré, précipita la Saint-Barthélemy, arracha aux princes calvinistes prisonniers une abjuration forcée au cri de « messe ou mort !». Une fois loin de la cour, le roi de Navarre se met à la tête de son parti, où il déploie les plus grandes qualités militaires. Bientôt la mort du duc d'Alençon, frère du roi sans héritier, lui ouvre les droits à la couronne de France.

Alors les Ligueurs s'unissent plus étroitement en faveur du duc Henri de Guise, qui affiche ses prétentions à détrôner Henri III et à reléguer Henri de Navarre dans ses petits États des Pyrénées: c'est la guerre des trois Henri, dont l'importante assemblée des Ligueurs à l'abbaye d'Ourscamp, sous la présidence du duc de Guise, fut l'épisode le plus significatif de la vitalité de la Ligue dans les environs de Noyon et de *Compiègne*, en 1586.

Cette réunion du Clergé, des Nobles et des Bourgeois, tous attachés au parti de Guise, véritable chef de la Sainte-Ligue, sous l'instigation de Philippe II, roi d'Espagne et avec l'approbation du pape Sixte-Quint, déclare nuls les droits de Henri de Bourbon au trône, en sa qualité d'hérétique, en attendant que, l'année suivante, ces mêmes Ligueurs proclament Henri de Valois déchu des prérogatives royales.

Ainsi le chemin était tout tracé à Henri de Guise qui, pour appuyer ses prétentions au trône dans notre contrée, soudoya un forcené et intelligent paysan de Rethondes, près *Compiègne,* Rieux qui, à la tête d'une troupe de voleurs de grands chemins, s'empara du château-fort de Pierrefonds, par surprise, appela dans ses rangs tous les gens sans aveu de la région, avec lesquels il commit des dépradations dans tous les environs de *Compiègne* et jusqu'aux portes de cette ville.

Mais bien que *Compiègne* et Senlis eussent adhéré d'abord à la Ligue, ils n'avaient jamais abandonné la cause royale, aussi la capitale du bailliage fut-elle bientôt attaquée par l'armée des Ligueurs.

Les Compiégnois vont au secours de Senlis assiégé. — Le duc d'Aumale vint mettre le siège devant Senlis à la tête de dix ou douze mille hommes, tous dévoués au parti de Guise. Une armée royale, commandée par le fameux Lanoue, vint au secours de la garnison trop faible pour se défendre longtemps. Mais de même que *Compiègne* avait envoyé ses milices a Beauvais, nos ancêtres s'empressèrent d'aller à la rescousse de Senlis, avec Charles d'Humières à leur tête. Cernés entre les remparts couverts de défenseurs et l'armée royale de secours, les assiégeants durent se retirer avec de grandes pertes.

Les arbalétriers de *Compiègne,* en particulier, se conduisirent avec une telle intrépidité, que six pièces de canon restèrent entre leurs mains : ces canons furent laissés aux milices de la ville, dont une partie s'organisa en compagnie d'artillerie, toujours *distinguée* depuis cette époque, et toute dévouée à la France et à la cité, comme nous le verrons dans la suite des temps.

Tandis que ces événements ensanglantaient la région de *Compiègne,* Henri de Navarre détruisait à Coutras l'armée royale commandée par Joyeuse qui y fut tué. Henri de Guise, de son côté, était victorieux des protestants dans l'E-t. Henri III sans prestige et bientôt sans pouvoir, défend à Guise d'entrer dans Paris, où la Ligue dirigée par les Seize quarteniers était toute puissante. Le duc brave cet ordre du roi, et fait tomber devant lui les barricades élevées contre la garde royale, 1588.

Devant ce péril, le roi convoque les États-Généraux à Blois, où il fait assassiner son compétiteur au trône de France. Le cardinal de Lorraine, frère du duc eut le même sort le lendemain.

Quand Paris et les Seize apprirent ce double meurtre des Guises, un soulèvement général s'opéra contre le roi qui fut déclaré déchu du trône. Mayenne, frère deux victimes, fut proclamé chef des catholiques.

Le roi de France et le roi de Navarre s'unirent contre leur ennemi commun, et tous deux vinrent assièger Paris. Charles d'Humières, avec les troupes de *Compiègne*, accourut pour renforcer l'armée royale.

Un moine jacobin, envoyé par la duchesse de Montpensier pour venger le meurtre de ses deux frères, assassina Henri III à Saint-Cloud, 1589.

Les circonstances ne permirent point de faire les obsèques du roi, dont le corps fut ramené à *Compiègne* par les soins du gouverneur, et déposé dans l'église de Saint-Corneille, où il resta pendant 22 ans avant d'être enseveli dans la sépulture des rois de France, à Saint-Denis.

CHAPITRE XVI

Compiègne et sa région sous les Bourbons

Henri IV, 1589 à 1610

Henri de Bourbon, roi de Navarre, chef des calvinistes de France, descendait en ligne directe de Robert de Clermont quatrième fils de Saint Louis. Quoique cousin au 22e degré de Henri III, il était pourtant son plus proche héritier.

Aussi Charles d'Humières, qui étaient avec ses troupe

dans le camp de Henri III, n'hésita pas à aller offrir ses services à Henri IV, en lui assurant de la fidélité des Compiégnois que le nouveau roi avait, du reste, plusieurs fois appréciée en logeant à l'Hôtel des Rats, rue d'Estrées de cette ville.

D'Humières, à la tête des Compiégnois. soutient partout la cause de Henri IV. — Après avoir déposé le corps du feu roi à l'abbaye de *Compiègne*, le gouverneur de cette ville, à la tête des milices municipales, se porta contre les Ligueurs à Clermont, à Crépy, à Vic-sur-Aisne, à Corbie-sur-Somme. Nous retrouvons l'année suivante le valeureux d'Humières à la bataille d'Ivry, 1590, à la tête des contingents de *Compiègne* et des environs, pour vaincre avec Henri IV, Mayenne précédemment battu au château d'Arques, près de Dieppe.

A la suite de ces deux victoires, Henri IV remit le siège devant Paris, qui eut à subir de nouveau les horreurs de la famine ; mais les Ligueurs qui dominaient la population par les moyens les plus honteux, étaient intraitables.

Le général espagnol Alexandre Farnèse, à la tête d'une nombreuse armée, ravitailla la capitale. Henri de Navarre fut contraint de lever le siège et d'aller à la conquête des villes de province qui tenaient pour la Ligue.

Siège de Noyon par Henri IV. — Depuis l'année 1577, où le chapitre de la cathédrale, les maire et jurés de Noyon étaient entrés solennellement dans la Sainte-Ligue, cette ville n'avait cessé d'être toute dévouée au parti des Guises, dont l'oraison funèbre avait été prononcée par l'évêque, en même temps que l'anathème fulminé contre le roi meurtrier et contre son successeur hérétique.

Henri IV établit son quartier général à l'abbaye célèbre des Chartreux de Saint-Louis du Mont-Renaud, à une demi-lieue au sud de Noyon et investit la place avec huit mille hommes. Mayenne en personne défendait la ville contre Henri IV, tandis que Tavannes, gouverneur de Roye, se mesurait avec le maréchal de Biron. Rieux, de Pierrefonds, se jeta dans Noyon, insuffisamment bloqué, avec une troupe de ses hardis partisans. Mais, en dépit d'une courageuse résistance, la ville succomba sous les coups des royalistes disciplinés et aguerris de Bourbon. La ville dut payer une contribution de 300.000 francs, dont la moitié imposée au clergé de la ville pour son opposition de quinze ans au parti royal.

Rieux, dont la tête avait été mise à prix, en sa qualité de rebelle à toutes les lois, s'échappa et rentra à Pierrefonds, où il continua de braver l'autorité légitime du roi.

Après une série de sorties et de brigandages, le farouche capitaine improvisé de Pierrefonds fut pris, amené à *Compiègne* et pendu comme roturier sur la place de l'Hôtel de Ville.

Nouveau siège de Noyon par le duc de Mayenne. — Pendant cette période d'interrègne effectif, *Compiègne* soumis à Henri IV, resta relativement tranquille au milieu du désordre général. Noyon, au contraire, où la Ligue avait conservé de nombreux partisans et une animosité particulière pour le prince qui l'avait rançonné, fermentait sous le gouvernement rigoureux d'Antoine d'Estrées, père de la belle Gabrielle laquelle habitait à Compiègne, la rue et l'hôtel qui ont longtemps porté le nom de cette illustre famille.

Mayenne et son frère d'Aumale, avec 18.000 hommes, vinrent de nouveau assiéger Noyon, défendu seulement par une garnison royale de 600 soldats commandés par d'Estrées.

Des retranchements furent élevés jusqu'à Passel et Chiry-Ourscamp, dans la crainte d'un retour offensif de Henri IV. Après vingt-trois jours de siège, la ville capitula, et pendant deux ans, tout fut mis en œuvre par la Ligue et le Clergé contre Henri de Navarre. Blanchard de l'Ecluse, gouverneur pour Mayenne et ses partisans, fut l'âme de cette opposition illégale jusqu'en 1595, date a laquelle il se laissa acheter pour la somme de 42.000 francs.

Etats de la Ligue, 1593. — A cette époque, tous les partis étaient fatigués de la guerre civile qui épuisait la France sans gloire et sans profit, et d'un commun accord on réunit les Etats généraux à Paris.

Philippe II, roi d'Espagne, osa demander la couronne pour sa fille Isabelle, fille de la sœur des trois derniers rois de France.

Henri IV faisait alors de fréquents voyages à *Compiègne*, en même temps qu'il ouvrait des négociations avec le Parlement qui venait de proclamer a nouveau la Loi Salique, et que le même roi engageait des conférences avec les évêques catholiques pour s'instruire de leurs dogmes.

La même année, Henri IV abjura le calvinisme dans la cathédrale de Saint-Denis et se fit sacrer dans celle de Chartres peu de mois après.

Dès lors il fut reconnu roi par toute la France, et l'année suivante, en 1594, il entrait dans Paris sans coup férir.

Beauvais, Clermont, Senlis, Noyon et les villes secondaires de l'Oise se rendirent successivement, ou leurs gouverneurs se firent payer leur soumission volontaire.

La redoutable forteresse de Pierrefonds, après avoir soutenu plusieurs sièges sans être entamée, tomba enfin sous l'artillerie de François des Ursins.

Charles, sire d'Humiéres, gouverneur de Compiègne, est tué en assiégeant la ville et le château de Ham. — En 1595, Charles d'Humiéres, seigneur de Monchy fut chargé par le roi d'aller mettre le siège devant la petite ville de Ham, défendue par un château-fort, dont le gouverneur ne voulait ni se rendre ni se vendre. D'Humières, lieutenant-général de Picardie, chevalier des Ordres royaux, capitaine de cent gentilshommes, etc., trouva une mort glorieuse sous les murs de la ville qu'il assiégeait.

Henri IV pleura cet illustre guerrier qui fut inhumé à Monchy-Humières avec une pompe extraordinaire. Tous ses officiers et toutes les notabilités de la Picardie et des villes environnant *Compiègne* assistèrent à cet hommage suprême rendu au noble gouverneur de la ville.

Louis de Crevent, vicomte de Brigueil, marquis d'Humières, seigneur de Monchy, Arsy, Coudun, etc., lui succéda quelques années plus tard, en qualité aussi de gouverneur des villes et châteaux de *Compiègne* et de Ham.

La même année, le roi vainquit encore une fois Mayenne et ses derniers partisans à Fontaine Française, et mit ainsi fin aux guerres civiles.

Amiens ayant été repris par les Espagnols, Henri IV part de *Compiègne* pour ramener cette cité sous son obéissance, 1597.

La paix de Vervins termina la guerre avec l'Espagne et l'Edit de Nantes, 1598, fut rendu par le roi qui accordait la liberté de conscience, l'égalité politique entre catholiques et protestants et proclamait ainsi la fraternité entre tous les Français. Cet édit fameux prépara à la nation le reste d'un règne le plus juste et le plus heureux que la France ait jamais eu, car Henri IV fut plus le père que le souverain de son pays, aussi est-il, selon Voltaire,

« Le seul roi dont le peuple ait gardé la mémoire. »

Les rois aussi trouvent des ingrats : le maréchal de Biron, que notre Henri avait comblé de bienfaits, le **desservit souvent et une dernière fois négocia le dé-**

membrement de la France avec le duc de Savoie ; mais Henri IV déjoua les complots du premier et vainquit le second, avec lequel il traita à Lyon en 1601. En même temps il donnait l'abbaye de Saint-Corneille de *Compiègne* a Claude Legras, grand aumônier de France.

Le pays étant pacifié, le roi s'occupa à cicatriser les maux causés à son peuple par les guerres civiles avec l'aide de son ami Sully de Béthune, comte de Rosny dont des descendants habitent encore les villages de Cambronne, Villers-sur-Coudun, Baugy-lez-Monchy, etc.

En 1604, un Réglement royal détermina les prérogatives du Gouverneur militaire, du Lieutenant du Bailliage et du Maire de *Compiègne*.

Etablissement des Minimes à Compiègne. — Un prieuré de cet ordre avait été bâti par l'abbaye de Saint-Corneille hors de la première enceinte de la ville, vers le XIe siècle et l'église, sur le plan de 1509, porte encore le nom de *parouesse Saint-Pierre*, (voir page 15). Cette église, la plus ancienne de *Compiègne*, devint une annexe de Saint Jacques et, dans les temps d'épidémies, son cimetière fut utilisé pour toute la ville. C'est dans les vastes dépendances de ce prieuré qu'en 1607, Jérôme Hennequin, évêque de Soissons, établit les Minimes, ordre de Saint-François de Paule qui pratiquait les œuvres de charité et un carême perpétuel. Nous avons dit ailleurs que l'église sert actuellement de gymnase municipal. Les autres bâtiments, la cour et une partie du jardin servent d'école communale, dirigée par les Frères de la doctrine chrétienne depuis plus d'un siècle.

Malgré de coupables faiblesses qu'il paya de son repos, Henri IV était doué des plus heureuses qualités d'esprit et de cœur. Il rendit d'immenses services à la France et cependant il fut l'objet de vingt conspirations ou attentats dont le dernier l'enleva à l'amour de son peuple, au bonheur de la France et à l'admiration de l'Europe.

Il fut assassiné en plein jour, au centre de Paris, par Ravaillac, le 14 Mai 1610.

Situation générale de la France, en particulier de Compiègne et de sa région pendant le XVe et le XVIe siécles, aprés les guerres civiles de religion et vers la mort de Henri IV.

Après la paix de Vervins et l'édit de Nantes, qui sont signés à la fin du seizième siècle, une ère nouvelle s'ouvre pour la France : Henri IV abandonne le rôle de guerrier pour celui de pacificateur ; il rétablit le calme à l'intérieur, raffermit l'autorité royale, dont la puissance grandira jusqu'en 1789, et guérit les maux accumulés par les longues convulsions qui avaient enlevé à la France son ascendant dans le monde.

Il convient donc de jeter un coup d'œil général sur les progrès accomplis par nos pères depuis un siècle et demi dans la région de *Compiègne*.

Si la période de notre histoire locale, qui se termine avec le moyen-âge, avait donné peu d'illustrations à notre contrée et encore moins d'édifices de quelque importance, — celle qui finit avec le XVIe siècle et le règne de Henri IV, nous fournit Jérôme d'Hangest, théologien célèbre ; Jean Leféron, historien et érudit ; les frères Gréban, poètes de talent, tous natifs de *Compiègne* ; Jean Ramus, puissant philosophe, naquit à Cuts et parvint aux plus hautes dignités universitaires de son temps.

Antoine Lecomte, docteur en droit, jurisconsulte éminent; Lefranc, célèbre célestin, ont illustré Noyon à cette époque.

Après la destruction que nous avons signalée des châteaux fortifiés du Meux, Remy, Longueil, Béthisy, Saintines, Choisy, etc., les villes fortes de *Compiègne*, Senlis, Clermont, Noyon, Roye, Crépy, Creil, demandèrent la démolition ou du moins le démantellement des forteresses secondaires qui ne pouvant résister à l'artillerie perfectionnée tous les jours, servaient de refuge, en temps de paix, à des bandes de malfaiteurs. Ainsi disparurent successivement les autres châteaux plus ou moins fortifiés de Ressons, Gournay, Neufvy, Mortemer, Boulogne, Canny, Lassigny, Lagny, Beaulieu, Cuy, Beauvoir, Brétigny, Salency, Fréniches ; d'autres furent transformés, tels ceux de Monchy, Coudun, Bellinglise, Plessis-de-Roye, Lataule, Sorel ; enfin quelques-uns entièrement réédifiés, que nous indiquerons plus loin.

Les édifices religieux élevés dans notre arrondissement au XVe et au XVIe siècles sont nombreux ; mais si leurs dimensions sont remarquables, le style ogival flamboyant, avec plus de prétention, a perdu la pureté et l'ensemble gracieux de l'ordre primitif du XIIIe siècle. Ainsi les additions faites au chœur et aux bas-côtés des deux principales églises de Compiègne, aux nefs et aux portails de celles de Ressons, Lassigny, Saint-Crépin, Saint-Sauveur, Remy, Estrées, Grand-fresnoy, etc., etc., ont déjà le cachet de de cette décadence de notre architecture religieuse nationale ; la Renaissance n'a guère amélioré cet état de choses, et le XVIIe siècle va accentuer cette dépravation du bon goût architectonique.

Henri IV, secondé par Sully pour l'administration et les finances, par Olivier de Serres pour l'agriculture, véritable industrie française, fit prospérer en particulier le commerce national par la fondation des manufactures de tapis des Gobelins, des draps de Provins, des verres et cristaux de Melun et des glaces, genre de Venise. Le mûrier, pour la nourriture du ver à soie, fut cultivé sur une grande échelle afin d'alimenter les soieries de Lyon et la production des étoffes de soie, d'or et d'argent. Québec, au Canada, fut fondé par une colonie de Français et le banc de Terre-Neuve reçut nos hardis marins, tandis que le premier canal, celui de **Briare**, unissait la **Loire** à la **Seine** pour favoriser le commerce intérieur du blé et du vin que la France, relativement plus riche et plus avancée qu'aujourd'hui, exportait à l'époque de Henri-le-Grand.

A Paris, la Place-Royale, l'Hôtel de ville, le Pont-Neuf furent achevés, le Louvre continué. A *Compiègne*, les fortifications et leurs portes, ainsi que le palais furent restaurés ou agrandis ; la fabrication des monnaies, notamment, reçut une grande extension quand le roi transporta cette fabrication de la capitale dans notre cité, en même temps qu'il y signait l'édit célèbre contre les duels (1609), dont la funeste habitude avait coûté la vie à 4000 gentilshommes depuis vingt ans.

Henri IV avait conçu un plan de **Paix Universelle** en Europe, par l'institution d'un Grand Tribunal dont les membres appartiendrait à toutes les nations : la mort prématurée de ce roi renversa ce projet qui, plusieurs fois pris et repris depuis trois siècles, attend encore un autre arbitre que le canon et la force qui prime toujours le droit.

Pendant la période de l'histoire que nous résumons, avant d'entrer dans celle de l'absolutisme royal, inauguré par Richelieu, les lettres furent représentées en France par Marot et plus tard par Ronsard, d'Aubigné, poète et historien, Amyot, traducteur de Plutarque, Charles Barthélemy historiographe de France, Garnier, qui tira la tragédie française du berceau, enfin par l'illustre Montaigne, auteur des Essais sur l'Esprit des Lois.

La satire Ménippée, composée par plusieurs hommes politiques en faveur du bon droit de Henri IV contre les fanatiques Ligueurs, eut une portée considérable et un légitime succès littéraire à cette époque troublée.

De grandes découvertes se firent aussi au cours des XVe et XVIe siècles ; celle du véritable système du monde par Copernic ; la réforme du calendrier par le pape Grégoire XIII qui fit commencer l'année le 1er janvier ; l'invention du thermomètre, du balancier-pendule, l'importation de différentes plantes agricoles et de plusieurs volailles domestiques datent de ce temps.

Règne de Louis XIII, de 1610 à 1643.

Au sage gouvernement de Henri IV et de Sully, allait succéder celui d'une femme étrangère, Marie de Médicis, régente pour un roi de neuf ans, entourés de courtisans avides et intrigants, qui firent disgracier Sully, pour abandonner la politique nationale et servir leurs intérêts personnels.

Les Capucins à Compiègne, 1611. — L'année qui suivit l'avènement de Louis XIII, les Capucins, qui sont restés si populaires à *Compiègne* et aux alentours, par la foire et le pélerinage de N.-D. de Bon-Secours, furent établis en cette ville hors des murs, entre les fortifications et la rivière d'Oise, par Jean Charmolue. Ces religieux qui ne vivaient que d'aumônes et renonçaient à tous les plaisirs, d'après leur règle, acquirent en peu de temps un grand renom d'austérité, de savoir et de dévouement à tous les deshérités de la fortune ; aussi des dons considérables affluèrent à ces moines, qui devinrent fameux en France, sous le nom patriotique de *franciscains*.

La foire des Capucins qui commence le 25 mars, dure quinze jours et même un mois, attire à *Compiègne* une foule de marchands et de pélerins et remplace seule les quatre foires du moyen âge, car à part le marché du samedi, les réunions commerciales ou publiques établies en ce siècle ne se sont pas encore popularisées, comme celles des Capucins, où *le tout Compiègne* s'amuse en famille au renouveau.

Tandis que la pauvreté était ainsi glorifiée à *Compiègne*, à Paris, au contraire, le trésor amassé par

Sully était prodigué aux intrigants et la dignité de maréchal de France offerte à Concini, italien, comme la reine-régente, mais qui n'avait jamais été militaire. Cette incapacité et ces faiblesses rendirent espoir aux grands et aux protestants domptés par Henri IV.

Etats-Généraux de Paris (1614). — Les désordres résultant de cet état de choses obligèrent de convoquer les Etats-Généraux. La noblesse s'y montra insolente, le clergé intransigeant, les députés du tiers-état, seuls, furent animés d'idées conciliantes ; néanmoins la cour et les ordres privilégiés les éconduisirent, et les Etats se séparèrent sans avoir rien fait d'utile. A partir de ce jour le roi, sous le contrôle nominal du Parlement, réglera seul les grandes affaires du royaume jusqu'à 1789 : ce sera pendant près de deux siècles le régime du pouvoir royal absolu, période entremêlée de gloire incomparable, de misère, de désastres, de hontes et pourtant de progrès moraux et intellectuels, qui conservèrent à la France la suprématie à bien des titres.

Le château de Pierrefonds et le Valois. — Marguerite de Valois qui avait reçu en apanage ce duché étant morte en 1615, ce riche domaine fit retour à la couronne, puis les années suivantes, le château féodal de Pierrefonds étant devenu le refuge des princes mécontents dirigés par Condé, le comte d'Angoulême, Charles de Valois, gouverneur de *Compiègne* fut chargé de s'emparer de cette forteresse défendue par le marquis de Cœuvres. La place, vivement attaquée, capitula après quelques jours d'un siège fait par cinq mille hommes pourvus d'une formidable artillerie, dont les effets sont encore visibles en partie.

Première entrée de Louis XIII à Compiègne (1619). — Un jeune favori du roi, Albert de Luynes, fit assassiner Concini, s'empara de l'esprit faible et taciturne de Louis XIII en se faisant nommer en un an duc, pair et connétable, tout en gaspillant à son tour l'argent de la France. Marie de Médicis fut reléguée à Blois et Condé mis à la Bastille avec ses amis révoltés. Ces coups d'audace donnèrent au pays un repos passager pendant lequel Louis XIII fit son premier voyage à *Compiègne*, où il fut reçu avec enthousiasme. Pendant ce séjour, Condé fut rendu à la liberté et la femme de Concini, sœur de lait de la mère du roi, brûlée vive, comme sorcière supposée...

Le nouveau favori marcha contre les protestants révoltés et mourut devant Montauban que défendait Lesd'guières. Ce vaillant calviniste s'étant converti au catholicisme reçut la dignité de connétable due à ses grands talents militaires.

Traité de Compiègne ; commencement de la fortune politique de Richelieu. — En 1624, d'importantes négociations eurent lieu au château de *Compiègne*, où la cour demeura plusieurs mois, entre la France et la Hollande, dont les ambassadeurs venaient demander l'appui de Louis XIII contre l'Autriche. Richelieu et d'Oxentiern se rencontrèrent-là pour la première fois et ces deux grands diplomates préparèrent l'alliance de leur pays, qui devait d'être d'un si grand poids dans la guerre de Trente ans.

C'est encore à *Compiègne* la même année qu'une ambassade anglaise, reçue avec magnificence, vint demander la main de la sœur du roi pour l'infortuné prince qui s'est appelé Charles Ier, et dont les malheurs ont été si éloquemment rappelés par Bossuet dans l'oraison funèbre de Henriette-Marie de France, reine d'Angleterre. Richelieu se montra si habile dans cette double circonstance que Louis XIII, malgré sa répugnance pour le cardinal, dut subir son influence et le créa premier ministre, au retour d'une chasse à *Compiègne*. Ainsi ce roi qui avait la passion du pouvoir arbitraire, sans volonté, trouva dans Richelieu la force qui lui manquait ; ainsi commença la fortune politique de ce puissant ministre, dont le patriotisme a été la qualité maîtresse au préjudice souvent de vertus non moins nécessaires à l'homme accompli.

A cette époque, pour *Compiègne*, remonte l'établissement au collège d'une chapelle dont les revenus sont empruntés à celle de la Salvation élevée par Louis XI sur la porte de Pierrefonds et qui tombait en ruines, — voir page 82; la mort du marquis d'Humières, Louis-Hercule de Crevent, gouverneur de la ville, tué au siège de Royan, ayant pour lieutenant Robert de Brouilly, illustre enfant de la cité compiégnoise.

Tandis que Louis XIII faisait exécuter des travaux importants au château de *Compiègne* « où il se plaisait mieux que partout ailleurs », Richelieu punissait cruellement les intrigues des nobles et les duellistes d'Ornano, Chalais, Montmorency-Bouteville, Deschapelles, etc., s'emparait de La Rochelle, le dernier refuge des protestants organisés en états dans l'Etat, concluait la paix d'Alais et envoyait le roi se distinguer au pas de Suze, en vrai fils de Henri IV.

Marie de Médicis prisonnière à Compiègne. — La puissance de Richelieu lui suscita de terribles adversaires à la Cour. La reine-mère, Gaston d'Orléans, frère du roi, le duc de Montmorency, seigneur d'Offémont, gouverneur du Languedoc, Cinq-Mars et de Thou, tentèrent tour à tour de perdre le premier ministre dans l'esprit faible du roi. Richelieu déjoua tous ces complots, punit de mort la plupart des délateurs, exila Gaston d'Orléans et fit bannir Marie de Médicis à Cologne, où elle mourut dans l'abandon après avoir été retenue prisonnière au château de *Compiègne* pendant six mois sous la garde du maréchal d'Estrées. La veuve de Henri IV, irritée d'être soumise à une surveillance étroite, crut faire un coup de maître en s'évadant la nuit du palais, en grand mystère et avec des attelages de poste chèrement payés : c'était un piège concerté entre le roi et son ministre pour se débarrasser de la vieille reine, sans assumer alors l'odieux d'une mesure dont la trame ne fut connue que trop tard par la reine exilée... volontairement en apparence.

L'Hôtel-Dieu de Compiègne et un chef-d'œuvre local de sculpture. — Bien que protestant avant son avènement au trône, Henri IV épousa deux femmes catholiques. Les plus importants hôpitaux de Paris furent fondés par ces deux reines et la dernière, Marie de Médicis, dota et embellit celui de *Compiègne*, dont la fondation était due à saint Louis, le plus illustre ancêtre de son époux. Une pieuse tradition veut qu'un artiste italien, protégé de la reine-mère, ayant été traité et guéri à l'Hôtel-Dieu, d'une dangereuse maladie, fit vœu de consacrer le reste de ses jours à s'acquitter envers cet établissement de la reconnaissance qu'il lui devait. Il sculpta un autel avec son retable et décora une chapelle entière de statues et d'attributs en bois de chêne, dont l'ensemble constitue un chef-d'œuvre unique, que les étrangers visitent avec admiration, que les savants et les artistes de *Compiègne* ne se lassent point d'étudier, mais que beaucoup de nos concitoyens ne connaissent pas plus que leur riche musée, ni la plupart des trésors que la nature et l'art leur ont prodigués.

Richelieu, qui s'était imposé la tâche de dompter définitivement les protestants en France et d'humilier les grands, en obligeant tout le monde à plier sous l'autorité du roi, voulut en même temps donner à la France la prépondérance que Charles-Quint avait léguée à sa double famille d'Allemagne, d'Espagne et d'Amérique. Dans ce dessein, Richelieu prit part indirectement à la guerre de Trente ans dans les périodes palatine, danoise et suédoise, de 1618 à 1635.

Mais pendant cette dernière année la France intervint ouvertement dans la lutte générale et l'audacieux ministre reprit avec suite tous les projets de Henri IV, pour réprimer l'ambition de la maison d'Autriche dont la puissance nous étreignait sur toutes nos frontières.

Invasion de la Picardie. — La guerre de 1636 nous fut d'abord défavorable et notre pays fut envahi par tous ses côtés faibles, au sud, à l'est et au nord. Les Espagnols des Pays-Bas et les Impériaux s'emparent de Corbie, sur la Somme et menacent Amiens. Des bandes indisciplinées de Hongrois et de Croates, conduits par l'irrplacable Jean de Vœrth se répandent dans les campagnes de Picardie qu'ils saccagent, pillent, incendient. Ces terribles ennemis, dont le souvenir s'est conservé dans nos villages, s'avancent jusqu'aux portes de Paris ; une partie des habitants s'éloignent vers la Loire et les autres lèvent l'étendard de la révolte contre Richelieu.

L'arrondissement de *Compiègne* tout entier fut ruiné pour longtemps, et l'invasion espagnole et impériale de 1636 a laissé partout des traces d'une violence barbare, que celles des Cosaques de 1814 et des Saxons de 1870 n'ont point atteinte. L'histoire particulière de chaque commune doit inscrire une page sur les calamités de tout genre que ces invasions ont amenées sur nos pères afin que nous, leurs descendants, nous soyons toujours prêts à faire respecter le sol sacré de la patrie !

Sièges de Compiègne et de Noyon par les Espagnols. — Mais si les villages de nos environs, Bienville, Lacroix, Cambronne, La Folie, à Ribécourt, Varennes, Salency, Béhéricourt, Guiscard, Beaulieu, Lassigny, Boulogne, Mortemer, Gournay, Lataule, Ressons, etc , etc., malgré leurs châteaux-forts souffraient des déprédations des gens de guerre, les villes bien fortifiées de *Compiègne* et de Noyon se défendirent avec énergie et eurent la gloire d'arrêter sous leurs murs ces terribles ennemis. Aux combats qu'ils livrèrent aux envahisseurs, les habitants de *Compiègne* appelèrent à leur aide la force morale et la protection divine : Les attournés municipaux firent vœu de fonder une chapelle à N.-D de Bon-Secours, au couvent des Capucins de cette ville, si l'armée espagnole qui occupait Jaux, Venette, Margny et Clairoix, n'entrait pas dans la cité. La confiance générale, puisée dans la foi et le patriotisme, relève les courages et, devant l'attitude martiale de la population, l'ennemi, après des démonstrations inquiétantes, s'éloigne...

Les représentants de la ville, fidèles au serment juré au nom de tous les citoyens, firent ériger la chapelle promise qui, rebâtie et dotée par Anne d'Autriche, consacrée par l'évêque de Soissons, en grande cérémonie publique, privilégiée par bulles papales, n'a cessé depuis d'être visitée par les plus hauts personnages et de servir de lieu de pèlerinage à la ville et à toute la contrée.

Sous les murs de Noyon, l'armée royale commandée par le comte de Soissons, gouverneur de *Compiègne*, dut se replier devant les Espagnols pour couvrir la capitale. Mais les ennemis n'ayant pas osé s'engager plus loin que Saint-Denis, ni tenter le siège de *Compiègne* se rabattirent sur Noyon. Un combat acharné se livra entre les murs de la ville et la Tombelle, vers Guiscard. Quinze cents cavaliers conduits par Jean de Vœrth furent tués.

Pour venger cet affront, les Espagnols tentèrent de s'emparer de Noyon à la faveur d'un brouillard intense. Mais le guet, qui veillait dans les tours de la cathédrale, ayant donné l'alarme de l'escalade commencée, toute la population accourut en un instant sur le lieu menacé. « L'évêque Baradat se rendit des premiers, le pistolet au poing, au pont-levis, animant chacun par son exemple. Les femmes elles-mêmes armées de pierres et de cailloux se portèrent sur les remparts. Furieux d'être ainsi repoussés, les Espagnols se jettent sur les faubourgs de la ville et sur les villages, brûlent les maisons, massacrent les femmes et les enfants et exercent partout les plus horribles cruautés. »

Saint-Vincent de Paul nourrit les environs de Noyon. — La misère la plus affreuse et la peste furent la conséquence de cette terrible invasion, connue sous le nom *d'année de Corbie*. Saint Vincent de Paul, l'illustre fondateur des hospices des Enfants-Trouvés et des Sœurs de Charité, vint en personne à Ourscamp, à Noyon, à Guiscard, et dans tout le nord de l'arrondissement de *Compiègne* pour distribuer des secours et des consolations aux nombreux infortunés que la guerre avait ruinés ou mutilés.

Cet homme providentiel fut, ainsi que lui écrivait le maire de Saint-Quentin, « le grand aumônier de France et le père de la patrie. »

Vœu national de Louis XIII à Compiègne. — Pendant un séjour à *Compiègne*, en 1637, Louis XIII, sans héritier, après vingt-deux ans de mariage, mit la France sous la protection spéciale de la Sainte-Vierge, dans une solennité exceptionnelle, quand la reine fut sur le point d'être mère. Cette consécration du royaume, qui se célèbre par une procession séculaire le 15 août de chaque année, fête légale de l'Assomption, est rappelée par un chef-d'œuvre de peinture de l'école du Poussin, favori de Richelieu, et qui fait un des plus beaux ornements de l'église Saint-Jacques à *Compiègne* : c'est un triple souvenir local, national et artistique, que peu de Compiègnois connaissen' à ces différents points de vues.

1ᵉʳ Etablissement des Carmélites à Compiègne. — Par lettres patentes de 1640, le couvent du Carmel fut établi dans notre ville près du château, dans le terrain où sont bâtis la nouvelle salle de spectacle, inachevée et le quartier militaire. On sait que les religieuses de cet ordre se vou'nt à une clôture perpétuelle ; mais l'église de la Communauté est publique quant au culte. Dans la chapelle primitive, la comtesse de Toulouse avait élevé à son époux un mausolée en marbre d'une richesse incomparable. En 1793, toutes les Carmélites de *Compiègne*, au nombre de 17, montèrent le même jour sur l'échafaud. Après cette épreuve et bien des déplacements, les Carmélites sont installées au faubourg Saint-Lazare, près de la forêt, dans de vastes bâtiments avec une superbe chapelle en style roman, le seul spécimen que *Compiègne* possède de cette merveilleuse enfance de l'architecture française, le plus sublime de tous les arts, selon les anciens.

Richelieu et Louis XIII ; leur administration. — Du règne de Louis XIII datent à *Compiègne* : 1° la construction de la lanterne-coupole surmontant l'élégante tour de l'église de Saint-Jacques et qui remplace la flèche primitive qui couronnait ce monument, comme fait aujourd'hui celle du beffroi de l'hôtel de ville ; 2° plusieurs hôtels et maisons dont nous donnerons l'indication plus loin. A Paris, la fondation de l'Académie française, du Jardin des Plantes, la construction de la Sorbonne et du Palais-Royal.

En France, la création des grandes Intendances ou Généralités de justices et de finances dominèrent toutes les administrations des provinces et des villes et centralisèrent l'autorité royale. L'Océan et la Méditerranée eurent leurs flottes séparées qui s'emparèrent des petites Antilles, que nous avons conservées ; le commerce, l'industrie et l'agriculture reçurent des subsides, les artistes et les savants des encouragements.

A cette époque l'Allemagne, l'Angleterre, l'Espagne et l'Italie sont illustrées par de puissants esprits, tandis qu'en France, Vouët, Philippe de Champagne, le Poussin, Callot, Malherbe, Rotrou — et surtout Descartes et Corneille nous préparent magistralement le grand siècle de Louis XIV.

Richelieu consolida l'équilibre européen en nous donnant le Roussillon, la principauté de Sedan et en augmentant nos armées et notre marine ; mais il humilia nos adversaires sans soulager notre nation des lourds impôts qu'elle payait, car ce grand ministre n'était pas financier et il substitua trop souvent les armes et les supplices aux lois et à la justice.

Bismarck qui disait que « la force prime le droit » pour nous enlever l'Alsace et la Lorraine ne faisait que répéter le « je vais droit au but » de Richelieu et le *Vœ Victis* du Gaulois vainqueur de Rome.

La moralité que doit enseigner l'histoire, ne peut accepter désormais ces principes qui ne sont plus de notre âge, — la paix signée dans ces conditions sera toujours l'ajournement de la vengeance.

De même Richelieu en préparant le despotisme de Louis XIV et de Louis XV appela les terribles représailles de la Révolution. Il fut donc un grand patriote pour son temps, mais d'une philosophie étroite pour l'avenir social de son pays. Brennus, Richelieu, Bismarck, et bien d'autres grands hommes du même tempérament, perdent infiniment de leur prestige historique quand on étudie au point de vue moral et social les succès militaires qu'ils ont légués à leur pays.

CHAPITRE XVII.

Compiègne et son arrondissement sous les Bourbons (suite).

Règne de Louis XIV. 1643 à 1715.

Louis XIV n'ayant que cinq ans à la mort de son père, le Parlement cassa le testament du feu roi et Anne d'Autriche fut investie de la régence avec l'autorité absolue. Mazarin, élève de Richelieu, que celui-ci avait offert à Louis XIII en mourant, avec le Palais Cardinal, comme pouvant seul continuer sa politique nationale, conserva la charge de premier ministre de la Régente.

Le grand Condé remporta successivement les glo-

rieuses victoires de Rocroy, 1643, Fribourg, 1644, Nordlingue, 1645 et Lens, 1648, suivies du traité de Westphalie qui nous donna l'Alsace (1648). L'illustre Turenne, par les batailles d'Arras et des Dunes força l'Espagne de nous céder l'Artois, le Roussillon et une partie de la Flandre, par la paix des Pyrénées, 1659.

Institution à Compiègne de l'enseignement public gratuit, 1644 1645. — Pendant cette période de succès pour nos armes et la guerre civile de la Fronde, la cour de France fut obligée plusieurs fois de s'enfuir de Paris révolté et de se réfugier dans les châteaux principaux de Saint-Germain et de *Compiègne*. C'est pendant ces différents séjours que la régente détermina Simon Legras, évêque de Soissons et abbé de Saint-Corneille et les Gouverneurs attournés de *Compiègne* à établir la Congrégation des sœurs de Notre-Dame pour l'instruction gratuite des filles de la cité.

Pendant cent-vingt-cinq ans, les Dames de la Congrégation établies rue du Château s'acquittèrent de leur tâche avec une grande sollicitude. Elles furent remplacées par les filles de la Sainte-Famille, dont nous parlerons plus tard.

Cinq ans plus tard, en 1649, Anne d'Autriche fonda elle-même une autre communauté importante pour l'éducation de filles riches ou nobles, sous le nom de filles de Sainte-Marie de *Compiègne*. Ce couvent s'étendait de la rue Pierre-Sauvage à la rue Solferino sur une largeur de plus de 100 mètres. La rue actuelle de Sainte Marie rappelle l'existence de cette institution dont l'historique offre un intérêt local aussi puissant que celui des filles de Notre-Dame

En 1654, Louis XIV ayant atteint sa majorité, fut sacré en l'absence de l'archevêque de Reims, par Simon Legras, évêque de Soissons, abbé de Saint-Corneille de *Compiègne*, rapprochement significatif avec la conquête de la Gaule par César qui soumet en même temps Reims, Soissons et *Compiègne*, comme nous le voyons au chapitre 2 de cette histoire locale...

Christine, reine de Suède, à Compiègne. — Louis XIV avait seize ans quand il reçut la reine de Suède au château de *Compiègne*. La reine était allée à Rome, et après un court séjour à Paris, elle voulut visiter la cour de France alors à *Compiègne*, en passant à Chantilly et au Fayel, où la maréchale de la Motte-Houdancourt offrit une collation à la reine et aux princes royaux de France.

Compiègne, comme Paris, fêta magnifiquement Christine de Suède. Les Jésuites qui dirigeaient le collège firent jouer devant elle par leurs élèves une tragédie, dont elle affecta de se moquer. Ce qui prouve qu'avec un grand esprit, il manquait à cette reine l'éducation du cœur ; elle donna d'autres preuves d'égoïsme, qui n'ont pas leur place ici.

Le traité des Pyrénées avait stipulé le mariage de la fille aînée de Philippe IV, Marie-Thérèse, avec Louis XIV ; des fêtes incomparables furent données à cette occasion à Paris, à Versailles et à *Compiègne*, en 1660. Mazarin en mourant légua aussi au roi son immense fortune et trois de ses élèves : de Lionne, Colbert et Louvois qui firent de la France, la nation la plus riche par le commerce, la plus puissante, la mieux respectée avec son armée et sa double marine.

Gouvernement personnel de Louis XIV, Colbert Louvois et Vauban. — Louis XIV jusqu'à son mariage et la mort de Mazarin ne s'était occupé que de fêtes et de plaisirs ; à partir de cette époque, premier ouvrier de l'État, il s'imposa huit heures de travail par jour et persista un demi-siècle dans cette louable résolution. Son contrôleur général des finances, Colbert, travaillait régulièrement quatorze heures chaque jour ; la plupart des agents du royaume suivirent l'exemple des chefs et cet amour du travail nous donna le siècle de Louis XIV, des chefs-d'œuvre de toute nature et des illustrations immortelles.

Le premier acte d'énergie du roi et de son ministre fut la disgrâce de Fouquet, qui s'était enrichi aux dépens de l'Etat, et l'établissement de la Chambre de justice qui fit rendre plus de cent millions aux financiers. Ces derniers avaient suivi l'exemple frauduleux du surintendant qui fut condamné a une détention perpétuelle.

La *taille* ou contribution foncière qui pesait surtout sur *l'agriculture* fut allégée et les *aides* ou impôts indirects de consommation furent augmentés. Le *commerce* reçut une heureuse impulsion par le système des grandes routes et des canaux, dont celui du Languedoc ou des Deux-Mers fut le modèle. Les colonies de Pondichéry, Chandernagor, dans les Indes et de la Louisiane, en Amérique furent établies ; le nombre des vaisseaux de guerre fut décuplé, l'Inscription maritime instituée et les ports militaires agrandis et fortifiés. Le système protecteur sauva l'industrie et l'agriculture oubliées par Mazarin. Les draps de Reims, Sedan, Elbœuf, Louviers firent la fortune du pays ainsi que les glaces de Saint-Gobain, les dentelles d'Alençon, les savons de Marseille, les toiles de Flandre, etc. La législation fut améliorée ; la littérature, les sciences et les arts reçurent d'intelligentes récompenses.

Louvois, de son côté, mit la France au premier rang des puissances militaires, il donna l'uniforme à nos régiments, qu'il doubla, les forma à la marche au pas cadencé, à une discipline sévère et les munit de la baïonnette si terrible dans les mains de la furie française. Metz, La Fère, Strasbourg et Douai eurent des écoles d'artillerie ; enfin l'hôtel des Invalides fut offert comme retraite honorable aux vieux soldats que la guerre avait mutilés.

L'immortel ingénieur Vauban, en couvrant nos frontières ouvertes de places fortes, couronna l'œuvre de

Louis XIV, de Colbert et de Louvois. D'un autre côté, en cherchant l'amélioration des classes populaires, alors dans une misère profonde, Vauban mérita le beau nom de Patriote.

Fondation de l'Hôpital Général de Compiègne, 1662. — Tous les rois qui avaient habité *Compiègne* depuis le commencement de la monarchie avaient laissé aux pauvres, aux infirmes et aux malades des marques de leur munificence. A leur tour, les vieillards sans ressources ou sans famille, les orphelins et les enfants abandonnés par des parents indigents ou indignes, trouvèrent un asile que leur offrit la générosité de Louis XIV, et qui remplaça avantageusement l'ancienne Table-Dieu.

L'Hospice qui existe encore sous le nom populaire mais impropre d'Hôpital, fut établi hors des fortifications en face du couvent des Capucins et de la chapelle N.-D. de Bon-Secours et richement doté. Les bâtiments bien aménagés, des cours plantées d'arbres, d'arbustes et de fleurs, un vaste jardin servant de promenade, de verger, de potager et de fleuriste, tout y est disposé pour faire oublier aux vieux et aux jeunes infortunés le malheur de l'existence qui finit pour les uns et qui commence pour les autres.

Il a été souvent question à *Compiègne* de réunir l'Hôtel-Dieu, c'est-à-dire l'Hôpital proprement dit avec l'Hospice, dans un but d'économie, aujourd'hui surtout où les revenus diminuent quand les charges augmentent pour les établissements charitables, mais cette étude dure encore.

Nombreux séjours, fêtes, chasses, etc., de la cour de Louis XIV à Compiègne. — Le roi Louis XIV qui régna 72 ans séjourna 75 fois à Compiègne, c'est dire assez l'attrait que lui et sa cour trouvaient dans cette Nice du Nord de la France. Le 30 août 1650, le Roi-Soleil se promène en forêt de Compiègne avec 100 carrosses à 4, 6 et 8 chevaux selon la dignité des courtisans, 1.000 cavaliers... et sans doute la plus grande partie des Compiégnois et des environs !

Pendant la plupart des voyages royaux, la chasse à courre, à la haie ou aux tirés, les destructions en masses, les carrousels, les courses, les camps volants ou à demeure, les spectacles, concerts, soirées, curées, fêtes de toutes sortes succédaient aux repas somptueux, aux bals enivrants, aux réunions féériques.

Les longues excursions, les promenades solennelles n'avaient pas de cesse. Souvent aussi le roi honorait de sa visite ceux des grands seigneurs du voisinage de Compiègne, auxquels il voulait témoigner son estime et son affection. Ainsi il alla plusieurs fois, chasser, dîner et coucher au château de Monchy-le-Perreux, chez le maréchal d'Humières, gouverneur de Compiègne, aussi au Fayel, à Offémont, à Liancourt, Orvillers-Sorel, Cuvilly, Gournay, Ressons, Coudun, Ribécourt, Chiry-Ourscamp, Noyon, Guiscard, etc., etc.

En 1656, à la sollicitation d'Anne d'Autriche l'abbaye de Saint-Corneille perdit son titre, dont la mense fut transférée au monastère du Val de Grâce, à Paris, par bulle du pape. Il ne resta que vingt religieux dans l'ancien couvent sous la conduite d'un prieur. De même, vingt ans plus tôt, les religieux de l'abbaye de Royallieu-Compiègne avaient permuté avec les religieuses de Saint-Jean-aux-Bois.

En même temps que le titre abbatial s'éteignait à *Compiègne*, Noyon voyait se fonder son séminaire par Elisabeth de Boville, veuve du marquis de Genlis, avec l'approbation du roi, tandis que la duchesse de la Vallière se retirait aux Carmélites où, pendant plus d'un tiers de siècle, elle mena une existence exemplaire et que Mazarin mariait princièrement ses trois nièces au château de *Compiègne*.

Guerres de Louis XIV résolues à Compiègne. — Louis XIV avec de grandes qualités de roi et des faiblesses coupables, se montra trop souvent orgueilleux et vindicatif à l'égard des étrangers et d'un faste ruineux pour son peuple. Il conçut et exécuta de grands projets, sans s'inquiéter de leur utilité ou du péril de leur entreprise. Ainsi en 1667, sans droits évidents, il jette Turenne sur la Flandre et Condé sur la Franche-Comté : trois mois suffisent au premier, trois semaines au second pour la conquête de ces riches provinces.

La triple alliance de la Hollande, de la Suède et de l'Angleterre force Louis XIV à signer la paix d'Aix-la-Chapelle qui nous laissa la Flandre, mais nous obligea à rendre la Franche-Comté (1668).

De 1672 à 1678, Louis XIV voulant se venger de la Hollande passa le Rhin avec cent vingt mille soldats ; mais la petite nation républicaine ensevelit son pays sous les eaux et força les Français à reculer, tandis que leur amiral Ruyter tenait en échec les flottes réunies d'Angleterre et de France.

Toute l'Europe effrayée de l'ambition du Roi Soleil, se ligue contre nous. Condé aux Pays-Bas est vainqueur à Senef, Turenne ravage le Palatinat et délivre l'Alsace, tandis que Louis XIV conquiert de nouveau la Franche-Comté par la prise de Besançon et de Dôle.

Turenne est tué à Salzbach et Ruyter à Syracuse. Duquesne et Trouville par la victoire navale de Palerme nous donnent l'empire de la Méditerranée ; Philippe d'Orléans frère du roi, avec le maréchal de Luxembourg, sont vainqueurs à Cassel et à Saint-Omer ; Louis XIV à Valenciennes et à Cambrai. Tous ces succès amènent le traité de Nimègue, en 1678, avec l'Espagne, la Hollande et l'empereur d'Allemagne.

Louis le Grand à Paris, à Versailles et à Compiègne. — Pour célébrer la paix de Nimègue, la France entière exagéra l'orgueil et l'ambition personnelle de son roi. Le prévôt des marchands et les échevins de Paris, dans une fête sans pareille donnée à l'hôtel de ville, décernèrent à Louis XIV le titre de Grand, qu'il porta désormais dans les actes publics (1680). Les municipalités de Versailles et de *Compiègne*, résidences royales plus que Paris, furent les premières à s'associer aux sentiments de la capitale. Le château de Versailles, à cette époque, avait déjà coûté plus de 60 millions au grand roi et ceux de *Compiègne* et de Marly plus de 20 millions, sans qu'aucun fût achevé : cette gloire, pour ces villes, appelait la démonstration de la gratitude des citadins qui possédaient ces châteaux royaux.

Effets de la révocation de l'Edit de Nantes à Compiègne et aux environs. — Si le règne bienfaisant de Henri IV fit renaître la paix intérieure et si l'édit de Nantes, en particulier, fut la plus belle pensée de son règne, on peut dire que la plus funeste idée de Louis XIV fut la révocation de l'édit de son aïeul. On sait que l'exécution cruelle de ce retrait coûta à la France la perte de son repos, la ruine de ses plus riches industries, la haine de tous les protestants d'Europe et l'expatriement d'un million de bons citoyens. Louis XIV qui ne comprenait pas qu'on eût d'autres dogmes que les siens, exigea que les Protestants de son royaume se convertissent au catholicisme ou prissent le chemin de l'exil.

A Noyon et dans les environs, à Béthisy, la force armée, comme dans les Cévennes, détruisit les prêches calvinistes, les dissidents furent chassés des villes et comme les Juifs au moyen-âge, les plus heureux furent relégués hors de l'enceinte des cités. A Compiègne, les protestants furent contraints de demeurer dans le faubourg de la Porte-Chapelle, qui prit dès lors le nom qu'il a conservé de *quartier de tous les diables*, à cause que les Huguenots étaient ainsi voués aux démons. Ainsi les Juifs avaient été chassés de la rue Vide-Bourse et de la place du Change et obligés d'habiter la rue actuelle des Tanneurs, qui s'appela longtemps la rue des Juifs.

Les Protestants du règne de Louis XIV, comme les Juifs au moyen-âge et les Chrétiens des Césars, ne cédèrent guère à la force, tant il est vrai que la foi religieuse aussi bien que les convictions politiques doivent être respectées : la paix sociale est à ce prix.

Suppression des Justices particulières à Compiègne. — En 1674, une utile réforme s'opéra dans l'administration judiciaire, celle de la suppression des seigneuries particulières qui avaient chacune leurs tribunaux, leurs coutumes, leurs prisons, leurs potences, etc. Ainsi, la chatellerie de Compiègne qui, de fait, dépendait du Grand Bailliage de Senlis, avait la juridiction royale ; celle de l'abbaye de Saint-Corneille, celle de la Municipalité, qui se subdivisaient en prévôtés urbaine, foraine, etc. Toutes ces complications furent abolies et le lieutenant du Bailliage réunit seul la compétence, souvent mal définie, des juridictions civiles et criminelles.

Nouvelle restriction de l'autorité municipale à Compiègne. — A la même époque aussi à *Compiègne* comme à Paris et dans tout le royaume, le pouvoir royal augmenta aux dépens des libertés communales. Malgré le dévouement séculaire des Compiégnois à la royauté, dont les armes parlantes traduisaient si bien la fidélité, la ville perdit ses franchises municipales auxquelles nos pères attachaient un si haut prix.

« Pour satisfaire ses goûts d'ambition et d'orgueil,
» Louis XIV dut convertir les fonctions municipales
» de baillis, de lieutenants, de gouverneurs, maires,

» échevins, attournés, consuls, prévots, procureurs,
» receveurs, greffiers, avocats, etc., en *charges véna-*
» *les* », déjà créées pour la Justice sous François Ier
et pour semblables motifs.

En conséquence, par un édit royal de 1692, et lettres Patentes du 2 octobre 1693, « François Esmangard
» de Beauval, advocat au Parlement, conseiller royal
» est nommé *Maire perpétuel* de la ville de *Compiè-*
» *gne*, aux gages de 336 livres, moyennant finances au
» roi de 8 400 livres. Avec l'investiture de cette su-
» prême fonction ledit maire a droit aux honneurs,
» dignités, privilèges, autorité, franchises, libertés,
» fonctions, attributions, exemptions de toutes charges
» contributives ».

M. de Beauval devint ainsi président de droit de
toutes les assemblées de la ville, à l'exclusion même
du Lieutenant du Bailliage qui, jusqu'alors, avait toujours eu le pas sur la municipalité.

Les échevins ou gouverneurs attournés adjoints au
maire perpétuel et ses conseillers continuèrent, pendant près d'un demi-siècle, à être élus par l'assemblée
communale avec la sanction du roi, mais ces fonctions
secondaires étaient aussi achetées. Sous Louis XIV
toutes les dignités se payaient ; il était de bon ton de
se ruiner pour le service du souverain et c'était un
suprême honneur que de mettre sa fortune, ses talents ou son crédit au soin des affaires de l'Etat, des
Provinces ou des paroisses qui constituaient la commune.

Les attournés-échevins à cette époque sont : Anthoine Crin, Samson Leferon, Elie Charmolue ; puis
un peu plus tard : Raoul Levesque, Raoul Constant,
Anthoine Boitel ; — Esmangard de Bournonville,
Philippe Béra, Anthoine de France, Billy, de Beauval,
etc., dont les noms figurent aux arrêtés municipaux, à l'état-civil des paroisses et aux actes des
notaires.

Ainsi, non seulement il faut payer les charges administratives et judiciaires, mais l'autorité centrale du roi devient absolument sans limites ; c'est le régime du bon plaisir que Louis XIV, de bonne foi, traduisait par cette sentence : *l'Etat c'est moi.*

Guerre de la Ligue d'Augsbourg. — En même temps que Louis XIV rendait à l'intérieur son autorité absolue en vendant toutes les fonctions et ne souffrant aucune contradiction, il poussait aux dernières limites sa politique agressive à l'extérieur. Le Pape, l'Empereur, la Hollande, l'Angleterre, l'Espagne, la Savoie forment contre nous la grande *Ligue d'Augsbourg* pour s'opposer à la France, dont le roi voulait rétablir, envers et contre tous, Jacques II sur le trône d'Angleterre, contre Guillaume III, en s'appuyant sur l'Irlande catholique.

L'amiral Trouville, forcé par la cour de combattre à la Hogue avec 44 vaisseaux contre 90, perdit la bataille, 1690. Les forces navales françaises furent ruinées pour longtemps, et on dut se résigner à une guerre de corsaires, où se distinguèrent Jean-Bart, Forbin-Janson, Duguay-Trouin.

Sur terre, le Palatinat fut de nouveau saccagé ; le roi s'empara de la place forte de Namur ; Luxembourg fut vainqueur à Fleurus, à Leuze, à Steinkerque et à Neerwinde et reçut le glorieux surnom de *tapissier de Notre-Dame*, tant étaient nombreux les drapeaux ennemis attachés par lui aux voûtes de la cathédrale de Paris. Catinat remporta les victoires de Staffarde et de la Marsaille ; Noailles enleva la Catalogne et Vendôme prit Barcelone. Tous ces succès ruinèrent la France ; c'est le résultat de la plupart des guerres injustes et offensives.

La France désirait la paix ; le roi dut signer le traité de Ryswick, en 1697, qui termina la guerre avec honneur, mais sans profit : il marqua le terme de la gloire militaire et du bonheur du grand roi.

Camp de Compiègne ou de Coudun, 1698.

— De tous les séjours de la cour de Louis XIV dans la région de *Compiègne*, le plus célèbre est celui du camp de Coudun, à six kilomètres au nord de cette ville et à 4 kilomètres du triple confluent de l'Oise, de l'Aisne et de l'Aronde, petite rivière qui arrose le beau village de Coudun, au pied du pittoresque promontoire du Gannelon où César, croit-on, établit deux stations militaires.

Pour dissimuler aux yeux de l'Europe la misère profonde de la France à la paix de Ryswick, et sous le vain prétexte de faire l'instruction de ses petits-fils (il avait perdu son fils aîné et devait voir mourir encore avant lui son petit-fils) Louis XIV, toujours présomptueux malgré ses malheurs privés et ceux de la patrie, ordonna la formation d'un camp de soixante mille hommes dans les terrains accidentés qui s'étendent entre *Compiègne*, Monchy, Coudun et Choisy. Tous les villages, dans un rayon de 12 kilomètres du quartier-général établi à Coudun, étaient occupés soit par l'infanterie, la cavalerie, l'artillerie, les magasins, les manutentions, boucheries, hôpitaux, ambulances, réserves et détachements.

Jamais, dit le duc de Saint-Simon, que tous les historiens ont copié dans sa description du camp de 1698, on n'avait réuni tant de troupes, ni déployé tant d'éclat et de magnificence en ruineuses vanités. Les camps fameux de Darius et du Drap d'Or furent des jeux d'enfants, comparés à celui de Coudun !...

Le duc de Bourgogne, héritier présomptif de la couronne, eut le commandement nominal du camp, mais le maréchal de Boufflers conduisit toutes les opérations et dépassa tous les princes en somptuosité. Le camp dura vingt-cinq jours. Les prises d'armes, les simulacres d'attaque et de défense, les exercices, les revues, etc., etc., réussirent avec une précision merveilleuse. Tout se termina par la représentation d'une bataille rangée et du siège en règle de la ville fortifiée de *Compiègne*.

Des tranchées, des parallèles, des sapes, des mines, contre-mines furent exécutées ; des bastions, des retranchements, des batteries s'élevèrent dans la plaine de Choisy par où l'attaque principale devait avoir lieu.

Le roi, Mme de Maintenon, (objet de toute l'attention du monarque) les princesses, toute la cour, des princes étrangers, les ambassadeurs de l Europe entière contemplaient du haut de la terrasse, que soutiennent encore aujourd'hui les murs primitifs de l'ancienne enceinte fortifiée, les dramatiques péripéties de la bataille et de l'assaut des remparts en avant de la porte de Connétable, vers Choisy.

L'exécution des opérations militaires fut parfaite. On y brûla plus de 100 milliers de poudre et la dépense générale atteignit près de cinquante millions de francs au cours actuel.

Le maréchal de Boufflers, commandant en chef, dépensa à lui seul près de trois millions à traiter à sa table, en moins d'un mois, les princes français et étrangers, les officiers et même toutes les notabilités qui se présentaient au camp.

Le gibier, la venaison, le poisson arrivaient tous les jours de Hollande, d'Angleterre, de Bretagne, de Normandie et même d'Italie et d'Espagne. Les vins les plus fins, les liqueurs les plus exquises étaient servis à tous venants, à toute heure de jour et de la nuit avec un ordre et une ponctualité admirables. Le café, le thé, le chocolat, rares à cette époque, trouvaient une consommation journalière de 15 à 18 mille tasses aux tables des convives du maréchal de Boufflers à Coudun, en septembre 1698, tandis que le peuple de France mourait de faim !... L'eau même était apportée de Sainte-Reine et des sources lointaines les plus estimées, et se vendait à *Compiègne* un sou le verre...

Et aujourd'hui on se plaint encore quand on nous

sert l'eau salutaire du Gannelon à nos portes à un cen-
time le litre.

« . . . . . . que les temps sont changés ! »

A l'exemple de leur chef, tous les officiers se ruinèrent pour plusieurs années eux et les régiments
qu'ils devaient entretenir, puisqu'ils en étaient les
propriétaires.

Au départ du roi, le premier jour d'automne, les
capitaines d'infanterie reçurent une gratification de
300 livres et ceux de cavalerie une de 600. Le commandant en chef toucha 100 mille livres. Ces munifi-
cences royales furent comme une goutte d'eau versée
dans la mer, dit Saint-Simon, pour couvrir les dépenses
excessives faites en pure ostentation par tout ce monde
de courtisans copiant la fastueuse cour du Roi-Soleil.

Ce tableau fait un triste contraste avec ceux que
traçaient à la même époque de la misère noire et générale du peuple La Bruyère, Vauban et Fénelon, qui
furent disgrâciés pour s'être montrés compatissants et
justes à une époque où *le silence était d'or*.

Vers le même temps le prieur de Nogent-sous-
Coucy prononce solennellement à Saint-Corneille de
Compiègne l'oraison funèbre de Philippe d'Orléans,
frère unique du roi ; la seigneurie de Magny, les fiefs
d'Héronval et autres lieux sont vendus par le duc de
Chaulnes et de Chevreuse, à Louis comte de Guiscard,
ambassadeur en Suède qui donna son nom au bourg
quand son domaine fut érigé en marquisat quelques
années plus tard ; Pierre de Saint-André devient pos-
sesseur de la terre et baronnie de Ressons-sur-Matz.

**Guerre de la succession d'Espagne (1701
à 1713).** — La paix si nécessaire à la France ne dura
que trois ans. Charles II, roi d'Espagne mourut en
1700 et laissa par testament son royaume au duc d'Anjou, Philippe V, petit-fils de Louis XIV.

En acceptant cette couronne pour son petit-fils,
Louis XIV avait prononcé ces imprudentes paroles :

« Il n'y a plus de Pyrénées » qui indiquaient une nouvelle politique envahissante. Toute l'Europe se coalisa encore une fois contre la France.

Villeroi se fait battre près de Crémone, tandis que Vendôme est vainqueur à Cassano et Villars à Friedlingen et à Hoschstett. Mais bientôt l'anglais Malborough et Eugène de Savoie nous infligent de sanglantes défaites à Hoschstett et à Turin, à Ramillies, à Audemarde, 1703 à 1708. Le prince Eugène s'empare de Lille malgré la belle défense du maréchal de Boufflers, qui s'était montré si fastueux à Coudun, dix ans plus tôt.

En mer les Anglais prennent Gibraltar et Port-Mahon capitale des îles Baléares ; Philippe V est chassé de Madrid et la France est envahie au sud et au nord.

Le terrible hiver de 1709 mit le comble à la misère publique ; Paris se nourrissait de pain d'avoine ; la table royale connut la disette ; trente mille pauvres moururent de faim ou de froid dans la capitale, et plus d'un million dans le royaume, tandis que les ennemis poursuivaient nos soldats vaincus par la faim plus que par les armes.

L'orgueil du grand roi s'abaissa jusqu'à demander la paix aux Hollandais qu'il avait jadis cruellement humiliés. Les alliés, à leur tour, abusèrent de leurs forces et exigèrent que Louis XIV détrônât lui-même Philippe V. « J'aime mieux faire la guerre à mes ennemis qu'à mes enfants », répondit-il. Il confia cent mille hommes à Villars et jura d'aller mourir à la tête de sa noblesse si cette dernière armée était vaincue.

La défaite de Malplaquet fut glorieuse puisque nos pertes n'empêchèrent point Villars de vaincre et de sauver la France à Denain en 1712, peu de temps après que Vendôme eut rétabli Philippe V sur son trône par la victoire de Villavisiosa, après laquelle le jeune roi coucha sur un lit de drapeaux ennemis.

Quelque temps avant la victoire de Denain, Louis XIV avait vu mourir dans la même semaine son petit-fils, sa petite-fille et un arrière-petit-fils ; d'une nombreuse famille il ne lui restait qu'un arrière-petit-fils de deux ans. Alors il s'écria : la fortune abandonne les vieillards, et il dut s'appliquer cette triste maxime d'un philosophe de son temps « quand le malheur nous ouvre les bras, nous repassons avec amertume sur tous nos faux pas. »

Les traités d'Utrecht 1713 et de Rastadt 1714 permirent à Louis XIV de mourir en paix en 1715. Mais si la Flandre l'Alsace et la Franche-Comté nous restèrent seules de tant de conquêtes aussi ruineuses que glorieuses, le grand roi eut la douleur de voir Frédéric-Guillaume 1er fonder en Prusse un nouveau royaume; l'Angleterre gagner Gibraltar et Port-Mahon en Europe, Terre-Neuve, le Labrador et la baie d'Hudson en Amérique ; la Hollande prendre les meilleures places des Pays-Bas, et le duc de Savoie devenir roi de Sicile.

L'Autriche, par le traité de Bade, reçut la Sardaigne, Naples, Milan et leurs territoires ainsi que le reste des Pays-Bas.

Depuis ce partage de l'Europe par les ennemis de Louis XIV, nous les retrouverons dans toutes les grandes commotions en face de la France monarchique, républicaine et impérialiste, tant il est vrai encore que l'équilibre européen ne reposera jamais que sur les bases combinées des limites naturelles entre les Etats, du langage, des mœurs et des croyances, des souvenirs historiques, des intérêts économiques, et surtout de l'éducation et de la sagesse des peuples et de leurs souverains.

Mais comme il sera toujours difficile de concilier tant d'intérêts moraux et matériels avec les imperfections humaines, il ne faut pas compter sur un avenir trop prochain de paix universelle rêvée par les philanthropes.

Louis XIV avait perdu le grand Dauphin, son fils, élève de Bossuet en 1711, le duc de Bourgogne, son petit-fils, élève de Fénélon, en 1712 ; il ne lui restait plus qu'un arrière petit-fils, âgé de cinq ans, Louis, duc d'Anjou, quand le grand roi s'éteignit, plein de dignité à Versailles, le 1er Septembre 1715.

Compiègne ne reverra plus la cour royale pendant les treize années suivantes.

Le siècle de Louis XIV, 17e Siècle, en France, et notamment à Compiègne et dans sa région. — On donne à l'époque qui s'étend de la mort de Henri IV à celle de Louis XIV, le nom de *dix-septième siècle* ou de *siècle de Louis XIV* : c'est le plus beau temps littéraire et artistique de la France.

Dans la première moitié, Balzac et Voiture écrivent des lettres remarquables pour l'époque, La Rochefoucault, ses Maximes, le cardinal de Retz, ses Mémoires, Pascal, ses Pensées, Corneille fait représenter ses immortelles tragédies, Descartes publie son fameux discours sur la Méthode.

Dans la seconde partie du siècle, apparaissent Molière illustre comédien, Racine, le plus pur des tragédiens, Boileau, le précepteur des poètes, La Bruyère et Saint-Simon qui ont dépeint la cour et les courtisans... que l'on retrouve sous tous les régimes et les hommes de leur temps... dont les types sont immortels.

L'éloquence de la chaire est représentée par Bossuet, l'Aigle de Meaux, Fléchier, Fénelon, Bourdaloue, Massillon, qui écrivent aussi des chefs-d'œuvre que possèdent toutes les bibliothèques.

La Fontaine, dans ses fables, Perrault, dans ses contes, Fontenelle, Mme de Sévigné et Mme de Maintenon, dans leurs lettres, nous ont laissé des modèles que nous ne suivons pas assez de nos jours.

Les sciences firent d'immenses progrès avec Képler, Galilée, Newton, Leibnitz, et chez nous avec Pascal et Descartes.

La peinture fut brillamment représentée par Lesueur Rigault, Mignard, Le Poussin, Claude Lorrain, Lebrun;

la sculpture, par Coysevox, les frères Coustou, Girardon, Puget ; l'architecture, par Mansard, Perrault, Le Nôtre ; la musique, par Quinault et Lulli, la gravure, par Audran et Nanteuil.

L'agriculture, la mère nourricière des arts, des sciences, de l'industrie et du commerce ; les colonies, la marine, les arsenaux, la législation, toute l'économie politique et sociale en un mot, marcha de front avec la littérature, les sciences et les arts dans toute la France, et dans la région de *Compiègne* en particulier.

En effet, les séjours constants que la cour de Henri IV, de Louis XIII et surtout de Louis XIV faisait dans notre cité y amenaient tous les grands hommes que nous venons d'indiquer et qui formaient le cortège obligé des passages solennels, des promenades magnifiques, que ces princes renouvelaient sans cesse à *Compiègne* et dans les environs. On peut donc assurer que les chefs-d'œuvre qui ont illustré le 17e siècle ont été conçus et exécutés en partie dans notre région bien faite pour inspirer les génies qui ont habité ou parcouru cent fois les environs de *Compiègne*.

Mais si les illustrations dont nous venons de parler ont brillé au premier rang du 17e siècle, la région de *Compiègne* en particulier a réfleté, par des hommes distingués dans tous les genres, les génies qui ont immortalisé cette grande époque de l'humanité.

Hommes célèbres et monuments remarquables de Compiègne et des environs au 17e siècle. — Ravaud, de Remy, professeur de l'Université, conseiller royal, Billy, savant mathematicien, Coutant, historien, Picard, Seroux Louis, Gaya Louis, Boucher, professeur en Sorbonne, Maucroix et Maldrac, poètes, amis et émules de La Fontaine et de Racine, Galland, de Rollot, orientaliste et antiquaire, traducteur des Mille et une Nuits, contes arabes, Leduc, Le Masson, Levasseur, Charles Barthélemy, savants littérateurs. Enfin à *Compiègne*, Hersan, maître de Rollin, professeur au Collége de France, qui fonda et dirigea l'école à laquelle il attacha son nom. Destinée à l'enseignement primaire des enfants pauvres, elle sert de pépinière intellectuelle au Collège avec les autres écoles communales, où l'enseignement *gratuit depuis très longtemps, et obligatoire depuis dix ans,* produit les meilleurs résultats. A Noyon, le célèbre Jacques Sarrazin qui, comme Michel-Ange, fut tout à la fois, sculpteur, peintre, graveur et quelque peu architecte.

Le palais, les fortifications, les églises de *Compiègne*, au 17e siècle, reçurent de notables embellissements. C'est de cette époque que datent les autels collatéraux, l'abside de Saint-Jacques et la coupole du clocher, ainsi que les parties modernes de Saint-Antoine.

L'hôtel qui sert de façade au Collège et un grand nombre de maisons du même style dans les rues d'Ulm, d'Ardoise, Le Féron, des Minimes, d'Alger, des Domeliers, de Jeanne-d'Arc, de Solferino, de Paris, etc., etc., ont été bâtis sous les règnes de Louis XIII et de Louis XIV.

Les églises de Chevrières (portail), du Fayel, de Francières, de Grandfresnoy, d'Hémévillers, la Chartreuse du Mont-Renaud, etc., les châteaux de Berneuil, du Fayel, de Lataule, du Plessis-de-Roye, de Sorel, et les jardins de Monchy Humiéres et Baugy, du Meux, du Fayel, de Guiscard, pour la plupart disparus, avaient été dessinés et faits par Le Nôtre, qui créa ceux de Versailles, des Tuileries, de Marly et de Trianon, à l'époque de Louis XIV.

Enfin pour clore la liste des illustrations de la région de *Compiègne* au 17e siècle, citons les maréchaux de la Motte-Houdancourt, Louis d'Humières et Louis de Guiscard, dont les exploits et les familles se sont perpétués jusqu'à nous, et qui appartiennent tout à la fois à notre histoire locale et à l'histoire du plus beau siècle de la France.

CHAPITRE XVIII

Compiègne et sa région sous les Bourbons

(Fin).

Régnes de Louis XV et de Louis XVI

Louis XV, de 1715 à 1774. — Le grand roi reposait à peine dans les caveaux de Saint-Denis, que le Parlement qu'il avait réduit au silence depuis un demi-siècle, cassa son testament et déféra la régence au duc d'Orléans, neveu de Louis XIV. Ce prince avait reçu une belle instruction mais une mauvaise éducation. Brave et spirituel, mais sceptique et débauché, ses courtisans et l'élite de la nation imitèrent les vices du régent et ce temps est resté tristement célèbre.

Compiègne et sa région, fidèles aux traditions des rois, paraissent avoir échappé aux désordres moraux et financiers qui atteignirent surtout Paris et Versailles à l'époque de la Régence, et sur lesquels nous passons rapidement, ces calamités n'ayant rien de local.

Tandis que l'Etat français endetté voyait ses revenus engagés pour plusieurs années, et se confiait au financier Law qui ruina le gouvernement et de nombreuses familles avec son papier-monnaie, la peste décima Marseille et la Provence, et la guerre faillit éclater avec l'Espagne dont le roi voulait régenter la France.

L'alliance de la France, de l'Angleterre, de l'Autriche et de la Hollande obligea l'Espagne à traiter à Madrid, 1720 : Le duc de Savoie échangea la Sicile pour la Sardaigne, et la fille de Philippe V fut fiancée à Louis XV, en attendant l'âge de mariage des deux futurs époux. Le précepteur du régent, Dubois, devenu premier ministre, malgré son inconduite notoire, reçut l'archevêché de Cambrai et le chapeau de cardinal pour ses services politiques.

Heureusement cette scandaleuse puissance de Dubois ne dura pas ; il mourut au bout de quelques mois, ainsi que le duc d'Orléans, l'ancien régent, qui l'avait remplacé comme premier ministre.

Grand prix d'arc à Compiègne en 1718. Bouquet provincial. — Pendant la minorité du roi, en l'absence de la Cour, et tandis que Paris se ruinait avec Law et que le gouvernement du Régent abaissait les mœurs publiques, *Compiègne* réagissait contre ces hontes et ces misères par une fête religieuse, morale et patriotique au premier chef.

Depuis près de trente ans, la compagnie des archers de *Compiègne* avait reçu de la confrérie de Ham, le Bouquet provincial du *noble jeu de l'arc*, et ne l'avait pas rendu selon les Statuts et les usages.

Les chevaliers de l'arc de Noyon s'adressèrent à ceux de Roye pour, de concert, obliger les *Dormeurs de Compiègne* à rendre le Prix Général qu'ils devaient à leurs confrères de la Province ; les Compiégnois s'exécutèrent de bonne grâce.

Le 6 juin 1718, dix-neuf compagnies des villes environnantes répondirent au mandat des archers de *Compiègne* ; deux cents chevaliers prirent part au tir de vingt prix, d'une valeur de trois mille livres.

« A leur arrivée, les compagnies de l'arc étaient reçues aux portes de la ville par des archers de *Compiègne* à cheval, et conduites à l'Hôtel-de-Ville, tambours battants et enseignes déployées, au son de la cloche du beffroi et des fanfares de fifres et de hautbois.

Les confréries de Fontainebleau, Coulommiers, Crépy, Noyon, Meaux, Montdidier, montées sur de superbes chevaux, toutes en riches uniformes de soie, brodés d'or et d'argent, boutons de même métal, bas rouges, blancs ou bleus, plumet et cocarde, furent surtout remarquées.

Après la parade et l'assistance à une messe solennelle, on se rendit au Jeu situé alors dans les fossés où sont aujourd'hui le boulevard Victor-Hugo et le square en avant des Grandes-Ecuries et de l'Orangerie, (Haras actuel).

Le premier coup, ou coup du Roi, fut tiré par Gaya, major de la Ville. Puis le tir général se fit les jours suivant-, les compagnies étant logées dans différentes hôtelleries de la ville.

La distribution des prix se fit également en grande cérémonie. Les archers de *Compiègne* gagnèrent pour deux cents livres d'écuelles, bassins, cuillères, fourchettes, le tout en argent ; ceux de Saint-Quentin autant ; les vainqueurs furent les *Singes* de Chauny, qui enlevèrent les pantons et les cartes avec des pièces d'orfévrerie d'une valeur de 336 livres.

La fête magnifique des archers qui a eu lieu le 6 juin 1890, à *Compiègne*, a montré combien ces compagnies se sont multipliées dans notre région, en se *démocratisant* dans nos communes rurales. Cent soixante-cinq compagnies étaient représentées, à notre dernière fête des archers, il y a trois mois, précédées à la parade, à la messe en plein air et à la procession à travers la ville de nombreuses harmonies, fanfares, batteries de tambours, et le tir, au lieu de quelques jours, doit durer plusieurs mois, au grand profit du commerce de la ville, des sept ou huit lignes de chemins de fer, de l'adresse, de la saine distraction et de la bonne confraternité des habitants de *Compiègne*, avec toute les anciennes provinces de la région de la Langue d'oïl.

Trois mille archers doivent prendre part au tir.

Les *archers* d'avant la Révolution, avec leur riche uniforme, étaient nécessairement des gens riches, nobles, bourgeois ou gros marchands ; aujourd'hui toutes les classes sont confondues dans les compagnies d'archers comme dans l'armée nationale, comme dans la salle du vote, devant le suffrage universel. « Le roi et le berger qui, dans l'ancien régime, n'étaient égaux que devant le Dieu du ciel », le sont devenus devant la loi de la terre, sans autre difficulté que la transformation des mœurs sociales.

Majorité du Roi. — Le roi ayant atteint sa majorité de 14 ans choisit pour premier ministre le duc de Bourbon, que lui offrit son ancien précepteur. Ce noble maître était incapable de conduire les affaires publiques.

Le duc de Bourbon commit la faute de persécuter à nouveau les protestants, d'établir des impôts vexatoires, de renvoyer la fiancée du jeune roi en Espagne et de faire épouser à Louis XV, Marie Leczinska, fille du roi de Pologne, chassé de ses États.

Pendant ce ministère, dans nos environs, on fit des réparations très importantes à la cathédrale de Noyon, toute la famille du duc d'Aumont, propriétaire de la seigneurie de Guiscard, mourut en quelques mois de la petite-vérole, et à Ressons-sur-Matz eût lieu le rétablissement des syndics et greffiers de la taille, tandis qu'un nouvel édit rétablissait à *Compiègne* les offices de Maire, lieutenant du maire, etc.

Instabilité des fonctions municipales à Compiègne. — Seroux d'Agincourt, assesseur au bailliage, est élevé à cette nouvelle fonction, aux gages du denier cinquante des impôts payés par la ville au Trésor royal, tandis que les gouverneurs attournés échevins sont : Charles Esmangard, seigneur d'Arioches, avocat au Parlement, lieutenant de la prévôté de Saint-Corneille, Charles-Marie-Constant, seigneur de Bienville, aussi avocat, et Antoine de France, marchand.

En 1724, toujours dans un intérêt fiscal et sous le déplorable ministère du duc de Bourbon, un nouvel édit royal supprime encore une fois à *Compiègne* les offices de maire et de lieutenant du maire et Seroux d'Agincourt, Pierre Lejeune, procureur du roi, et Jean Brillet, marchand, remplissent les fonctions de gouverneurs attournés échevins. Ces hommes s'opposèrent aux prétentions de Piart de Montcour, lieutenant-général, par intérim du Bailliage, qui voulait s'immiscer dans les affaires municipales et présider à l'Hôtel-de-Ville. Cette même année vit mourir à *Compiègne* le bienfaisant instituteur Hersan, dont nous avons parlé au chapitre précédent.

Compiègne sous le ministère du cardinal de Fleury. — Ce ministre, ancien précepteur du roi, malgré son grand âge, apporta dans le gouvernement la probité et l'économie, rares à cette époque dépravée dans la haute société. *Compiègne*, oublié depuis les splendeurs du camp de Coudun, allait revoir avec le roi les fêtes d'autrefois.

Le 4 juin 1728, un siècle avant un très petit évènement qui marque ici, Louis XV vint pour la première fois à *Compiègne*, à 18 ans, un vendredi, jour néfaste au dire de Louis XIV.

De Versailles à *Compiègne*, le voyage fut triomphal ; les habitants allèrent à sa rencontre jusqu'à Lacroix-Saint-Ouen. A son entrée dans la ville, le canon tonna et toutes les cloches des églises s'ébranlèrent. Le maire, les échevins et tous les officiers, commandants, magistrats, notabilités, mettant un genou en terre, lui présentèrent les clefs de la cité sur un plat d'argent. Ces objets historiques sont déposés au musée Vivenel, où nos concitoyens peuvent les contempler et se livrer aux réflexions que ne manquera pas de leur suggérer la comparaison de notre temps avec celui d'autrefois.

Les dames de *Compiègne* « magnifiquement parées » furent admises à voir le grand couvert et à circuler autour de la table royale pendant le souper. La ville fut illuminée pendant toute la nuit. On dansa dans les quartiers. Le vin coula de deux fontaines, dont tout le monde pouvait boire à discrétion. Les jours suivants, il y eut grandes chasses, réceptions, promenades, et le dimanche, salut solennel à Saint-Jacques, paroisse royale, où le monarque se rendit dans un carrosse attelé de huit chevaux. Aussi la présence de la cour donnait à *Compiègne* une animation qui faisait la richesse de la cité aussi bien que la distraction de ses habitants.

L'année qui suivit ce premier séjour de Louis XV à *Compiègne*, fut construite la salle de spectacle par Ledieux, et le Prix général de l'Arquebuse, rendu dans cette ville avec un éclat qui surpassa sans doute la fête des archers de 1718, et auquel assistèrent en grands frais les Coqs, les Cochons, les Friands, les Soupiers, les Glorieux, les Singes, les Besaciens, les Usuriers, les Beyeux, etc, toutes dénominations des habitants des villes voisines. Les dépenses folles de ces joûtes peu utiles obligèrent le Parlement à les abolir peu de temps après ; mais cette interdiction resta sans effet, car Louis XV et l'Electeur de Bavière s'affilièrent aux arquebusiers de *Compiègne*, qui avaient, dans les cérémonies publiques, le pas sur la milice bourgeoise, les archers et les arbalétriers de la cité.

Construction du pont de Compiègne. — Depuis son premier voyage à *Compiègne*, la cour de France vint chaque année presque faire de longs séjours dans cette agréable cité, bien que « Louis XIV s'y trouvât logé en paysan, en prince à Fontainebleau, et en roi à Versailles », quand il eut dépensé dans ce dernier palais plusieurs centaines de millions. En 1730, le roi approuva le projet du Pont-Neuf sur l'Oise, mais une épidémie fit différer la pose de la première pierre au 11 mai 1732 par le roi, en grande pompe. Dubois, directeur général des ponts et chaussées fut chargé du plan et du devis. Ce pont construit par l'entrepreneur Bouillette, ne fut livré à la circulation qu'un an plus tard, et quand le roi y eut passé le premier.

Cette magnifique construction est composée de trois arches elliptiques, chacune de près de 25 mètres d'ouverture ; la longueur totale est de 115 mètres sur une largeur de douze. Les armes de France, qui décorent l'arche principale, sont de Coustou, jeune.

Le plan Chandellier. — En 1734, Chandellier, arpenteur du roi dressa un plan fort remarquable de la ville de *Compiègne*, de ses faubourgs, des plaines environnantes et d'une partie de la forêt. Ce plan a été donné à la ville un siècle plus tard par les héritiers Chandellier ; il décore le cabinet du maire, à l'Hôtel de Ville. Les plans moins complets de 1509, 1637, 1671, nous ont servi pour décrire la situation et l'aspect de *Compiègne* aux époques mémorables de l'histoire de cette cité.

Autres édifices élevés à Compiègne sous Louis XV. — Ce roi voulut entreprendre pour *Compiègne* ce que son bisaïeul et prédécesseur avait fait pour Versailles. A partir de son premier voyage, en 1728 à *Compiègne*, et jusqu'à sa mort en 1774, il ne se passe pas d'année sans que des achats de terrains, de maisons à démolir, d'hôtels à édifier, de rues à percer, de jardins et de parcs à tracer, d'avenues à ouvrir ne soient entrepris, continués ou finis. A mesure que nous avancerons dans ce récit, nous verrons les transformations importantes que l'omnipotence du monarque ou les édilités municipales font subir à la vieille cité abbatiale et royale tout ensemble.

A la faveur des nombreux édifices bâtis, de la présence répétée de la cour à *Compiègne* et des camps formés dans les plaines voisines, la population sédentaire, qui était d'environ 6000 habitants, au milieu du 18e siècle, monte souvent pendant le règne de Louis XV à 10, 12 et même 15000 âmes, si bien que la population flottante loge dans les caves, dans les combles des maisons envahies, dans les dépendances du palais et se réfugie même dans les villages voisins et dans des barraquements volants.

Guerres des successions de Pologne et d'Autriche. — Tandis que le roi s'occupait d'embellir ainsi *Compiègne*, et projetait également plusieurs édifices pour Paris, il appuyait par les armes les prétentions de son beau-père à remonter sur le trône de Pologne, où ses anciens sujets venaient de le rappeler.

La Russie et l'Autriche s'opposèrent au retour de Stanislas. Berwick et Villars, qui conduisaient nos troupes moururent bientôt ; mais Noailles en Allemagne et Coigny en Italie continuèrent d'avancer dans les deux pays envahis et l'empereur Charles VI fut obligé de signer le traité de Vienne en 1738.

Leczinski céda le trône à Auguste III, mais obtint la Lorraine qui devait revenir à la France à la mort de ce roi ; d'un autre côté Charles VI fit accepter par toutes les puissances d'Europe sa fille Marie-Thérèse comme héritière de l'empire.

Mais en 1740, Charles VI étant mort, la France toujours généreuse et loyale, fut seule à soutenir Marie-Thérèse, tous les autres signataires du traité de Vienne voulant prendre une part dans le riche héritage.

Le roi de Prusse s'étant d'abord emparé de la Silésie, le parti de la guerre en France l'emporta et Belle-Isle s'empara de la Bohème et Prague fut emporté par l'intrépide Chevert. Mais Fleury qui faisait la guerre malgré lui étant mort en 1743, le roi s'allia avec Frédéric de Prusse et marcha contre les Impériaux soutenus par les Anglais.

Le roi tomba dangereusement malade à Metz et les démonstrations du peuple de France, des Parisiens et des Compiégnois en faveur de la santé du roi furent si vives, qu'il reçut le surnom de Bien-Aimé, qu'il mérita si peu dans la suite.

Peu de temps après, Maurice de Saxe, malade, remporta sous les yeux de Louis XV, convalescent, la belle victoire de Fontenoy sur les Anglais, 1745. *Compiègne* posséda quelque temps 200 prisonniers pris à cette bataille et qui furent provisoirement enfermés sous la voûte de la Porte-Chapelle, alors grillée aux deux extrémités.

Le maréchal de Saxe remporta encore les victoires

de Raucoux et de Lawfeld en 1746-47, enleva Maëstricht et conquit tous les Pays-Bas. Louis XV abandonnant son rôle de roi pour celui d'homme efféminé voulut *traiter à tout prix* à Aix-la-Chapelle en 1748, en rendant toutes les conquêtes de la France par un amour-propre qui affaiblit doublement nos forces.

Les camps de Compiègne sous Louis XV. — De 1737 à 1754, des camps militaires furent établis à *Compiègne* presque chaque année, en même temps que les grands travaux étaient exécutés au palais, dans les parcs et les forêts voisines.

En 1737, le régiment Royal-Artillerie s'établit dans la plaine de Choisy. Un polygone fut élevé entre la route de Soissons et le grand parc réservé. Tous les agrès, engins, pontons, batteries furent disposés en vue du siège de la ville. Puis arrivèrent de nouvelles troupes de diverses provinces. Des marches, des engagements simulés, des manœuvres de toute sorte eurent lieu sur les plateaux de Margny et de Venette.

Le siège en forme de la ville fut entrepris par l'artillerie principalement. Des postes furent pris, quittés, repris ; des travaux exécutés, détruits, refaits, tandis que la place se défendait par un feu continuel dirigé sur les assiégeants.

Comme on tirait souvent à charge pour juger de l'effet des projectiles, il y eut mort d'hommes, et le roi ordonna désormais de tirer à blanc.

Après un mois d'exercices ou de divertissements militaires, on fit sauter les terres du rempart et du parapet. La brèche devint praticable et l'assaut fut donné devant le roi. Le rempart fut escaladé, abandonné, repris et les troupes sonnant la charge pénétrèrent dans la cité.

Le maire et les échevins vinrent demander à capituler. Les préliminaires furent signées en forme, et la garnison sortit avec le honneurs de la guerre.

Mais à la suite de ce long fracas de canon, les cerfs

émigrèrent vers les forêts de Villers-Cotterêts, de Chantilly et d'Halatte, et celle de *Compiègne* fut privée de gros animaux pendant quelque temps.

Les nombreux camps établis pendant les quinze années suivantes à *Compiègne* avaient autant pour but de distraire le roi de son apathie et de servir au délassement à une cour dissolue que l'éducation militaire des princes et des officiers.

Nous sommes à *Compiègne*, en effet, à l'époque où Mme de Pompadour, toute puissante, gouverne le roi, la France et un peu l'Europe par les ministres qu'elle élève ou abaisse à sa guise, tandis qu'elle se fait édifier dans le parc du palais, à cinq cents pas de la demeure royale, un délicieux château avec théâtre, parterres, jeux, pièces d'eau, statues, volières, bosquets, pelouses, vergers, berceaux, tous les agréments joints à toutes les superfluités qu'une telle sultane pouvait rêver. A ce luxe s'ajoutaient le bon air, le soin, les attentions de tous, depuis le roi, les princes et princesses, les ambassadeurs, ministres, tous les courtisans et jusqu'aux Compiégnois qui faisaient une cour assidue à Mme de Pompadour et à toutes les favorites qui lui ont sucédé.

En 1745, à *Compiègne*, les beaux hôtels ministériels que nous admirons encore aujourd'hui commencent à se construire: l'affluence des ouvriers et des personnes qui suivent la cour est telle qu'on ne trouve plus de logement en ville ; en 1748, le roi prolonge son séjour à *Compiègne* pour célébrer la paix dont nous avons parlé plus haut. En 1750, les Parisiens ayant murmuré contre la conduite du monarque et de sa cour, Louis XV refusa de passer dans la capitale pour venir de Versailles à *Compiègne*. Pour cela il fit ouvrir dans la plaine de Saint-Denis un chemin à travers les champs à demi-moissonnés, qu'on a appelé chemin de la Révolte.

En 1752, les grands travaux du palais et des annexes continuent par l'application du plan de l'architecte Gabriel qui montait à vingt-cinq millions ; de son côté, l'architecte Godot trace et plante, d'après l'idée primitive de Le Nôtre, les trois belles avenues qui vont de la place du palais vers les principaux carrefours de la forêt.

Guerre de sept ans. — Marie-Thérèse sut disposer Mme de Pompadour en faveur de l'Autriche, pour tenter de reprendre la Silésie au roi de Prusse, Frédéric II.

La France, l'Autriche, la Russie et la Saxe, unies par le traité de Versailles (1756) trouvèrent pour adversaires la Prusse et l'Angleterre.

C'est la guerre de Sept Ans qui commença heureusement pour nous. Mais bientôt des intrigues de cour et l'incapacité des généraux français, plus courtisans que stratégistes, attirèrent les revers sur nos armes.

Le grand Frédéric vainquit Soubise à Rosbach, les Autrichiens en Silésie et les Russes ensuite, tandis que William Pitt, célèbre ministre anglais nous suscitait partout des ennemis sur mer et faisait écraser le glorieux Montcalm devant Québec ; le Canada nous fut ainsi enlevé : mais ce pays est resté français par la langue, les mœurs et l'amour de la mère-patrie est resté vivace au cœur des Canadiens après un siècle et demi de séparation, ce qui nous fait bien augurer de l'attachement de ces autres frères plus rapprochés et dont les liens patriotiques sont plus forts.

Aux Indes, l'impétueux Lally-Tollendal fut battu et pris dans Pondichéry et les riches contrées de l'Indoustan perdues sans retour.

Les journées de Bergen et de Clostercamp et le dévouement héroïque de d'Assas nous consolèrent, mais ne nous rendirent pas les territoires que les Anglais ont conservés depuis le traité funeste de Paris, 1763.

Deux ans plus tôt le pacte de famille fait par les Bourbons, sous l'inspiration du duc de Choiseul, enleva la Floride à l'Espagne.

Les résultats de cette guerre impolitique — comme la campagne d'Italie de nos jours — furent l'élévation définitive de la Prusse en puissance de premier ordre sur le continent et de l'Angleterre sur mer, la perte de nos colonies et l'amoindrissement de l'empire d'Autriche.

Compiègne et les environs pendant et après la guerre de Sept Ans. — Pendant la période qui s'étend du milieu du dix-huitième siècle à la mort de Louis XV, l'histoire locale de *Compiègne* n'offre avec les évènements que nous venons d'énumérer, que des faits secondaires se rattachant naturellement aux premiers et que nous indiquons sommairement :

L'année 1760 voit démolir le petit clocher de l'église de Saint-Jacques, qui servait de flêche à la croisée des nefs, du chœur et du transept, comme dans les cathédrales ogivales, et dont les quatre cloches étaient sonnées de la grille remplacée aujourd'hui par la balustrade du lit royal du palais.

En 1762, lors de la suppression de l'ordre des Jésuites, en France, le collège de Compiègne fut confié à la congrégation des savants Bénédictins de Saint-Maur qui maintinrent les études avec une grande intelligence et un vrai dévouement jusqu'à la Révolution.

En l'an 1764, la riche compagnie royale et ducale des arquebusiers de Compiègne rend son prix général auquel la ville contribue pour une somme de 500 livres, ainsi que Louis XV et le duc de Bavière, membres de cette riche corporation.

Pendant les années 1765 et 1766, le Dauphin fils de Louis XV, meurt, et Compiègne s'associe par une grande cérémonie funèbre, en l'abbaye royale, à ce deuil public, qui est renouvelé bientôt par la mort du père de la reine, Stanislas Leczinski, dont les possessions de Lorraine et de Bar font retour à la France.

Le 15 mai 1768, est signé, au château de *Compiègne,*

le traité de la cession de la Corse à la France par les Génois. Trois mois après, un édit royal réunissait cette île au domaine de l'Etat ; mais il fallut ensuite la conquérir sur ses habitants, commandés par Paoli.

Napoléon naquit à Ajaccio, capitale de cette île, un an après son annexion à la France qu'il devait transformer dans un ébranlement européen qui dure encore...

Cette même année, nouveau camp de Verberie, dont les trois divisions viennent souvent manœuvrer dans les plaines de Royallieu. L'abbaye est foudroyée dans des circonstances aussi émouvantes que bénignes, en même temps que la route royale qui passait au pied de ses murs est changée de direction entre Compiègne Lacroix et Verberie.

En 1770, Marie-Antoinette, archiduchesse d'Autriche, fille de Marie-Thérèse, fit son entrée à *Compiègne* par la porte du Connétable, au milieu de l'allégresse universelle.

Le roi, la cour, les troupes, un peuple innombrable vont au devant de la princesse jusqu'au pont de Berne, où sont faites les présentations officielles.

Peu de jours après eut lieu à Paris le mariage avec le petit-fils du roi, qui, quatre ans plus tard, fut Louis XVI.

Premier établissement des Frères-instituteurs à Compiègne. — Le 12 octobre 1772, les Frères des Ecoles Chrétiennes, dont le fondateur Lassalle était né à Reims en 1651 et dont le siège était à Rouen, ouvrirent une école pour l'enseignement public et gratuit des garçons sur la paroisse de Saint-Jacques, dans la rue d'Ardoise, en face de l'édifice bâti à la même époque et qui sert aujourd'hui d'Intendance militaire, à l'Etat-Major de la Place et au Recrutement.

Cette fondation repose sur une rente faite par l'abbé Picart, natif de *Compiègne*, et qui devint grand vicaire de l'évêché du Puy, en Velay. La méthode d'enseignement simultané établie par les Frères, dits de Saint-Yon, après avoir été louée à l'excès, puis décriée avec passion par les partisans de l'enseignement mutuel, a repris l'empire dans les écoles nombreuses, avec les perfectionnement que le progrès a amenés dans l'éducation, comme dans toutes les branches du travail national.

En 1773 le roi fit acheter plus de cinquante maisons en avant du palais pour établir la place magnifique que nous voyons aujourd'hui, mais qui fut longtemps à recevoir sa forme définitive.

Enfin en 1774, Louis XV blasé de tout, ayant de tout abusé, méprisé de ses sujets, après avoir vu mourir subitement plusieurs de ses compagnons de plaisirs, lui-même atteint de la petite vérole succomba au bout de quelques jours, moins à la maladie peut-être que d'épuisement, et qui ne voyant aucun remède aux maux qu'il avait accumulés sur la France, disait cyniquement : « après moi, le déluge ! »

Son successeur, innocent des fautes de son aïeul, était destiné à les chèrement expier.

Familles Compiégnoises à la tête des affaires publiques avant la Révolution. — Pendant la période dont nous venons d'indiquer sommairement les faits locaux, et jusqu'à la veille des grands évènements qui vont se succéder avec la fin du 18e siècle, l'administration civile, consulaire, judiciaire, prévotale, continua d'être aussi précaire que l'administration centrale. Le roi, toujours à bout de ressources, vendait les offices à chaque élection ou à chaque décès des magistrats et des fonctionnaires de tous ordres.

Les maires, échevins, consuls, procureurs, greffiers' etc.. appartiennent pendant plus de cinquante ans aux familles compiégnoises des de Navarre, de Lavallée, de France, Lamy, Levesque, Béra, Bullot, Martin, de

Crouy, Pinon, de Billy, Boitel, Langlois, Mathias, etc., qui, outre les fonctions municipales, étaient advocats, bourgeois, orphèvres, marchands, notaires, etc.

C'est vers la moitié du 18° siècle encore que les prévotés rurales de Margny, Choisy, Thourotte et Pierrefonds furent réunis au bailliage de Senlis, dont le lieutenant séjournait à *Compiègne*.

Enfin le funeste triumvirat de Maupeou, Terray et d'Aiguillon, succédant au honteux pacte de famille, plongea *Compiègne* comme le reste du pays dans un gouffre de maux dont hérita le successeur de Louis XV.

Règne de Louis XVI, de 1774 à 1792. — Le nouveau roi avait toutes les vertus d'un honnête homme, mais avec ces belles qualités, rien du caractère d'un roi qui prenait le pouvoir dans un moment des plus difficiles.

Aidé d'abord de Turgot et Malesherbes qu'il choisit pour ministres, le monarque décréta les plus sages mesures qu'il n'eut pas la force de faire exécuter ni celle de soutenir ses conseillers intelligents et dévoués.

Première entrée de Louis XVI à Compiègne. — Le 1er août 1774, Louis XVI et Marie-Antoinette vinrent s'installer au palais de *Compiègne* dont les travaux, commencés depuis quarante ans, étaient presque achevés.

Le corps de ville ayant mis genou à terre présenta au roi les clefs de la cité en présence du vicomte Laval-Montmorency, gouverneur militaire de *Compiègne* et du château.

M. de Croüy, maire, harangua le roi et termina son discours par un compliment délicat à la reine dont la beauté et la grâce un peu hautaine avaient déjà frappé d'admiration les habitants de *Compiègne*.

Les fêtes données à cette occasion furent dignes de celles qui avaient eu lieu sous les deux règnes précédents. La présence de la cour et d'une reine jeune et pleine de séduction accrut encore la population flottante de la ville ; le commerce, l'industrie, l'agriculture des environs, toutes les branches de la fortune publique profitaient également du bien-être qu'apportait à *Compiègne* le séjour royal.

Après son sacre à Reims, l'année suivante, Louis XVI et la reine repassèrent à *Compiègne*, comme témoigne un tableau médiocre de l'église de Saint-Jacques.

L'affaire des réverbères à Compiègne. — Vers la fin du règne précédent. les officiers municipaux de *Compiègne* avaient été invités à éclairer leur ville pendant le séjour de la cour, sinon il y serait pourvu d'office, disait dans sa requête, Berthier de Sauvigny, intendant-adjoint de la généralité de Paris.

L'assemblée des habitants refusa de voter des fonds pour l'éclairage public ; mais le maire et les échevins, malgré l'opposition des Compiégnois, achètent 127 réverbères, qu'ils accrochent, tout en imposant les eaux-de-vie, dont la consommation devait payer « l'huile et les réverbères. »

Aussitôt la cour disparue, les lanternes sont remisées dans les combles de l'Hôtel de Ville, le public préférant l'alcool à l'huile pour voir clair à ses affaires.

Et par une délibération prise à l'unanimité, le roi n'étant pas venu habiter *Compiègne* deux années de suite, l'assemblée générale de la ville décida la vente des réverbères.

Le souffle de 89 passait sur la ville « *très fidèle* au roi », après avoir passé sur bien d'autres cités françaises dont les municipalités lisaient les œuvres de Rousseau, Diderot, Voltaire, et de tant d'autres écrivains et d'économistes distingués.

Après bien des démarches, tout s'arrangea : le roi *savant*, réconcilié avec les Compiégnois *éclairés*, vint les revoir en 1780, 1781 et 1782.

Turgot remplacé par Necker; guerre de l'Indépendance des 13 Etats-Unis d'Amérique. — Des intrigues de cour et la faiblesse de caractère du roi amenèrent la disgrâce de Turgot, bien que le monarque déclarât que « ce ministre et lui fussent les seuls vrais amis du peuple ». Le financier Necker, malgré son habileté, ne put combler le déficit du trésor qui dut satisfaire aux dépenses de la guerre d'Amérique.

Les colonies anglaises du Nouveau-Monde s'étant soulevées contre la mère-patrie, envoyèrent le célèbre Franklin à Versailles et à Compiègne pour solliciter les secours de la France. L'ambassadeur républicain fut partout reçu avec enthousiasme car il s'était rendu populaire, ses livres révélant au monde savant un philanthrope, un sage qui avait tout acquis par le travail et par l'économie.

Trente mille volontaires français, à l'appel de Franklin, partirent sous les ordres de La Fayette et de Rochambeau, pour aller soutenir la cause des Etats-Unis d'Amérique, contre l'Angleterre.

Les sympathies de la France entière étaient acquises à ces valeureux enfants qui voulaient venger les désastres de la guerre de Sept-Ans.

L'Espagne et la Hollande s'unirent à nous.

Suffren, d'Estaing, de Guichon, Lamotte-Piquet s'illustrèrent contre la formidable marine anglaise, et l'armée française avec celle des Etats-Unis, commandées par Washington, firent capituler les Anglais en 1781 dans la presqu'île de York-Town. Mais l'amiral anglais ayant détruit la flotte française de Grasse aux Antilles, on dut négocier la paix qui fut signée à Versailles en 1783.

La Floride fut rendue à l'Espagne ; la France recouvra les petites Antilles et le Sénégal; l'indépendance des Etats-Unis fut reconnue.

Les grandes plantations de la forêt de Compiègne et l'école d'Agriculture d'Annel. — Un agronome distingué, ami de Franklin et de Par mentier, Pannelier, d'Annel, près Compiègne, fonda dans sa propriété une école agricole et forestière tout à la fois, idée remise en honneur tout récemment par l'Etat. Pannelier conçut un nouveau système d'aménagement des forêts et fut admis devant le roi et les princes pour exposer ses projets, qui furent approuvés. Il fit donc exécuter des plantations nouvelles sur une vaste étendue dans la forêt de Compiègne, qui ont conservé le nom de cet homme de bien et qui ont doublé la valeur de ce riche domaine national.

Ecole gratuite des Filles de la Sainte-Famille. — Vers la fin du règne de Louis XV, les religieuses de la congrégation des filles de Notre-Dame dont nous avons parlé à la page 22 furent transférées à Versailles, le roi ayant besoin de leur maison de *Compiègne* pour « décoration et augmentation du château de cette dernière ville ». Les filles indigentes de la cité se trouvèrent ainsi privées de l'éducation et de l'instruction indispensables à cette importante partie de la population.

Par les soins de l'administration locale et du clergé, l'institution des sœurs de la Sainte-Famille, établie rue Saint-Jacques en 1780, à la place du presbytère actuel, remplaça les sœurs de Notre-Dame, dont les biens, revenus et dotations, permirent de continuer l'enseignement gratuit donné aux jeunes filles de *Compiègne*, comme cela existait pour les garçons.

Le premier journal de Compiègne et la dernière cohue. — A l'époque de la guerre de l'indépendance américaine, où le souffle de liberté et d'égalité passait sur *Compiègne* comme sur toute la terre, remonte la célébration de la dernière cohue abbatiale dans cette ville, en même temps que la création du premier journal publié à *Compiègne* : cette coïncidence semble ainsi river le dernier anneau des coutumes surannées du Moyen-Age avec le premier de l'époque contemporaine.

Un arrêt du Parlement confirme alors l'abbaye royale de Saint-Corneille de Compiègne dans le droit, par son prévôt, d'exercer exclusivement la justice, haute, moyenne et basse sur toute la ville pendant les trois jours suivant celui de la mi-carême, ou jeudi-jeudiot.

Donc le vendredi de la troisième semaine quadragésimale, à quatre heures du soir, la *cohue* de l'Abbaye commençait son *branle bas* : les huit barons fieffés, le prévôt et autres officiers de justice des religieux et tous les domestiques du monastère à cheval conduisaient l'abbé par toute la ville dans un carrosse, au son des fifres et des tambours.

Cette cérémonie et le privilège de faire tous les actes religieux pendant les octaves de Pâques et de la Pentecôte sur la paroisse du Crucifix en l'église de Saint-Corneille, attestaient la prééminence de la justice et des droits religieux de l'Abbaye sur toute la cité, en dehors de la justice et des droits du roi et de la commune.

Cette coutume était une sorte de carnaval demi-monastique et demi-mondain, dont la royauté éphémère des enfants de chœur, à demi-déguisés le même jour et allant demander le roïnage, s'est perpétué jusqu'aujourd'hui dans certains villages de nos environs sous le nom de jeudi-jeudiot, Saint Chabot, etc., où celui qui n'a pas « ed coq y tue es femme », c'est-à-dire une poule... pour faire la soupe à la Henri IV.

Ce qu'il y a de remarquable pour notre région, c'est que les *dernières* fêtes de la Cohue monastique de *Compiègne* coïncident avec la publication du *premier journal* imprimé dans cette ville par le libraire Bertrand Quinquet, sous le titre : *Affiches de Compiègne et du Beauvaisis*. Ainsi disparaissent les usages et les abus de l'ancien régime devant les premières lueurs des libertés populaires, dont les excès ne tardèrent pas à leur tour, à enfanter d'autres abus, tant il est vrai que le tempérament français va d'ordinaire vers les extrêmes.

La guerre d'Amérique avait augmenté le déficit de la France et en même temps développé les idées de liberté propagées par des écrivains de talent.

Les successeurs de Necker, Calonne et Brienne voulurent établir de nouveaux impôts pour payer les dettes publiques. Le Parlement refusa d'enregistrer les édits.

On fut obligé de rappeler Necker pour rétablir le crédit de la France.

Ce financier ne trouva d'autre moyen de faire face à une situation désastreuse que la convocation des états-généraux du royaume.

Le Tiers-Etat qui formait la partie la plus nombreuse de la population française et qui payait la très grande portion des impôts fut appelé, du vœu général, à nommer le double des députés du Clergé et de la Noblesse réunis.

Compiègne et sa région à la veille de la grande Révolution de 1789. — A *Compiègne* et dans les environs, comme dans la France entière, pour la raison que nous avons indiquée, et malgré l'esprit paisible et soumis des populations, un malaise général se faisait sentir. Une excitation nerveuse était entretenue par des brochures et des pamphlets répandus dans les villes et dans les campagnes ; des meneurs soufflaient le mécontentement, enflammaient les passions, revendiquaient des droits qui paraissaient excessifs aux membres des deux ordres privilégiés, la noblesse et le clergé.

C'est dans ces fâcheuses dispositions morales que s'ouvrit l'année 1789, qui devait être si mémorable pour la France.

Elle commença par un froid rigoureux qui accrut bientôt la misère générale.

Le 4 janvier, l'Oise, l'Aisne et tous leurs affluents gelèrent sous une température de moins 25 degrés.

Les administrateurs royaux de *Compiègne* se multiplièrent pour donner du travail aux ouvriers, pour secourir les indigents, pour admettre à l'Hotel-Dieu les nombreux malades que la misère et la rigueur de la saison augmentaient tous les jours.

Il convient, avant d'entrer dans le récit des évènements de la Révolution, de rappeler à la reconnaissance publique, les noms des administrateurs de cette époque difficile.

Maire : M. de Crouy.

Lieutenant du maire ou premier adjoint : M. Jean Le Caron de Mazencourt, écuyer, seigneur de Ronquerolles, conseiller au siège de police, propriétaire à Rethondes, où il fut inhumé.

Premier échevin : Marie-Louis-Pierre Carbon, avocat, ancien procureur du roi.

Deuxième échevin : François Mollet, bourgeois.

Premier assesseur : Godard Desmarest.

Deuxième assesseur : Herbet, marchand de drap.

Procureur du roi en la ville et police : Delavallée de Calfeux, avocat du roi au bailliage.

Necker ayant fait partager ses vues au roi, en son Conseil de ministres, le gouvernement dressa le 24 janvier 1789, un règlement pour les élections des députés aux Etats-Généraux.

Chaque paroisse de deux cents feux (ménages), nommait deux députés.

Compiègne, dont les paroisses n'ont pas changé, eut donc six représentants dans l'assemblée du bailliage, à Senlis; Noyon, qui comptait moins d'habitants, mais plus de paroisses, nomma huit députés au bailliage de Laon.

L'assemblée préliminaire de la chatellenie de *Compiègne* eut lieu le 9 mars, sous la présidence de M. de Pronay, lieutenant général du Bailliage, dont le siège était à Senlis.

Après discussion et délibération, un scrutin appela vingt-six membres, sur quatre-vingt-douze votants (le quart des électeurs inscrits), pour représenter *Compiègne* et les paroisses de la circonscription à l'assemblée du Grand Bailliage de Senlis.

Les députés de la ville de *Compiègne* furent : de Pronnay ; Delavallée de Calfeux ; Scellier, négociant et consul ; Penon, procureur du roi en l'élection ; Poulain de la Fontaine, procureur ; Herbet, négociant.

Le cahier des doléances des trois-ordres, lu et approuvé dans la réunion commune, présidée par le duc de Lévis grand bailli d'épée de Senlis, une séance solennelle eut lieu le 24 mars pour le choix des députés aux Etats-Généraux.

Le Tiers-Etat du Bailliage choisit Charles Leblanc, maire de Senlis et Pierre-Antoine Delacour, cultivateur à Ableige.

Le Clergé élut Massieu, curé rural de Cergy.

La Noblesse nomma le duc de Lévis.

Les quatre députés ainsi appelés au 3e degré à siéger dans l'Assemblée de la nation, jurèrent de remplir leur mandat en leur âme et conscience.

Des remerciements furent votés par acclamation au Grand Bailli pour la sagesse, la modération et le patriotisme qu'il avait montrés pendant toute la session.

Etats-Généraux réunis à Versailles, 5 mai 1789. — Les quatre députés du bailliage de Senlis, dont *Compiègne* faisait partie, se trouvèrent à Versailles à l'imposante cérémonie d'inauguration des étatsgénéraux, le 5 mai 1789.

La France comptait alors 26 millions d'habitants.

L'assemblée des états de la nation se composait de 584 députés du Tiers contre 571 pour la Noblesse et le Clergé réunis.

Les deux ordres privilégiés, soutenus par la Cour, voulaient qu'on votât par ordre ; le Tiers décida le vote par tête et déclara que lui seul, à défaut des ordres dissidents, suffisait à représenter la nation. Après six semaines de luttes oratoires sur le principe fondamental de votation, les députés du Tiers-Etat sommèrent leurs collègues du Clergé et de la Noblesse de se réunir en une seule assemblée pour la vérification des pouvoirs en commun.

Sur leur refus et sur la motion de Sieyès et de Mirabeau, le Tiers-Etat se proclama Assemblée Nationale (17 juin).

La Grande Révolution française commençait.

Le roi, mal conseillé, fit fermer la salle des séances, mais les représentants du Tiers se réunirent dans un local qui servait de jeu de paume aux courtisans, et sous la présidence du savant Bailly, qui sera bientôt maire de Paris, ils firent serment de ne point se séparer avant d'avoir donné à la France une Constitution (20 juin).

Trois jours plus tard, le roi, dans une séance solennelle, traça à l'Assemblée la matière de ses délibérations, en imposant le travail et le vote par ordre séparé, comme avaient fait les anciens états-généraux. Mais les députés du Tiers, fidèles à leur serment, restèrent en séance, se déclarèrent inviolables en invitant de nouveau les ordres privilégiés à se réunir indistinctement en Assemblée Constituante.

Le grand maître des cérémonies royales vint sommer la réunion de se séparer. « Allez dire à votre maître, s'écrie Mirabeau de sa voix de tonnerre, que nous sommes ici par la volonté du peuple et que nous n'en sortirons que par la force des baionnettes ! »

La Révolution était faite dans les esprits.

Le 27 juin, sur l'ordre du roi lui-même, les derniers députés dissidents de la noblesse et du clergé se réunirent à leurs collègues et Louis XVI reconnut la légalité de l'*Assemblée nationale constituante*.

Mort de M. de Crouy, maire de Compiègne. — Tandis que les difficultés se multipliaient à Versailles, *Compiègne*, comme Paris, en subissait les conséquences, qu'augmentaient chaque jour la misère générale, l'exaltation des esprits et l'ambition de novateurs ennemis de l'ordre ancien. Les administrateurs municipaux se dévouaient pour faire face à tous les besoins et le maire en particulier, qui succomba le 23 mai, moins à la maladie qu'à la fatigue morale et physique que sa charge imposait à son zèle pour ses administrés.

Cette abnégation trouvera des imitateurs à *Compiègne*, comme nous le verrons dans la suite de cette histoire locale.

A partir de la mort de M. de Crouy, *Compiègne*, toujours si calme sous le règne des rois va refléter : toutes les commotions que le nouveau régime va snbir « tout différent en cela de Noyon qui, souvent rebelle contre la royauté, est pendant et depuis la Révolution ami de l'ordre et de la paix, ne prenant qu'une part secondaire dans les évènements contemporains. »

Prise de la Bastille, 14 juillet 1789. — L'Assemblée formée des trois ordres réunis fut désormais le centre de l'autorité morale de la France.

La Cour, inquiète de ce changement subit de l'opinion publique, engagea le roi à resaisir le pouvoir par la force.

A cet effet, des troupes sont appelées dans les environs de Versailles, Necker, le ministre populaire est exilé et un ministère réactionnaire le remplace.

Pour répondre à ces mesures, Paris s'insurge à l'appel de Camille Desmoulins ; des barrières sont incendiées, des maisons sont pillées ; les troupes refusent de marcher contre une populace sans pain, et qui demande du travail ou des armes.

Le Comité des électeurs de Paris, qui siège à l'hôtel de ville, organise une garde nationale de cinquante mille hommes, qu'il arme de piques et auxquels La Fayette, qui les commande, fait accepter la cocarde tricolore comme alliance des couleurs de la capitale avec la couleur blanche du drapeau royal des Bourbons.

A la Bastille ! devient bientôt le cri général, et le siège de la forteresse de Paris est entrepris pendant l'absence momentanée du commandant de la garde nationale.

La faible garnison de la citadelle rend les armes après une héroïque défense et des assassinats souillent la victoire du peuple en délire.

Delaunay, gouverneur de la Bastille, malgré un sauf-conduit, et Flesselle, prévôt des marchands sont égorgés par la multitude furieuse.

Le roi donne au maréchal de Broglie les pouvoirs les plus étendus pour réprimer ces désordres et arrête la dissolution l'Assemblée dont les actes, croit-il, ont amené cet état de choses. Mais lorsque l'austère La Rochefoucauld-Liancourt lui assure que c'est une révolution qui commence, Louis XVI se rend au sein de l'Assemblée « se fiant à la nation ici réunie. » Des applaudissements unanimes répondent à cet acte de confiance, malgré la motion du tribun Mirabeau qui venait de s'écrier que « le silence était la leçon des rois. »

Pour sceller l'union du roi et de l'Assemblée, Necker fut aussitôt rappelé aux affaires, Bailly nommé maire de Paris et La Fayette confirmé commandant de la garde nationale.

Le lendemain le roi se rendit à Paris où les deux nouveaux chefs de la capitale lui offrirent la cocarde tricolore aux acclamations du peuple « qui avait reconquis son roi comme Henri IV avait reconquis son peuple », selon l'expression de Bailly en présentant à Louis XVI les clefs de Paris.

Compiègne ressent les premiers contre-coups de la prise de la Bastille. — *Compiègne* si rapproché de Paris et de Versailles, se mit bientôt en communion d'idées avec ces deux cités maîtresses en arrêtant l'intendant-adjoint de la généralité, Berthier de Sauvigny, dont les Compiégnois avaient conservé un mauvais souvenir depuis l'affaire des réverbères.

Sur le bruit que Berthier était en fuite et sous la menace de quelques exaltés, la municipalité de *Compiègne* demanda des ordres à celle de Paris. Le Comité de la capitale envoya aussitôt 240 cavaliers pour accompagner de *Compiègne* à Paris l'intendant qui n'était pas en fuite, mais en tournée administrative.

Le 20 juillet, à 3 heures du matin, Berthier monte en cabriolet avec le chevalier d'Ermigny devant une foule menaçante et que la troupe contient à grand' peine.

Sur toute la route, à Royallieu, à Lacroix-Saint-Ouen, à Verberie, à Senlis, à Louvres, la populace excitée par des meneurs sans aveu accable d'outrages le malheureux intendant qui court les plus grands dangers.

A peine arrivé à Paris, on présente à Berthier la tête de Foulon, intendant en chef de la généralité, son oncle et son beau-père, lâchement assassiné par la multitude qui l'accusait d'affamer la capitale.

Malgré les efforts de Bailly, Berthier emmené par une bande de forcenés va être pendu à un réverbère (souvenir sinistre pour Compiègne) quand saisissant le fusil d'un des soldats qui le protégeaient vainement, le jeune intendant se jette comme un lion sur ses bourreaux. Il périt bientôt sous les piques des furieux qui avaient juré sa mort sans jugement.

Devant ces lugubres drames, tristes prologues de la Révolution, La Fayette qui n'avait pu les empêcher, donna sa démission.

Il fallut l'insistance de Necker, de l'Assemblée et du roi pour lui faire reprendre le commandement de la Garde Nationale qui lui témoigna tous ses regrets des crimes qui avaient accompagné et suivi la journée du 14 Juillet.

Mais le sang répandu avait enivré les fauteurs de troubles : les provinces les plus éloignées ressentirent à leur tour les contre-coups des désordres que nous venons de rapporter.

Dans beaucoup d'endroits les châteaux incendiés, les nobles exterminés, les titres anéantis par de s villageois armés et furieux, amenèrent l'Assemblée nationale à décréter l'abolition de tous les privilèges du clergé et des droits féodaux, l'égalité de tous les Français devant l'impôt, dans la nuit du 4 août 1789, pour arrêter le peuple exaspéré dans son œuvre de destruction universelle.

Le calme rétabli, la cour regretta les concessions faites : le comte de Provence, le comte d'Artois, le prince de Condé, frères et neveu du roi, et beaucoup de nobles se retirèrent à Coblentz et aux environs pour organiser des forces contre-révolutionnaires ; ce furent les premiers *émigrés*.

Nouvelle municipalité de Compiègne. — Création de la compagnie des sapeurs-pompiers. — Tandis que ces graves évènements s'accomplissaient sur les frontières, en France, à Paris et à Versailles, *Compiègne*, privé de maire depuis trois mois, par la mort de M. de Crouy, procéda à des élections municipales. Le 29 août, M. Jean le Caron de Mazencourt, l'aîné, dont nous avons déjà parlé fut choisi en qualité de Maire. Mollet, bourgeois, fut élu son lieutenant ; Desmarest et Herbet, Scellier et Leroux, conseillers, enfin De Crouy, l'aîné, fut appelé aux fonctions de procureur de la ville et de la police.

Ces nouveaux administrateurs, devant l'exaspération des esprits et à la nouvelle que des incendies étaient journellement allumés dans la région, organisèrent la première compagnie de sapeurs-pompiers qui depuis rend des services signalés que la ville et les environs savent apprécier et hautement reconnaître.

Louis XVI et l'Assemblée nationale quittent Versailles et s'installent à Paris. — Depuis la prise de la Bastille, la France et surtout la capitale étaient dans une agitation continuelle. Comme à *Compiègne*, la municipalité de Paris avait été renouvelée et des hommes nouveaux y apportaient des principes de domination communale qui annihilaient le gouvernement royal et les droits législatifs de l'Assemblée, tandis que des réunions tumultueuses discutaient partout les actes de l'autorité centrale.

Le roi et la cour se croyant menacés appellent des troupes à Versailles. Paris, sans travail et sans pain, envoie des milliers d'hommes, de femmes et d'enfants qui forcent la famille royale à se rendre dans la capitale, après les sanglantes journées des 5 et 6 octobre.

L'assemblée qui venait d'adopter la déclaration des droits de l'homme, base de la Constitution qu'elle voulait donner à la France, suivit le roi à Paris, centre du mouvement révolutionnaire que dirigent des journaux exaltés et les clubs des Feuillants, des Cordeliers et des Jacobins.

L'assemblée qui siège au manège des Tuileries se partage en trois parties, la *droite* ou royalistes purs ; le *centre* ou les constitutionnels ; la *gauche* ou les républicains qui voulaient subordonner le roi à l'Assemblée nationale constituante.

Premiers actes constituants de l'Assemblée nationale intéressant Compiègne et son arrondissement. — Le 15 janvier 1790, l'Assemblée pour fonder l'unité territoriale française, supprima les anciennes provinces qu'elle remplaça par 83 départements subdivisés en districts (arrondissements), cantons et communes.

En conséquence de cette loi approuvée par le roi, tous les anciens titres, prérogatives et nominations des municipalités sont abolis et l'administration de la ville de *Compiègne* est composée d'une municipalité comprenant un maire, huit officiers municipaux, formant avec seize notables, un procureur de la commune et un secrétaire-greffier ayant voix délibérative, le Conseil Général de la ville. Tous ces membres étaient directement élus par les citoyens actifs, c'est-à-dire payant un impôt équivalent à trois journées de travail.

Le district de *Compiègne* (plus tard l'arrondissement), avait un directoire de 4 membres pour la ville et de 12 autres pour les cantons qui furent d'abord *Compiègne*, Attichy, Coudun, Estrées, Grand-Fresnoy, Monchy, Pierrefonds et Ressons.

Noyon fut également le chef-lieu d'un district dont dépendaient les cantons de Noyon, Lassigny, Guiscard, Carlepont, Tracy, Ribécourt, Beaulieu, etc.

L'arrondissement actuel, comprenant en plus quelques autres communes des districts primitifs, faisait, comme aujourd'hui, partie du *département de l'Oise*.

On établit un tribunal criminel par département, un tribunal civil par district et un tribunal de paix par canton.

L'administration départementale et les attributions municipales étaient à peu près les mêmes que de nos jours.

Au moment de cette première organisation municipale, le faubourg de Saint-Germain avec Royallieu qui comptaient ensemble 1200 habitants, se séparèrent de *Compiègne* pour se soustraire aux lourdes charges de la ville et formèrent une commune indépendante.

Le faubourg du Petit-Margny (100 habitants) situé sur la rive droite de l'Oise, s'annexa à la commune de Margny-lez-Compiègne pour les mêmes raisons.

Patriotisme des Compiégnois. — La fidélité séculaire gardée par *Compiègne* à la France et aux rois, depuis Philippe-Auguste, fit place au patriotisme le plus ardent quand la nation voulut se gouverner elle-même. L'Assemblée constituante ayant décrété la vente des biens du clergé, à charge de traitements en argent, le Conseil municipal de *Compiègne*, composé de MM. Thirial, maire, Alix, Scellier, Leroux, Suiget, Poulain de la Fontaine, Desmarest et Berlin, envoya à Paris une soumission de quatre millions pour acquérir les biens ecclésiastiques situés dans la ville, le canton et le district, et qui étaient représentés par des assignats. Six mois plus tard, en octobre, la moitié de ces biens étaient déjà vendus et garantis par la municipalité de *Compiègne* qui donna ainsi une preuve de confiance et de dévouement à l'État en détresse, preuve souvent renouvelée depuis et chaque fois que la patrie a réclamé l'appui des habitants de *Compiègne* et de sa région.

La fête de la Fédération à Paris et à Compiègne. — Après avoir réorganisé l'Administration, la Justice et la plupart des branches de la fortune publique, l'Assemblée nationale voulut célébrer la victoire de la Révolution par une fête extraordinaire, au premier anniversaire de la prise de la Bastille.

Cent mille députés de toutes les communes de France vinrent se fédérer à Paris, au Champ de Mars, le 14 juillet 1790, par la prestation solennelle du serment civique que jurèrent d'abord le roi, les membres de l'Assemblée, tous les magistrats, fonctionnaires, gardes nationaux, soldats, fédérés et citoyens. Tous jurèrent aussi obéissance à la Constitution qui n'était pas achevée.

Cette fête célébrée sur l'autel de la Patrie, à l'issue d'une messe chantée par Talleyrand, évêque d'Autun, assisté de quatre cents prêtres en aubes et ceintures tricolores, réunit pour un peu de temps tous les partis dans un même élan de patriotisme, de foi, de loyauté et d'espérance.

Il devait être le dernier beau jour de la royauté.

Compiègne, comme toutes les villes et communes de France, eut sa fête de la Fédération.

Autour d'un autel antique, dressé sur l'esplanade du château par les soins et sur le plan du contrôleur des bâtiments du roi, était rangée, au poste d'honneur, la compagnie des soldats invalides, commandée par M. de Montmorency, gouverneur militaire de

Compiègne et du palais. La garde nationale sous les ordres de M. Leféron, le régiment de Berry, les chasseurs à cheval, la maréchaussée (gendarmerie) tous ayant leurs chefs respectifs et formés en bataillons carrés, venaient ensuite. Sur les degrés inférieurs de l'autel se trouvait le conseil municipal ; les vieillards étaient placés près des invalides.

La messe fut célébrée par M. Deboves, curé de St-Jacques, aumônier de la milice citoyenne, au bruit de la musique des différents corps.

Un *Te Deum* et le *Domine Salvum* terminèrent l'office au milieu de l'enthousiasme général.

Le maire, au bas de l'autel, entouré du Conseil municipal, lut un discours analogue à la circonstance et termina par le serment civique, répété par tous avec le plus vif entraînement.

Pendant le reste de la journée des distributions de vin, de comestibles, des jeux, des danses et le soir des illuminations confirmèrent l'union et la concorde la plus fraternelle entre tous les Compiégnois.

Le 4 août suivant, anniversaire de l'abolition des droits féodaux, de la dîme, des corvées, des impôts indirects, etc., on afficha dans *Compiègne* un nouveau décret de l'assemblée nationale notifiant les droits nouveaux des municipalités et des citoyens, le sursis de tout jugement des cours prévôtales et la suppression des corporations, maîtrises et jurandes, etc.

Les clubs de Paris et les amis de la Constitution à Compiègne et à Noyon. — Les espérances qu'avait données la fête de la Fédération ne tardèrent pas à s'évanouir. Mirabeau, l'âme de l'Assemblée par le génie puissant de son éloquence, voulait concilier les droits de la Monarchie avec ceux conquis par la Révolution ; mais les sociétés populaires privées qui se formaient à Paris et dans les départements sous le nom de clubs, et où se discutaient toutes les questions politiques, sociales et religieuses, troublaient tous les esprits et pesaient sur toutes les décisions de l'Assemblée constituante et du roi.

Effrayé de la marche des évènements, et le pape n'ayant pas sanctionné la constitution civile du clergé que le roi avait signée, Louis XVI résolut de ne pas se soumettre à certains articles de la constitution que venait de terminer l'Assemblée, mais qui blessaient la conscience du monarque.

Mirabeau, qui seul pouvait peut-être tout mener à bien, mourut le 2 avril 1791. On lui fit des funérailles nationales et son corps fut déposé au Panthéon, nouvellement destiné à recevoir la dépouille des grands hommes.

Le roi, désormais sans appui dans l'Assemblée, appelé par ses frères et ses plus fidèles courtisans, qui avaient réuni des troupes à Coblentz et à Worms, s'enfuit secrètement de Paris avec sa famille le 20 juin.

Mais le lendemain, reconnu à Varennes (Meuse) il est ramené aux Tuileries, où il est reçu avec un accueil sinistre. L'Assemblée le suspend de ses fonctions, tandis que le club des Cordeliers demande sa déchéance en faisant déposer cette motion sur l'autel de la Patrie, où le peuple venait la signer en grand tumulte.

Cette manifestation illégale fut dispersée à coups de fusils par Bailly et Lafayette, délégués de l'Assemblée nationale constituante : elle est connue sous le nom de massacre du Champ de Mars, 17 juillet 1791. Cette sanglante répression dépopularisa le maire de Paris et le commandant de la garde nationale et fut un triste anniversaire de la Fête de la Fédération dans les provinces.

Deux jours après, le club compiégnois des Amis de la Constitution était créé dans cette ville, et le 5 août eurent lieu dans toute la France les élections pour l'Assemblée Législative dans laquelle, par une fâcheuse disposition, aucun membre de l'Assemblée constituante ne devait siéger. Le maire de *Compiègne*, Le

Caron de Mazencourt fut élu député à l'Assemblée législative de 1791.

Le roi accepta la Constitution de 1791, précédée de la déclaration des Droits de l'homme et du citoyen, formant ensemble ce qu'on appelle *les Principes de 89.*

Après cette sanction royale, le gouvernement de la France devint une *Monarchie constitutionnelle.*

Le roi et les ministres de son choix formaient le pouvoir exécutif. Une assemblée unique, nommée à deux degrés, composait le pouvoir législatif : « mais » on ne pouvait toucher à la Constitution qui venait » d'être promulguée, avant un délai de trente ans, et » seulement pour étendre, défendre ou entendre les » imprescriptibles et inaliénables Principes de la Ré- » volution. »

Le roi clôtura l'Assemblée nationale constituante le 30 septembre 1791. Le lendemain l'Assemblée Législative ouvrait ses séances.

Etablissement de registres municipaux à Compiègne et dans toutes les communes. — A cette époque fut ouvert à l'Hôtel de Ville un registre qui devint d'une importance considérable et qui servit de base à toutes les actions civiles, administratives et judiciaires des citoyens de la ville de *Compiègne* : c'est le reflet quotidien et détaillé de la vie publique qui est dans une tourmente incessante. Un deuxième registre est destiné à recevoir la copie authentique des lois, décrets, règlements, arrêtés promulgués par le roi, les ministres, préfets, maires, etc.

Mort de M. Leferon, commandant de la garde nationale de Compiègne. — Pendant que la promulgation de la Constitution qui changeait radicalement l'ordre des choses et les principes qui régissaient la France depuis plus d'un millier d'années et que des manifestations organisées par les clubs tenaient Paris dans une effervescence générale, *Com-*

piègne fut affligé d'un grand deuil public : la mort du premier commandant de la garde nationale qui comptait 1700 soldats-citoyens, divisés en 5 compagnies : une d'artillerie, une de chasseurs à cheval, une d'ingénieurs ou sapeurs-pompiers et deux de fantassins.

À l'époque de son organisation, cette garde civique ne possédait que 200 fusils et deux pièces de canon; mais elle était pleine de zèle et d'enthousiasme pour les principes nouveaux, qui, dans l'esprit du peuple, devaient bientôt amener la concorde universelle et le bonheur général.

M. Leféron, premier commandant de la garde civique de *Compiègne*, où il était né, connu et estimée de tous pour ses sentiments généreux et patriotiques mourut subitement à Paris, sur la paroisse de Saint-Roch, à l'âge de 34 ans.

Le Conseil général de la ville délégua trois de ses membres pour obtenir que le corps de ce vertueux citoyen fût ramené à *Compiègne*. Mais avant cette translation, M. Chabanon, membre de l'Académie française, fit l'éloge public du défunt.

À *Compiègne*, toute la population suivit le convoi de M. Leféron, dont le panégyrique fut fait par Bertrand-Quinquet, président du Comité des Amis de la Constitution.

Dans une séance municipale du même jour, il fut décidé que la rue d'Enfer (lieu du domicile du défunt) s'appellerait désormais rue Le Féron en souvenir du premier commandant de la garde nationale de *Compiègne*.

Il s'est passé près d'un siècle avant que cette légitime satisfaction soit donnée à la mémoire de ce citoyen distingué, colonel de cavalerie, adjudant général dans l'armée active en même temps que commandant de la garde nationale de *Compiègne*.

Par une singulière fatalité, le premier grenadier de

la garde nationale de la même ville, Simon Nicolas, mourut, jeune aussi, presque en même temps que le commandant de la garde civique.

Première visite de l'évêque constitutionnel Massieu à Compiègne et à Noyon. — A la même époque, l'Assemblée nationale vota la constitution civile du clergé qui établissait un évêché par département, dont le titulaire, ainsi que les curés, devaient être au choix des citoyens catholiques. Les membres élus du clergé devaient recevoir des traitements fixes pour les biens nationaux, dont ils étaient déclarés n'être que les détenteurs.

Massieu, curé de Cergy, Chatellenie de Pontoise, diocèse de Rouen, député du Tiers Etat aux Etats Généraux, fut élu évêque assermenté de l'Oise, le 21 février 1791, en résidence à Beauvais. Il rendit visite aux villes et aux bourgs de son diocèse et notamment à *Compiègne* et à Noyon, où les Sociétés civiques ou clubs lui firent les honneurs de leurs séances. Prélat et fidèles échangèrent les meilleurs souhaits dans un langage où le libéralisme, la fraternité, le patriotisme brillaient d'un éclat sans pareil.

Les biens du clergé régulier ayant été mis en vente, le directeur du district de *Compiègne* adjuge tout le couvent des Capucins et la chapelle N. D. de Bon-Secours qui en dépendait. Cet édicule, bâti à la suite d'un vœu fait par les attournés de *Compiègne* pendant l'invasion espagnole de 1636, depuis est une propriété privée où les pèlerins affluent de la région pendant la neuvaine qui a donné son nom à la foire des Capucins dont nous avons déjà parlé.

Un an plus tard, la rue des Capucins s'appela rue Helvétius, nom qui se lit encore sur la pierre angulaire du mur de l'Hospice. Cette rue porte actuellement le nom de la chapelle historique.

Assemblée législative du 1er octobre 1791 au 20 septembre 1892. — Cette Assemblée ne fut qu'une transition d'un an entre la première monarchie constitutionnelle et la République.

Les Girondins, hommes ardents, capables, mais sans expérience gouvernementale, firent supprimer les titres de sire et de majesté et imposèrent au roi un ministère de leur opinion, dont la célèbre Mme Roland fut l'âme audacieuse et entraînante.

Le roi ayant opposé son veto aux décrets rigoureux votés contre les émigrés et les prêtres insermentés, le peuple de Paris, poussé par les clubs, envahit les Tuileries et force le roi à se coiffer du bonnet rouge.

La Fayette, qui commandait l'armée du nord, vint protester à Paris contre la violation du palais et l'attentat fait à la dignité royale. Il fut renvoyé à la frontière et se fit prendre par les Autrichiens qui le gardèrent comme prisonnier pendant cinq ans.

Aussitôt la patrie est déclarée en danger et partout en France, comme à *Compiègne*, des volontaires s'enrôlent au chant national de la *Marseillaise*, composé à Strasbourg et que les bataillons de Marseille chantèrent les premiers en entrant à Paris.

En même temps le duc de Brunswick, commandant l'armée prussienne, adresse un Manifeste insolent à l'Assemblée, à la France et à Paris, exigeant le rétablissement de l'autorité du roi dans la plénitude de ses anciens droits.

Une nouvelle émeute du parti républicain répond à ce défi jeté à la nation, et le palais du roi est assiégé une seconde fois.

La garde suisse qui défend les Tuileries est massacrée par le peuple en courroux ; le roi et sa famille sont forcés de se réfugier au sein de l'Assemblée qui déclare Louis XVI déchu du trône et l'enferme au Temple avec sa famille.

Compiègne abandonne la royauté à l'exemple de Paris. — Le sièges des 20 juin et du 10 août contre les Tuileries et la déchéance du roi eurent leur contre-coup à Compiègne le 17 août, jour où le Directoire de *Compiègne* fit disparaître tous les insignes de la Royauté des monuments publics. Les armes royales, les fleurs de lys, les statues des rois, des saints et tous les emblèmes religieux ou royaux qui décoraient le château, l'hôtel de ville et les autres édifices furent enlevés ou anéantis.

L'architecte Bussa fut chargé de ce travail et de la réparation des monuments. Les scellés sont apposés sur tous les biens des émigrés et du clergé régulier et séculier, qu'on astreint au serment civique. Les enrôlements continuent avec ardeur sur la place publique. Le comité des amis de la Constitution prend l'initiative de ces mesures en même temps qu'il se dénomme Club des Amis de la République.

Quelques jours après Longwy est pris par les Autrichiens et Verdun se rend aux Prussiens.

A cette double nouvelle, la Commune de Paris envoie trois cents faubouriens ivres de vin et de sang qui massacrent trois mille nobles, prêtres et autres détenus politiques enfermés dans les prisons de la capitale : ce sont les journées des 2, 3 et 4 septembre 1792.

La victoire mémorable de Valmy, remportée sur les Prussiens par Dumouriez et Kellermann, 15 jours plus tard, révéla à la France, sa force militaire. L'espérance fit place à la crainte et au découragement que les journées sanglantes de Paris avaient suscités dans les départements.

Le 20 septembre 1792, jour du triomphe de Valmy, l'*Assemblée législative* se sépara pour faire place à la *convention nationale* qui le lendemain, dans sa première séance, devait abolir la Royauté et proclamer la République.

CHAPITRE XIX

Etat social, politique, littéraire et scientifique de la France, de Compiègne et de sa région en particulier, vers la fin de la monarchie et du XVIIIe siècle, à l'époque de la Révolution française de 1789 et de l'établissement de la 1re République en 1792.

La fin du dix-huitième siècle coïncide à peu près avec celle de la Monarchie en France, la Révolution de 89 et l'établissement de la première République par la Convention Nationale.

Il est donc utile de faire un examen rapide de la situation générale de notre pays à cette grande ère de transition entre l'*histoire moderne* et l'époque *contemporaine*, comme nous avons fait aux dates mémorables de ces récits populaires d'histoire locale, étant convaincu que cet enseignement, donné sans les considérations morales qui en découlent naturellement, serait sans valeur.

Le despotisme gouvernemental créé par Louis XI, poursuivi par François Ier et Catherine de Médicis, accentué par Richelieu et Mazarin, rendu absolu sous Louis XIV, et odieux sous Louis XV, trouva d'ardents adversaires à la fin du 17e siècle et pendant tout le 18e. Les Encyclopédistes Diderot, d'Alembert, puis Montesquieu, J.-J. Rousseau et surtout l'universel Voltaire attaquèrent avec force et logique, les privilèges, les abus et les institutions surannées, impopulaires ou foncièrement injustes.

L'opinion publique éclairée par ces grands esprits, par la lecture du voyage d'Anacharsis, par les Etudes de la Nature de Bernardin de Saint-Pierre, les œuvres dramatiques de Ducis, de Voltaire, de Chénier, et surtout de Beaumarchais, réclamait d'importantes améliorations politiques et sociales.

Avec les génies que nous venons de nommer, Lebrun, Roucher, André Chénier, Delille soutenaient la gloire de la poésie française, que déclamaient Contat, Fleury, Brizardet et l'illustre Talma.

Dans les sciences, Monge, Lagrange, Laplace, Lavoisier, Foucroy, Vauquelin, Bertholet, Guyton de Morveau, Coulomb, Buffon, Daubanton, Delambre, Bailly, le médecin Vicq d'Azir, enfin Franklin, que les deux mondes revendiquent.

Les économistes Turgot, Smith, Quesnay, Gournay : les voyageurs Choiseul, Bougainville, La Peyrouse, les sculpteurs Houdon, Chaudet, Coustou jeune ; les peintres Vien, David, et sa brillante et classique école ; enfin les architectes Gabriel, Godot, Antoine, Soufflot, etc., soutinrent la gloire de la France depuis la fin dn siècle de Louis XIV jusqu'à l'époque de la Révolution et l'établissement presque immédiat de la première République.

Hommes remarquables de la région de Compiègne au 18e Siécle. — Les illustrations locales de la fin de l'histoire moderne sont :

Maucroix, poète, né à Noyon, mort en 1708, déjà indiqué.

L'abbé Nollet, natif de Pimprez, émule de Franklin, découvrit aussi les effets de l'électricité, dont l'emploi actuel révolutionne les sciences et l'industrie. Il fut ainsi le bienfaiteur de sa patrie et aussi de son pays d'origine par ses libéralités.

Hersan, né à *Compiègne*, où il mourut en 1724, et dont nous avons déja parlé à la page 139, alors qu'il vint se fixer dans sa ville natale.

Belliard, Bussa, Chandellier, tous trois de *Compiègne*, architectes.

Bertrand, imprimeur distingué, allié à la famille Quinquet connue par l'éclairage qui fut longtemps en honneur.

Boucher, Lacochi et Picard, docteurs en théologie.

Mercier, libraire, écrivain, compilateur et savant.

Magne de Saint-Aubin, comédien distingué.

Dom Pierre Constant et dom Gourdin, savants bénédictins.

Leferon, le baron de Gouy d'Arsy, Seroux d'Agincourt, Vivenel, l'aîné, de Crouy, Le Caron de Mazencourt, l'abbé Thirial, tous natifs de *Compiègne* et la plupart députés aux assemblées de l'époque révolutionnaire.

Sézille, de Noyon, auteur des sièges de cette ville.

Beaucousin, de la même ville, qui a beaucoup écrit sur sa ville natale.

Edifices élevés à Compiègne et aux environs au 18e Siècle. — Tandis que Paris voyait s'élever l'Ecole Militaire, l'Hôtel des Monnaies, le Garde-Meuble, le Panthéon et commencer la Madeleine, à *Compiègne* on achevait le Palais, dont la transformation dura cinquante ans et coûta plus de vingt-cinq millions ; on bâtissait les Grandes Ecuries avec l'Orangerie, dont la cour commune est la plus vaste et la plus belle de tous les monuments de la ville ; l'hô'el de la Chancellerie, aujourd'hui des Tribunaux, ancienne sous-préfecture ; les nombreux hôtels des ministres, ducs, pairs et seigneurs, qui accompagnaient la cour à *Compiègne* ; les belles résidences des riches bourgeois ou des communautés, avec leurs toits en brisis ou mansardés de l'époque des derniers rois, habitations princières réparties dans beaucoup des rues du vieux *Compiègne*.

Enfin, le Cimetière de Clamart, avec sa chapelle où sont inscrits les noms des enfants de l'arrondissement morts pendant la guerre de 1870-71 ; le Portique monumental de la halle du Change, (ancien Grenier à sel) le grand et le petit Parcs du palais, les grandes Avenues datent également du 18e siècle.

Les deux parcs du palais, d'abord dessinés à la française, puis plantés plus tard selon la méthode anglaise, renfermaient avant la Révolution de vastes pelouses vallonnées, des bassins, des statues, des groupes, des bosquets, des berceaux, des massifs, des accidents de terrain, le tout formant dans le cadre immense de la forêt, avec les avenues à perte de vue qui conduisent au palais, un des plus délicieux spectacles que l'imagination puisse rêver.

Dans la région de *Compiègne*, à l'époque rapprochée que nous décrivons, s'élèvent les châteaux de Carlepont, du Francport, de Séchelles-Cuvilly, de Ricquebourg, de Gournay-sur Aronde, ainsi que les églises de Vandelicourt, Pimprez, Montmacq, Marest, Cambronne (chœur et transept), Bailly, La Neuville-sur-Ressons, Cuvilly (nef), Porquéricourt, Morlincourt, Fresnières, etc.

Beaucoup de clochers à forme pyramidale comme celui d'Elincourt, ont été construits ou réédifiés au dix-huitième siècle.

Administration de la ville de Compiègne et de sa région au moment de la Révolution de 1789. — Nous empruntons à la statistique officielle de Graves quelques données sur l'administration générale des villes de *Compiègne* et de Noyon sous l'ancien régime.

Ces deux cités formaient chacune un gouvernement particulier relevant directement de celui du Grand Gouvernement ou Province de l'Ile-de-France.

Compiègne était le chef-lieu d'un Bailliage ressortissant au Grand Bailliage de Senlis. Cette administration judiciaire avait Maréchaussée (gendarmerie), Election (perception des finances), Grenier à sel, Direction des Aides (contributions indirectes), Juridiction consulaire, pour le commerce ; deux Maîtrises des Eaux et Forêts, anciennement les Grueries.

Le Bailliage ou plutôt la Chatellenie, établie en 1209, comprenait outre la ville, les villages d'Annel, Berneuil, Bienville, Chevrières, Coudun, Elincourt,

Jaux, Plessis-Brion, Margny-sur-Matz, Marquéglise, Mélicocq, Monchy-Humières, Moulin, Pimprez, Saint-Crépin, Offémont, Tracy-le-Mont, Ollencourt, Tracy-le-Val et Vosgenlieu. Nous avons dit que les prévôtés de Margny, Choisy, Thourotte, Pierrefonds, Béthisy, Verberie, Gournay, Moyenneville et Remy étaient entrées dans la Châtellenie de *Compiègne* à diverses époques.

Les officiers du bailliage de *Compiègne*, comprenaient un Lieutenant-général, un lieutenant particulier, 2 conservateurs, un avocat du roi, un greffier, 8 procureurs, 8 huissiers, 9 avocats, 7 notaires, un receveur des consignations, un commissaire aux saisies réelles. En 1771, on y adjoignit une chancellerie, composée d'un garde-sceaux, un greffier, un scelleur et un conservateur des hypothèques.

La ville, comme gouvernement royal particulier, relevant de la province de l'Ile-de-France avait un Gouverneur militaire, un lieutenant et un major — qu'il ne faut pas confondre avec les gouverneurs-attournés qui étaient des officiers municipaux élus par les habitants.

La Maréchaussée relevait du grand Prévot de Paris et du lieutenant de Senlis.

L'Election était la sixième de la Généralité de Paris; depuis 1411 elle avait un président, un lieutenant, 4 conseillers, un procureur du roi, un greffier, un huissier, deux receveurs, trois procureurs.

Le Grenier à sel, créé vers 1400 se composait d'un président, un grainetier, un contrôleur, un procureur du roi, un receveur des gabelles.

La Direction des Aides avait à peu près les 78 paroisses du grenier à sel, plus celles de Champlieu, St-Crépin-aux-Bois et St-Léger-aux-Bois.

La Juridiction consulaire était composée comme nous avons dit à la page 98.

La Maîtrise de la forêt avait un grand-maître, un maître particulier, un lieutenant, un garde-marteau, un procureur du roi, un greffier, deux huissiers, deux arpenteurs, deux garde-généraux à cheval, un garde-pêche et vingt gardes forestiers.

La Maîtrise de la forêt de Laigue établie à Choisy, mais dont les employés principaux résidaient à *ompiègne* comptait moitié moins de gardes et autres titulaires.

La Capitainerie des chasses comprenait : un capitaine, un lieutenant, deux sous-lieutenants, un procureur du roi, un inspecteur et un greffier.

Les établissements ecclésiastiques comprenaient: une Abbaye royale célèbre, une collégiale, quatre couvents d'hommes, quatre couvents de femmes, quatre paroisses, y compris celle du Crucifix dont la chapelle était en l'église abbatiale, un collège et plusieurs Bénéfices.

Les Templiers détruits depuis 1312, dépendaient de la commanderie d'Ivry-le-Temple. Les bâtiments du Temple à *Compiègne* ne disparurent qu'en 1822.

Après la suppression des Jésuites en 1762, le Collège fut confié aux Bénédictins de St-Maur.

La milice bourgeoise, dont le gouverneur militaire nommait les officiers sur la présentation du corps de ville, était divisée en cinq compagnies, dont l'uniforme était un surtout bleu, avec brandebourg en or, veste rouge galonnée d'or et aussi un chapeau brodé d'or.

La ville épiscopale de Noyon était aussi le chef-lieu d'un Bailliage, démembrement du Grand Bailliage du Vermandois, dont les appels étaient plaidés au parlement de Paris. Cette ville possédait une Election, un Grenier à sel et une Maîtrise des Eaux et Forêts, le tout organisé à peu près comme à *Compiègne*.

La justice de la quinzaine de la St-Jean-Baptiste était exercée par les officiers du seigneur de Varesnes.

Au point de vue militaire, Noyon possédait également un gouverneur, un lieutenant du roi, un major et un aide-major, ayant sous leurs ordres un maréchal-des-logis, un brigadier et six gardes.

La maréchaussée comprenait quatre cavaliers et un exempt (sous-officier).

L'évêché était l'institution la plus considérable, comme la cathédrale le monument le plus remarquable de Noyon.

Saint-Médard, né à Salency, transféra le siège du diocèse de Vermand (près de St-Quentin) à Noyon, en 1531. L'évêché de Noyon a compté 87 titulaires, dont les principaux, après St-Médard, furent saint Eloi, Immon, massacré par les Normands, Landulphe, qui sacra Hugues-Capet, Baudry, qui fonda la commune de Noyon ; Simon, le dernier des évêques de Noyon qui réunit sur sa tête les deux diocèses de Tournai et de Noyon. Il fonda vers 1129 la célèbre abbaye d'Ourscamp, et mourut à Selencie pendant la croisade de Louis-le Jeune qu'il accompagnait. Son corps fut ramené en France et inhumé dans l'église du monastère qu'il avait fondé. Gilles de Lorris, qui combattit contre les Anglais à Mauconseil (Chiry) ; Jean II de Mailly, un des juges de Jeanne d'Arc ; Baradat, qui défendit Noyon contre les Espagnols ; l'excentrique François de Clermont-Tonnerre ; d'Aubigné, qui devint archevêque de Rouen ; Châteauneuf de Richebonne, qui fut appelé à l'archevêché de Lyon ; de la Cropte de Boursac, qui introduisit les mélodiques chants religieux dans son diocèse ; Charles III de Broglie, et enfin de Grimaldi, de la famille des princes de Monaco, émigré, qui mourut à Londres en 1806.

L'évêque de Noyon, était un des six pairs ecclésiastiques et le septième suffragant de l'archevêque de Reims. Pendant la cérémonie du sacre, il portait le ceinturon royal.

Lors de sa suppression, l'évêché de Noyon valait 120 mille livres de revenus. Le chapitre comptait 60 chanoines, dont les dignitaires, le doyen, l'archidiacre, le chancelier, le trésorier, le chantre et l'écolâtre, avaient leurs hôtels, sur un plan uniforme, en face du portail et des clochers de la cathédrale. Ces demeures canonicales subsistent encore.   ·

Les abbayes de Saint-Eloi et de Saint-Barthélemy de Noyon furent célèbres. Les Cordeliers, les Capucins et les Ursulines étaient les principales congrégations de Noyon, qui comptait dix paroisses en 1792, mais dont quelques-unes étaient peu importantes.

Troisième partie

CHAPITRE XX

Compiègne et son arrondissement sous la 1re République Française.
1792 à 1804

La Convention nationale, 1792 à 1795. — Le 21 septembre 1792, la nouvelle assemblée ouvrit sa première séance en prenant le nom de Convention Nationale. Elle abolit la Monarchie, proclame la République et décrète le calendrier de l'ère de la Liberté, dont le premier jour fut celui de l'établissement de la République en France.

A *Compiègne*, le même jour, la Société des Amis de la Constitution, prend le nom de Club des Amis de la République et établit le siége de ses réunions au couvent de Sainte-Marie, et plus tard dans une salle de l'abbaye de Saint-Corneille. Le lendemain, la Loi du divorce fut proclamée dans la ville et quelques jours après la municipalité change le nom des rues qui rappellent des souvenirs royaux ou religieux. Ainsi il y eut la rue de l'Egalité, de la République, de la Révolution, etc.

Le bonnet rouge devient à *Compiègne* comme partout, l'emblême des vrais amis du nouveau gouvernement, hommes, femmes et enfants.

Les 17, 19 et 23 octobre 1792, en vertu d'un décret de la Convention, les registres paroissiaux des baptèmes, mariages et sépultures, tenus par les curés depuis François 1ᵉʳ, sont enlevés aux quatre paroisses de la ville et confiés, pour la rédaction, au maire qui délègue ce pouvoir à deux offiiers de l'état-civil, *Compiègne* ayant été divisé en deux sections, pour l'enregistrement des actes de naissances, mariages, divorces et décès des citoyens, sans distinction de culte.

Le même jour, la Convention, par une loi, bannit les émigrés à perpétuité quand elle apprend que Mayence s'est rendu et que Longwy est évacué.

La victoire de Jemmapes remportée par Dumouriez et la prise de Bruxelles qui en fut la conséquence, enhardirent les Conventionnels qui décrètent de juger Louis XVI et promettent le secours de la France à tous les gouvernements qui voudront chasser leurs rois.

Premières élections républicaines à Compiègne. — L'époque où nous arrivons est aussi troublée à *Compiègne* que dans la capitale et dans tout le reste de la France. La Convention poursuivant le procès du roi prisonnier, l'effroi s'empara de tous ceux qui avaient eu des attaches avec la roi et la religion d'état ; les curés Beaugrand, de St-Germain et Thibaux, de St-Antoine, ayant renoncé à la prêtrise furent élus, le premier, procureur de la commune, le second secrétaire-greffier, le citoyen Mosnier fut élu juge au tribunal du District et le citoyen Scellier Gabriel, négociant, remplaça le citoyen Cayrol comme maire de *Compiègne*. Le citoyen Legrignoux, notaire, fut officier de l'état-civil pour la section du midi, ancienne paroisse St-Antoine et le citoyen Desmarest, notaire, remplit les mêmes fonctions pour la section du Nord de la ville, ancienne paroisse St-Jacques.

Le premier secrétaire-greffier fut le citoyen Bonnescuelle, ayant voix délibérative dans le corps municipal et le Conseil général du canton de *Compiègne*.

Procès et mort de Louis XVI. — Tandis que les élections municipales changeaient les fonctionnaires et l'administration selon le nouvel ordre d'idées à *Compiègne*, la Convention nationale se divisait en deux fractions irréconciliables : les Girondins et les Montagnards, les premiers voulaient fortement organiser les départements, les seconds concentrer tous les pouvoirs à Paris, pour en user à leur gré.

Le triumvirat de Danton, Robespierre et Marat, chefs de la Montagne, fit condamner à mort Louis XVI malgré les efforts des Girondins.

Il fut exécuté le 21 janvier 1793 sur la place de la Concorde, et que l'on nommait alors place de la Révolution. Sur 12 membres de la Convention appartenant au département de l'Oise, 9 votèrent la peine de mort.

Première coalition. — Tous les rois de l'Europe se soulevèrent contre la France pour venger la mort de Louis XVI. William Pitt, fameux ministre anglais fut l'âme de la coalition. En même temps la Vendée s'insurge conduite par les nobles et les prêtres réfractaires des provinces de l'Ouest.

Dumouriez, mécontent des évènements, se laissa vaincre à Nerwinde le 18 mars 1793 et, menacé par les commissaires de la Convention, il les livra aux Autrichiens et passa à l'ennemi sans pouvoir décider son armée à le suivre.

Le 5 avril ce général était déclaré traître à la Patrie à *Compiègne*.

Pendant le même mois le maire de *Compiègne* adresse au président de la Convention l'adhésion des habitants au décret de la reconnaissance de l'Etre Suprême et de l'Immortalité de l'âme ; mais malgré cet acte de soumission, des délateurs ambitieux autant que coupables, dénoncent *Compiègne* comme entaché de fanatisme et de superstition, c'est-à-dire d'attachement à l'ancien régime. Le maire Scellier est obligé de justifier ses administrés auprès du Comité de Salut Public qui venait d'être institué contre les ennemis de la République, et le conventionnel Dumont qui avait été envoyé dans le département de l'Oise, reçoit à *Compiègne* et à Noyon les témoignages les plus ardents de dévouement à l'œuvre républicaine.

Pour confirmer leurs sentiments, les autorités municipales interdisent aux curés de sonner la messe. Puis le culte catholique ayant été supprimé par le Gouvernement, l'église de Saint-Antoine fut tranformée en magasin à fourrages qui fit disparaître les riches verrières de cet édifice ; l'église de Saint-Jacques fut désormais le temple de la Raison et le lieu des grandes solennités républicaines.

La Vendée. — Le Comité de Salut public. — Chute des Girondins. — Beaucoup de villes et de provinces n'acceptèrent pas aussi docilement que *Compiègne* et sa région les principes républicains, les exécutions sanglantes, les levées en masse ni surtout la destruction du culte catholique, légalement remplacé par une religion fantaisiste.

L'Anjou, le Poitou, la Vendée, à l'appel de Cathelineau, Stofflet et Charette et sous la conduite des généraux d'Elbée, Bonchamps, de La Rochejacquelin lèvent trois armées contre celles de la Convention. Pour vaincre cette formidable insurrection, le gouvernement réquisitionne une armée de trois cent mille hommes, mais les Vendéens furent d'abord vainqueurs.

La Convention prit alors les mesures les plus énergiques pour que force restât à la loi : un Comité de Salut public composé de neuf membres pris dans son sein reçut les pouvoirs les plus étendus.

Sous son inspiration, les Faubourgs de Paris marchèrent contre la Convention les 31 mai et 2 juin et obtinrent l'expulsion des Girondins. Ceux-ci cherchèrent à soulever les départements contre le régime dictatorial de la Convention. Bordeaux, Caen, Lyon, Toulon, prirent parti pour la Gironde, tandis que l'Ouest combattait pour le trône et l'autel.

A la faveur de ces discordes intérieures, les ennemis franchirent nos frontières du nord, de l'est et du sud.

La Terreur. — C'est alors que la Convention assaillie de toutes parts mit *la Terreur* à l'ordre du jour, décréta un *emprunt forcé*, établit le *maximum* du prix des objets nécessaires, promulga la *loi des suspects*, réquisitionna *douze cent mille jeunes soldats de 18 à 25 ans*, avec lesquels *Carnot organisa la victoire*.

Les suspects de Compiègne et des environs. — Les mesures sanglantes employées par la Convention pour abattre ses adversaires à l'intérieur et ses ennemis à l'étranger, ne pouvaient manquer d'atteindre beaucoup de gens qui avaient servi à *Compiègne* et aux alentours la monarchie à des titres divers, car la *terreur* était à l'ordre du jour et la dénonciation reconnue comme un acte de *civisme*. Le fougueux Hénon, de Noyon, fut à cet égard, un pourvoyeur de l'ignoble Marat que Charlotte Corday, de Caen, poignarda croyant délivrer la France du règne de la terreur, 13 juillet 1793.

En même temps le marquis de Gouy d'Arsy, natif de *Compiègne*, seigneur de Ressons, Ricquebourg, etc., fut décapité à Paris, comme aristocrate. Député aux Etats-Généraux, il avait, le premier, fait le sacrifice de ses droits et dignités dans la nuit du 4 août. Il était commandant des gardes nationales du département de l'Oise lors de la défection de Dumouriez et de l'accaparement prétendu de blé à Ourscamp.

En août, la reine Marie-Antoinette est décrétée d'accusation ; la Vendée mise à feu et à sang ; Collot d'Herbois et Isoré, ce dernier député de l'Oise, parcourent le département et viennent à *Compiègne* et à N°yon où ils sont reçus avec enthousiasme par les Clubs de ces deux villes. Après une e°quête minutieuse, les deux Commissaires de la Convention proclament à *Compiègne* que la patrie est menacée dans les villes et les campagnes voisines par les aristocrates, et par les suspects autant que par les étrangers.

La veuve Pannelier, d'Annel et ses deux filles (voir page 156), furent les premières victimes arrêtées comme suspectes de fanatisme et enfermées à Chantilly, d'où tout le mobilier artistique avait été dirigé à Paris. Puis vint le tour de Mulot de la Ménardière et de sa femme, arrêtée pour « indiscrétions ». Villepin, Charmolue, Le Caron, père et fils, Seroux, de Caumont, Lefons, de Mélicocq, Esmangard de Bournonville, Gamache, d'Houdancourt, et de Choiseul, sa femme, de Bernetz, de la Neigerie, Julien d'Héricourt, Leferon, de Ville, Chocus, Sezille, de Noyon, d'Egrigny de Dreslincourt, Toussaint Dupressoir, Blancpin, Poulletier, de Lancry et sa femme, Tondu-Lebrun, de Noyon, ancien ministre des affaires étrangères, etc. etc., ce dernier devait être exécuté à la fin d'octobre, à l'âge de 31 ans.

Du mois d'août à la fin de novembre, cinq convois de suspects furent conduits prisonniers à Chantilly, Clermont, Argenlieu, sous la dénonciation des Comités de salut public établis à *Compiègne* et à Noyon par les Commissaires de la Convention.

Le Calendrier républicain. — La Convention abolit l'ère chrétienne et la remplace par le calendrier républicain, où les noms des jours sont empruntés au latin et ceux des mois aux productions de la terre ou aux effets de la température selon les saisons. Les mois sont tous de trente jours, divisés en trois décades. Le décadi ou dixième jour est jour férié et de repos légal. Le culte de la déesse Raison remplace les anciens rites : l'agriculture, le commerce, l'industrie, les vertus civiques et républicaines sont alternativement fêtées à *Compiègne* comme partout avec entrain.

La société républicaine de Noyon, invita ses amis des environs à consacrer les églises rurales à la Raison, à la Liberté et à l'Egalité. La plupart des villages de nos environs répondirent à cet appel et notamment Ressons-sur-Matz qui, en abattant solennellement les quatre calvaires publics, relevés depuis, brisa les bras horizontaux de la croix du clocher, qui n'ont pas été remplacés.

A Attichy le curé renonce publiquement à tous ses devoirs et son apostasie lui vaut les félicitations du club des vrais républicains de Noyon.

Houchard vainqueur à Hondschoote, débloque Dunkerque ; il ne poursuit pas l'ennemi et paie de sa tête un moment d'hésitation. Jourdan remporte la victoire de Wattignies, délivre la frontière du Nord et Hoche celle de l'Est, en reprenant Wissembourg et Landau. A *Compiègne*, à Noyon, dans la plupart des communes de l'arrondissement la délation est à l'ordre du jour et les exécutions récentes de la reine Marie-Antoinette, de 21 Girondins, membres distingués de la Convention, celles du duc d'Orléans, du savant Lavoisier, du poète Chénier, les noyades de Nantes, les canonnades de Lyon, les fusillades de Toulon, les excès d'Arras avaient leur répercussion dans tous nos parages. Pour terminer l'année, Toulon est repris aux Anglais grâce au génie d'un jeune officier d'artillerie, Napoléon Bonaparte, auquel l'avenir réservait une glorieuse carrière.

L'année 1794 commença dans nos environs par de sombres terreurs, tandis que les plus belles espérances patriotiques enflammaient nos quatorze années dirigées, de son cabinet à Paris avec une merveilleuse intelligence, par l'aïeul du Président actuel de la République.

La Convention se décime. — Les succès militaires auraient dû faire taire les haines des partis au sein de la Convention : mais l'ambition de tous perdit successivement les Girondins, puis les Hébertistes, les Dantonistes et enfin les partisans de Robespierre. Ce dernier fit condamner les premiers comme athées, les seconds comme royalistes, sans que les uns ni les autres pussent se défendre.

Ce dictateur ayant supprimé tous ses adversaires fit décréter par la Convention le culte de l'Etre suprême, dont il fut un jour le pontife en sa qualité de Président de la Convention. Accusé, comme César, d'aspirer à la dictature, il voulut se défendre mais à son tour on lui interdit la parole. Entraîné par ses amis à l'hôtel de ville, il a la machoire fracassée par un coup de pistolet.

Le lendemain il monta sur l'échafaud avec son frère, Couthon et Saint-Just son farouche ami, natif de Blérancourt (Aisne), sur les confins de l'arrondissement de *Compiègne*.

Cette exécution porte le nom de révolution du 9 thermidor an II (27 juillet 1794).

C'est la fin du régime de la Terreur pendant lequel plus de quatre mille personnes furent guillotinées à Paris, et la très grande partie pendant le premier semestre de 1794.

Pendant cette sanguinaire époque, Pichegru remporte trois victoires qui lui ouvrent les portes de Bruxelles, où il est bientôt rejoint par Jourdan qui vainc les Autrichiens à Fleurus et que Moreau avaient chassés de Turcoing et d'Aspres quelques jours auparavant (juin 1794).

Les cinq convois de suspects qui avaient clos l'année 1793 dans l'arrondissement de *Compiègne* furent suivis d'un grand nombre d'arrestations pendant les sept premiers mois de 1794 et la plupart des victimes incarcérées à Chantilly et à Liancourt, avant d'être appelées devant le tribunal révolutionnaire de Paris qui condamnait sans preuve, souvent sans défense et toujours sans appel et sans sursis.

Le 10 juillet, le feu se déclara au château de Chantilly où étaient renfermées plusieurs centaines de suspects, la plupart appartenant au département de l'Oise. Les détenus furent accusés d'avoir allumé l'incendie et on projetait leur destruction en masse quand un ramoneur de Beauvais, du nom de Paul, refusa énergiquement de signer le procès-verbal d'accusation, déclarant que le mauvais état de la cheminée expliquait l'accident. Les prisonniers furent sauvés... momentanément.

Condamnation et exécution des Carmélites de Compiègne. — Nous avons dit que les Carmélites de *Compiègne* (ordre cloîtré) avaient été dispersées dans différentes maisons de la ville, après avoir prêté le serment légal, les perquisitions faites dans leur couvent n'ayant rien révélé contre ces religieuses. Mais en juin 1794, elles furent arrêtées au nombre de 16 avec Mulot de la Ménardière, déjà poursuivi, puis relâché et tous incarcérés dans la prison de ville. Le 13 juillet ils furent envoyés à la Conciergerie de Paris jugés le 17 et exécutés le même jour. La supérieure demanda la triste faveur d'être guillotinée la dernière pour aider ses filles à mourir avec courage ; elles ne cessèrent de chanter des cantiques en allant au supplice.

Par une ironie du sort, le tribunal, ce jour-là, était présidé par Scellier, de *Compiègne* et le défenseur fut un ancien avoué de Noyon. Mulot voulut essayer de se défendre, mais Scellier lui refusa durement la parole. Il fut condamné sans être entendu et exécuté avec ses compatriotes du Carmel, auxquelles il avait fait parvenir une poésie de sa composition en faveur de la royauté.

Dix mois plus tard, Scellier subit le même supplice, après un jugement aussi dramatique.

C'est pendant l'année 1794 que la haute butte de terre du calvaire de la Place aux Herbes et l'exhaussement du chœur de l'église de St-Corneille, à *Compiègne* furent nivelés pour l'établissement de la place et de la rue qui ont conservé les noms primitifs. A cette date aussi, la cathédrale de la ville de Noyon servit d'écurie à 800 chevaux de l'armée, tandis que le chœur était transformé en salle de danse louée par un cabaretier voisin.

Compiègne pendant la Terreur ne paraît pas avoir donné dans les excès qui déshonorèrent tant d'autres cités et même des villages environnants. Quand les municipalités qui se succèdent sont obligées de défendre leurs administrés, on voit que les Compiégnois prudents, paisibles, avisés, déjà *opportunistes*, sont déclarés par le proconsul André Dumont, en pleine Convention, « bon patriotes, soumis aux lois, et dévoués au régime légal, fidèles à la République » comme à la France. La vieille devise de *Compiègne* n'avait eu qu'à changer de forme, comme le gouvernement, et la ville restait le modèle des meilleures cités dans les plus mauvais jours.

Jourdan poursuivant ses succès s'empare ainsi que Moreau des principales places fortes sur le Rhin ; Pichegru prend Condé, Nimègue, Amsterdam et s'empare avec sa cavalerie de la flotte hollandaise cernée dans les glaces du Texel.

Les Vendéens déposent les armes quand la Convention dissout le club des Jacobins et annule les mesures de rigueur qui ont assuré un moment le triomphe sanglant de Robespierre. Les derniers acolytes de ce dictateur, Billaud-Varennes, Collot d'Herbois et l'ex-accusateur Fouquier-Tinville portent à leur tour leurs têtes sur l'échafaud.

Aux Pyrénées, Dugommier vainquit les Espagnols, qui furent encore defaits par Pérignon et Moncey.

Aux Alpes, Schérer et Bonaparte remportent la victoire de Loano.

L'amiral Villaret-Joyeuse livra en avant de Brest un brillant combat, que l'épisode du naufrage du Vengeur a immortalisé (1er juin).

Traité de Bâle (1795).— Les succès réitérés de nos armes et la sagesse relative de la Convention désarmèrent la Prusse, qui nous laissa la limite naturelle du Rhin. L'Espagne nous donna Saint-Domingue, puis la Toscane, le Pape et Naples accédèrent au traité conclu à Bâle.

L'Angleterre, l'Autriche et la Sardaigne restèrent armées contre nous.

Compiègne et sa région après la Terreur. — Avec la France entière notre région cessa de trembler et se remit au travail et aux affaires. Le couvent des Visitandines et le mobilier des Carmélites furent vendus. Le citoyen Langlois, commissaire du district, parcourut les campagnes et pourvut aux approvisionnements réguliers du marché. Tout le monde apportait du bon vouloir pour les transactions. En avril 1795, Noyon désarme tous ceux qui ont participé aux horreurs qui ont précédé la chute de Robespierre ; le 4 juin la cathédrale est rendue au culte avec une grande solennité : le 22 septembre, l'église de St-Jacques, à Compiègne fut également rendue aux cérémonies catholiques ; mais comme la fabrique et son budget avait disparu, les frais du culte furent payés avec des souscriptions volontaires. Néanmoins pour concilier les opinions et témoigner de son respect pour la République autant que pour la Liberté, le Directoire de *Compiègne* ordonna que les chants patriotiques : *La Marseillaise* et le *Ça ira* seraient chantés avant le lever du rideau a toutes les représentations théâtrales.

Grandes institutions et Constitutions de la Convention. — Cette mémorable Assemblée républicaine, diversement jugée par les historiens contemporains, a fondé nombre d'institutions qui depuis un siècle font l'honneur de la France : dès 1793, elle réunit toutes les dettes du pays en une seule dette nationale, inscrite au Grand Livre de la dette publique. Avec le mètre et le nombre dix, elle établit le système légal des poids, mesures et monnaies. Elle organisa un enseignement national, à trois degrés, primaire, secondaire et supérieur. Ce dernier était donné dans une Ecole normale. L'Institut, l'Ecole polythecnique, celle des Arts-et-Métiers, le Bureau des longitudes ou de l'Observatoire, le Muséum, le Conservatoire de musique, les Bibliothèques et les Musées sont les grandes œuvres de la Convention.

Cette Assemblée s'étant défait successivement de tous les sectaires qui l'avaient poussée aux dernières rigueurs, les adversaires de la révolution essayèrent d'abattre la République le 1er prairial, 20 mai 1795, puis le 13 vendemiaire, 5 octobre. Barras et surtout le jeune général Bonaparte triomphèrent de cette dernière émeute des faubourgs ; Hoche de son côté, pacifia la Vendée.

Après avoir élaboré la Constitution de l'an Ir, qui ne fut pas mise en pratique, et avant de clore ses séances, la Convention promulgua la Constitution de l'an III (1795), qui donnait le pouvoir législatif à deux Conseils : celui des Cinq-Cents et celui des Anciens (250 membres) élus tous deux par le suffrage universel à deux degrés et renouvelables tous les ans par tiers.

Le pouvoir exécutif était confié à un Directoire de cinq membres, élus par les Anciens, sur la présentation des Cinq-Cents.

Le Directoire aussi se renouvelait chaque année par cinquième.

En théorie, cela parut admirable ; en pratique, ce fut pitoyable.

Le 26 octobre 1795, la Convention nationale se retira et fit place au Directoire, composé de : Carnot, Barras, Rewbel, Letourneur et Laréveillère-Lepeaux.

Directoire, du 26 Octobre 1795 au 9 Novembre 1799 — La situation politique et sociale de la France n'avait jamais été plus difficile qu'à l'époque de l'établissement de cette nouvelle forme du gouvernement républicain. Tout d'abord le Directoire fit de louables efforts pour conjurer le danger résultant de la pénurie du Trésor, de la guerre civile et de la guerre étrangère, et surtout de la division et de l'ardeur des partis.

Les mandats territoriaux remplacèrent les assignats discrédités qui rentrèrent dans les caisses publiques avec une banqueroute de trente-trois milliards. Dans une seconde campagne, en Vendée, Hoche, plus par son humanité encore que par son héroïque énergie, pacifia définitivement les provinces de l'Ouest. Carnot enfin « organisa la victoire que Bonaparte enchaîna à son char » avec Jourdan et Moreau, dont les trois armées devaient converger sur Vienne, d'après le plan de Carnot, le seul homme de génie militaire que possédât le Pouvoir exécutif.

Les commandants des armées du Rhin et de Sambre-et-Meuse ne purent pénétrer en Allemagne ; mais Bonaparte, avec l'armée d'Italie, et secondé par Masséna, Augereau, La Harpe, Serrurier, Murat, Joubert, remporte victoires sur victoires, avec des troupes dénuées de tout, à Montenotte, Lodi, Castiglione, Arcole, Rivoli, etc, etc., prend Mantoue et approche de Vienne. L'empereur d'Allemagne, terrifié, signe le fameux traité de Campo-Formio (17 octobre 1797), tandis que Hoche, qui avait remplacé Jourdan au Nord, gagne cinq victoires en quatre jours et entre a Coblentz et à Francfort.

La France, après cette double campagne, s'annexait les Pays-Bas et la Haute-Italie, sous les noms de république Batave et de république Cisalpine.

Ventes des ruines de Pierrefonds, du château de Chantilly et de plusieurs édifices

tombés dans le domaine national. — La situation obérée du Trésor obligea le Directoire à vendre nationalement les domaines dont l'Etat s'était emparé sur la famille royale, les émigrés et le clergé régulier ou séculier.

Les imposantes ruines du château féodal de Pierrefonds furent mises en vente et adjugées à un cultivateur de Crépy, du nom de Longuet, pour la somme de 8.100 francs.

Le château de Chantilly et son vaste domaine furent également vendus aux enchères publiques et acquis par Gérard Boulée, entrepreneur de bâtimen's à Compiègne et Damoye, de Paris, au prix de onze millions.

Mais les adjudicataires n'ayant pu remplir leurs engagements, ce domaine fit retour à l'Etat. A la Restauration, la famille de Condé rentra en possession de Chantilly, qui a été légué récemment à l'Institut par le duc d'Aumale, héritier du dernier Bourbon-Condé.

A la même époque, les édifices des communautés religieuses de Compiègne, Noyon, Royallieu, Grandfresnoy, Elincourt, Ourscamp, Champlieu, Saint-Pierre, les châteaux d'Attichy, Arsy, Francières, Fréniches, Beaulieu, Libermont, Varesnes, etc., etc. furent vendus, les églises démolies et les bâtiments transformés en fermes, usines, manufactures ou ruinés.

Expédition d'Egypte et de Syrie, 1798 et 1799. — Bonaparte qui venait d'être reçu en triomphe à Paris, mais dont le Directoire craignait la popularité, accepta la mission de conquérir l'Egypte qui servait de passage à nos ennemis, les Anglais, pour l'exploitation des richesses de l'Indoustan.

La flotte et l'armée avec une Société de savants partirent de Toulon, prirent Malte en passant et débarquèrent à Alexandrie, 1798. La bataille livrée en vue des Pyramides nous donna le Caire, capitale du pays. Mais en même temps Nelson, amiral anglais, détruisait notre flotte à Aboukir. Les victoires sur terre du Mont-Thabor en Syrie et d'Aboukir, en Egypte, nous consolèrent de ce désastre naval.

Pendant que Bonaparte était en Orient, nos meilleurs généraux étaient vaincus en Italie. Masséna cependant vainquit les Russes à Zurich dans une éclatante victoire et Brune, par la bataille de Bergen, chassait les Anglo-Russes de la Hollande.

Bonaparte ayant appris que le Directoire mécontentait la France et l'Europe par sa politique maladroite, laissa son armée à Kléber et revint brusquement dans le dessein de s'emparer du pouvoir.

Coup d'Etat des 18-19 Brumaire, 9 novembre 1799. — Les partis politiques, royaliste et républicain de diverses nuances, étaient en lutte ouverte dans les trois Pouvoirs. La banqueroute du tiers consolidé, les coups d'Etat faits par le Directoire, sorti ainsi de la légalité, tout faisait prévoir une révolution politique.

Bonaparte, qui avait la confiance de l'armée, exploita la situation à son profit.

Il envahit le Corps Législatif avec ses grenadiers, fait décréter l'abolition du gouvernement directorial, et proclamer une nouvelle forme de la République, celle d'un *Consulat*, composé de trois membres ayant le pouvoir exécutif.

Bonaparte se fait nommer Premier Consul, avec un pouvoir prépondérant.

Il inaugure ainsi la Constitution de l'an VIII, qui crée un Conseil d'Etat préparant les lois et les soutenant devant un Tribunat, dont les délégués discutent au sein d'un Corps Législatif, qui vote en silence.

Un Sénat conservateur veille au maintien de la Constitution et des Libertés publiques.

Administration municipale de Compiègne et de son district sous la Constitution de l'an III, 1795. — Nous avons dit que la première Constitution de l'an I, faite par la Convention, n'avait pas été mise à exécution, le régime de la Terreur ayant remplacé toute action gouvernementale régulière à *Compiègne* comme dans le reste de la France ; mais après le 9 Thermidor et l'établissement du Directoire par la Constitution de l'an III, les municipalités collectives sont créées au profit de toutes les communes au-dessous de 5.000 habitants, et organisées cantonalement avec chacune un agent municipal et un adjoint. Le groupe cantonal de municipalités rurales a un Président et un commissaire du Directoire exécutif.

Compiègne, qui comptait alors 7.500 habitants, eut une administration municipale distincte, dont le citoyen La Négerie fut le président, succédant au maire Devisme.

De nouvelles élections appelèrent à la tête d'une nouvelle municipalité, la même année, le citoyen Scellier que nous avons déjà vu aux affaires publiques en 1792. Nous voyons apparaître en même temps des hommes que nous retrouverons plus tard : François Araschequesne, marchand, Demaux, Blanchard, Hennequin, Quinquet, Mosnier, maître de pension, etc.

A Margny, nous trouvons les citoyens Lambin, Ledru, Lailouette à la tête de la commune.

Cette double organisation communale et cantonale, dont les attributions se confondaient souvent, forma un personnel si nombreux que l'Hôtel de Ville fut abandonné et loué à des particuliers, tandis que les séances municipales et cantonales se tenaient à l'Hôtel du District, l'ancienne Chancellerie, depuis la sous-Préfecture et aujourd'hui le Palais de Justice.

Alors aussi les anciens noms des rues de *Compiègne* remplacés un moment de la Convention, rentrèrent dans la pratique du langage. De même, le village de Sy vie, reprit son ancienne dénomination de La Croix-Saint-Ouen; La Solitude, redevint Saint-Jean-aux-Bois; le Hameau de la Révolution, Royallieu; Source du Matz, Roye-sur-Matz, etc., etc.

Le Consulat (10 novembre 1799 au 18 mai 1804). — La Républ·ique, sous cette troisième forme gouvernementale, où Bonaparte, Premier Consul, avait le commandement des armées, l'initiave des lois et la nomination à tous les grades et emplois, était un acheminement manifeste au rétablissement d'une monarchie en France.

Les quatre grands corps d'Etat, créés par la Constitution de l'an VIII, étaient nommés par tous les électeurs primaires, qui élisaient le dixième d'entre eux, formant ainsi la liste des *notabilités communales*. Ces notabilités, réduites au dixième, choisissaient les *notabilités départem ntales*. Le dixième, au choix de cette dernière liste, constituait les *notabilités nationales*. Le gouvernement se réservait le droit de prendre, dans chacune de ces listes de notables, des administrateurs pour les communes, cantons, arrondissements et départements ; c'était comme une application administrative empruntée au système décimal, inauguré pour les poids et mesures par la Convention.

L'institution des préfets, sous-préfets, maires, juges et tous autres emplois nommés directement par le Gouvernement, comme aujourd'hui encore, remonte au Consulat, ainsi que la création de la Banque de France, de la Légion d'honneur, de l'Université, la signature du Concordat avec le pape et la promulgation du Code civil.

Installation du premier maire de Compiègne, choisi par un gouvernement élu. — Le gouvernement consulaire, élu au cinquième degré, s'était réservé le droit de choisir tous les fonctionnaires sur les listes des notables. En conséquence, le « 9 « juin 1800, à l'issue de la cérémonie légale du dé- « cadi, tous les fonctionnaires publics, civils et mili- « taires de *Compiègne* se réunirent à l'Hôtel du District pour accompagner le nouveau maire jusqu'à l'Hôtel de Ville afin d'assister à l'installation du nouveau chef de l'Administration municipale.

Le citoyen Scellier déjà à la tête de la ville de *Compiègne* en fut nommé maire par le Premier Consul, selon la nouvelle Constitution. I quitta l'Hô el de l'Ad ninistration municip ile, précédé de la musique militaire, ayant à ses cô és le Président et les officiers municipaux ; puis dans l'escorte, les fonctionnaires, la garde nationale, la brig ide de gen larmerie, la compagnie des vétérans et toutes les troupes de ligne de la garnison.

Une salve d'artillerie annonça l'arrivée du cortège sur la place de la Loi (place de l'Hôtel-de-Ville) et l'entrée du maire dans la Maison commune.

Aussitôt que le nouveau Magistrat municipal fut introduit dans la grande salle, le Président de l'Administration se plaça près de lui et prononça un discours après lequel il donna solennellement lecture du décret consulaire qui nommait le citoyen Scellier, maire de la ville de *Compiègne*. Il lut également une lettre du Sous-Préfet de l'arrondissement, Jarry-Mancy, enjoignant aux membres de l'A lministration de procéder à l'installa ion du nouveau maire, le plus prochain décadi.

Le citoyen Scellier prononça aussi un discours, après lequel il prêta le serment exigé par la loi :

« *Je promets d'être fidèle à la Constitution.* »

Des airs patriotiques, des applaudissements, les cris réitérés de « Vive la République » se firent entendre de toutes parts, et une nouvelle salve d'artillerie termina la cérémonie.

Deux mois après, un arrêté du Préfet de l'Oise nomme pour trois ans le Conseil municipal de *Compiègne*, composé de trente membres, et quelques mois plus tar l les citoyens de Maux et Bouchon sont nommés adjoints au maire.

Marengo et Hohenllinden, 1800. — Le premier Consul fi tout pour désarmer pacifiquement les coalisés N'ayant pu obtenir une paix digne de la France, il résolut une guerre rapide. Moreau franchit le Rhin, gagne coup sur coup trois batailles et entre dans Munich, tandis que Masséna défend héroïquement Gênes contre les Autrichiens et que Bonaparte, reprenant l'armée d'Italie, franchit le Saint Bernard, entre à Milan et défait de nouveau les Autrichiens à Montebello et à la glorieuse bataille de Marengo, 14 juin 1800, où l'illustre Desaix trouva la mort au moment où sa division assurait le gain de la bataille.

Le même jour, Kléber, le vainqueur d'Héliopolis, était assassiné par un fanatique, et l'Egypte dut être évacuée.

Enfin, la grande victoire de Hohenlinden, remportée par Moreau et Richepanse, le 3 décembre, obligea l'Autriche à signer la paix de Lunéville en 1801.

Le dernier jour du XVIIIe siècle et le premier du XIXe à Compiègne. — Trois mois après la glorieuse victoire de Marengo, et deux mois avant celle non moins fameuse de Hohenlinden, *Compiègne* fut témoin d'une fête patriotique et nationale qui, légalement, servit de clôture au XVIIIe siècle et de commencement au XIXe, en même temps que cette solennité était l'anniversaire de la fondation de la République, le premier jour de l'an Neuf.

« Des salves d'artillerie, le roulement des tambours
» qui précédaient divers détachements de la Garde
» nationale, le son du beffroi, et mieux que tout cela
» le manifestation de la joie publique avaient annoncé,
» *dès la veille*, et répétaient encore le premier Vendé-
» miaire, a six heures du matin, que la neuvième
» année républicaine commençait. »

Tout les fonctionnaires de l'arrondissement de *Compiègne*, tous ceux de la ville et un grand nombre de citoyens, le Commissaire du Gouvernement près du Tribunal civil de Beauvais, l'Ingénieur en chef du Département étaient réunis à l'Hôtel de Ville et la place de la Loi couverte de la Garde civique sous les armes.

A midi précis, ce magnifique cortège s'est rendu chez le sous-préfet où étaient les élèves du Prytanée conduits par le citoyen Crouzet, de l'Institut, directeur du Collège national de Compiègne.

On se remit en marche au bruit du canon, d'un corps de musique pour se rendre au Temple principal (ancienne église de Saint-Jacques) dans lequel se tenaient, chaque décadi, les séances municipales.

Ce Temple orné de guirlandes et de trophées, offrait sur un autel dressé à cet effet, la statue de la Liberté entourée des enfants de la Patrie, orphelins dont les pères étaient morts sur le champ de bataille.

Ces enfants chantèrent en chœurs et en soli un hymne patriotique, puis le maire Scellier monta à la tribune et prononça un discours qui électrisa tous les auditeurs.

La Marseillaise ayant été chantée par tous les assistants, le citoyen Jarry-Mancy, sous-préfet, harangua à son tour l'Assemblée, fit l'éloge du Premier Consul, du dix-huit Brumaire et menaça les fonctionnaires qui ne se rendaient pas assidument au Temple le jour du décadi...

Le cortège en sortant suivit d'autres rues et en passant devant le drapeau national hissé à la sous-préfecture, trois coups de canon ont salué cet auguste symbole devant lequel les vétérans et la Garde nationale, rangés en bataille, ont porté les armes.

Il était trois heures quand la cérémonie se termina au milieu de l'allégresse universelle.

Un repas patriotique fut donné par le Sous-Préfet à quarante fonctionnaires, pendant lequel des morceaux de musique, des chants nationaux et gais ont diverti les convives.

Des santés ont été portées à la République! au Premier Consul! au Préfet! aux Défenseurs de la Patrie! Puis on vote des étrennes au citoyen Ducamp, centenaire de *Compiègne*, par une quête déposée dans les mains du maire.

Des jeux, une distribution de comestibles et un bal public clôturèrent à *Comp ègne*, le premier jour de l'an Neuf qui, légalement sinon en fait, terminait en France le XVIIIe siècle.

Le Prytanée français établi au Château de Compiègne. — La Convention avait tranformé le Collège Louis-le-Grand en Prytanée où des bourses étaient données aux fils des officiers tués sous les drapeaux et des fonctionnaires publics morts pauvres au service de la Patrie. Les guerres de cette époque remplirent bientôt d'orphelins intéressants le P ytanée de Paris, divisé en quatre sections, dont une fut transférée à Liancourt et une au're, de quatre à cinq cents élèves, au château de Compiègne.

Le premier directeur du Prytanée de *Compiègne* fut **M.** Crouzet, qui plus tard tut mis à la tête de l'école de Saint-Cyr. Cette école devint alors, et resta depuis, l'école militaire et spéciale de Saint-Cyr.

Bonaparte était venu visiter le Prytanée de *Compiègne* en 1802 ; il y revint en juin 1803, en allant au camp de Boulogne, où il devait réunir cent cinquante mille hommes pour opérer en Angleterre la plus audacieuse descente.

Ney devait établir un second camp à *Compiègne* sous les ordres de Louis Bonaparte qui habitait *Compiègne* avec sa femme Hortense de Beauharnais, père et mère de Napoléon III.

Pendant les deux heures que le Premier Consul passa à *Compiègne*, il trouva à la tête de la section du Prytanée un de ses anciens professeurs de Brienne dont il avait sans doute conservé un mauvais souvenir, car Le Breton fut disgracié peu de temps après le passage de Bonaparte au château. Le Premier Consul suivit la route de Margny, Monchy, Cuvilly, Orvillers, Conchy, Roye, pour se rendre à Amiens. Un accident de voiture obligea Bonaparte à descendre à Cuvilly, où une aubergiste qu'il gênait dans ses mouvements, le malmena dans le patois picard. Le glorieux Corse ne comprit pas, mais les gestes qui accompagnaient la boutade, le firent sourire, même devant les souffrances de la dame que pansait l'hôtellière ennuyée.

Fox, en Angleterre, ayant remplacé Pitt, décida l'Angleterre à signer la paix à Amiens, 1802.

Plusieurs conspirations contre la vie du Premier Consul appelèrent sa vengeance : le duc d'Enghien, petit-fils du grand Condé, en fut victime aussi bien que de sa confiance dans le droit des gens. Il fut saisi sur le territoire de Bade par des gendarmes français, amené à Vincennes, jugé et fusillé la même nuit, 20 mars 1804.

Deux mois après Bonaparte, d'abord Consul pour dix ans, puis Consul à vie, sur la proposition du Sénat, était proclamé empereur sous le nom de Napoléon Ier. La monarchie en France, sous une nouvelle forme, reparaissait après quinze années de gouvernements divers.

La première République avait duré 12 ans.

CHAPITRE XXI

Compiègne et sa Région sous le premier Empire.

1804 à 1814

Sacre de Napoléon. — Bonaparte qui avait rappelé les émigrés, rouvert les églises et signé le Concordat, pendant son Consulat, insista pour que le pape vînt le sacrer à Notre-Dame de Paris en qualité d'Empereur, sous le nom de Napoléon Ier.

La cérémonie eut un éclat que le sacre des rois n'eut jamais en France.

Mais en agrandissant ses Etats au détriment de ses voisins et en augmentant sa puissance comme empereur absolu, le nouveau souverain inquiéta l'Angleterre, l'Autriche et la Russie qui se liguèrent de nouveau contre nous.

Par une réunion de circonstances inouies, la formidable invasion de l'Angleterre ayant échoué, après une distribution solennelle des drapeaux à l'armée de Boulogne (que rappelle la colonne élevée près de la côte), Napoléon par une nouvelle inspiration de génie conduit à marches forcées cette admirable armée sur le Rhin et sur le Danube. La capitulation d'Ulm, où quarante mille hommes mettent bas les armes, nous donne les canons nécessaires pour élever la colonne Vendôme. Vienne, tombe en notre pouvoir. Le 2 décembre 1805, anniversaire de son sacre, l'empereur français vainquit les empereurs d'Autriche et de Russie, à Austerlitz et leur imposa la paix de Presbourg en créant la Confédération du Rhin.

Malheureusement le jour même de cette mémorable victoire continentale, les flottes française et espagnole réunies furent détruites par l'anglais Nelson, qui fut tué sur son vaisseau-amiral.

Les rues d'Ulm et d'Austerlitz à Compiègne. — Le patriotisme de la municipalité de *Compiègne* trouva une double raison de manifester les sentiments de la vieille Cité fidèle à l'occasion des faits d'armes éclatants dont Napoléon venait d'illustrer la France. En mémoire de la prise glorieuse de la place forte d'Uulm, ce nom fut donné à la rue de la Porte-Chapelle puis en exécution d'une autre délibération municipale de 1806, la rue des Jacobins fut appelée rue d'Austerlitz, tant en mémoire de la bataille des trois empereurs, que pour rappeler la part glorieuse que prit à cette victoire le baron de Seroux. Ce général se trouva également à Friedland, où son gendre, le colonel de Bicquelley, fut blessé à ses côtés le jour même où sa femme mourait à *Compiègne*, dans la propriété des Jacobins qui appartient encore à cette noble famille.

La Prusse humiliée par Napoléon se ligua à son tour contre la France, avec la Russie et l'Angleterre.

L'empereur vainquit la Prusse à Iéna et le même jour Davoust, son lieutenant, détruisait l'armée anglo-prussienne à Auerstaedt, 14 octobre 1806.

L'année suivante, la prise de Dantzig par la cavalerie du maréchal Lefèvre et les batailles d'Eylau et de Friedland sur les Russes, obligèrent ces derniers à traiter à Tilsitt. Napoléon fit alliance avec Alexandre 1er de Russie, et réduisit le territoire de la Prusse de plus de moitié, tout en obligeant les autres puissances européennes à fermer leurs portes aux vaisseaux anglais, dont il voulait ruiner le commerce par ce *blocus continental*

Le Portugal ayant refusé de se soumettre à ce décret signé à Berlin, une armée française, commandée par Junot, traverse l'Espagne et va occuper Lisbonne, dont le roi s'enfuit au Brésil, 1807.

Profitant des dissentions du vieux roi d'Espagne avec son fils, Napoléon les appelle tous deux à Bayonne, et les fait abdiquer en sa faveur. Il donne la couronne d'Espagne à son frère Joseph, que Murat remplace à Naples, comme roi des Deux-Siciles.

Administration impériale de Compiègne. — Le maire de *Compiègne*, Scellier ayant été nommé juge au Tribunal de l'arrondissement, le premier adjoint De Meaux le remplaça à la tête de la municipalité. M. Léré, marchand drapier et E. mangard de Bournonville lui furent adjoints. L'année suivante, M. De Meaux étant mort, M. Dulmas, ancien officier supérieur lui succéda. M. Léré et M. de Lancry de Rimberlieu furent nommés adjoints.

Pendant ces diverses administrations municipales, l'Ecole des Arts-et-Métiers qui avait un moment remplacé la section du Prytanée militaire, fut elle même transférée à Châlons-sur-Marne, où elle est encore, et l'empereur résolut de mettre le palais en état d'habitation princière.

Une garde de vétérans fut chargée de veiller à sa

conservation et de nombreux ouvriers employés aux réparations et à la construction de nouvelles galeries.

Ce palais édifié par Louis XIV pour remplacer le premier édifice de Charles V, et complétement transformé par l'architecte Gabriel, sous Louis XV, et à peu près terminé sous Louis XVI, subit sous Napoléon 1er d'importantes modifications, surtout les deux parcs qui furent dessinés par l'architecte Bertault, et plantés à *l'anglaise*.

Cinq cents ouvriers furent employés au commencement de l'empire, tant au palais qu'aux parcs et jardins ; mais ce ne fut qu'en 1810 que la grande avenue des Beaux-Monts, unique au monde, fut percée en même temps que l'empereur faisait construire un berceau en fer distance de deux kilomètres pour rappeler à son épouse, Marie-Louise, sa résidence de Schœnbrunn, en Autriche.

D'après le projet de Napoléon 1er, les parcs du palais de *Compiègne* devaient avoir des pièces d'eau comme à Versailles. Les sources de Clairoix et de la forêt, captées à cette fin, auraient pu alimenter la ville elle-même.

De même le sommet des Beaux-Monts, dans l'axe de la percée, devait être décoré d'un palais et d'un observatoire, en mémoire de la victoire d'Iéna, dont ces monuments devaient porter le glorieux nom.

C'est dans l'intervalle des premiers et des seconds travaux exécutés sous le premier Empire au palais de *Compiègne*, que ce château fut occupé par la cour d'Espagne.

Charles IV, roi d'Espagne et sa cour relégués à Compiègne. — Après la signature de son abdication, le roi d'Espagne reçut le château de *Compiègne* comme résidence avec une dotation annuelle de sept millions. Le vieux roi arriva à Compiègne avec la reine, les princes et la reine d'Etrurie et le fameux Godoÿ, prince de la Paix, l'auteur des misères de cette famille divisée.

Charles IV conserva à *Compiègne* le train et l'étiquette qu'il avait à Madrid. Son carrosse était traîné par cinq mules blanches, à grelots. Le nombre de mules et de chevaux était de cent, avec des voitures et un personnel en rapport avec une cour qui ne brillait ni par l'ordre ni par la propreté.

L'ancien roi jouait, faisait de la musique et surtout de longues promenades en forêt et dans les environs, recherchant les gens de la campagne et s'amusant beaucoup aux fêtes populaires. La présence de cette cour, aux habitudes étranges, amenait de nombreux visiteurs à *Compiègne* et faisait doublement les affaires des commerçants. Malheureusement l'été de 1808 fut pluvieux et froid dans nos parages et les Espagnols, habitués à un climat chaud, souffrirent beaucoup, surtout le roi « accablé de douleurs et de rhumatismes. » qui dut quitter *Compiègne*, après un séjour de quatre mois, pour aller à Marseille. On regretta beaucoup le départ de Charles IV, sa bonhomie, sa charité, sa popularité et jusqu'aux incidents singuliers suscités souvent au milieu d'une population sympathique et curieuse, qui ne comprenait pas que les officiers de bouche servissent les princes espagnols à genoux et leur parlassent à mains jointes !

Guerres d'Espagne et d'Autriche. — Cependant l'Espagne repoussa Joseph Bonaparte, que Napoléon voulait lui imposer comme roi, et Wellington à la tête d'une armée anglaise, vint au secours du Portugal et de l'Espagne.

Bessières vainquit les Espagnols ; mais le général Dupont capitula à Baylen et Junot, vaincu par les Anglais, dut évacuer le Portugal.

Napoléon vint d'Allemagne avec ses légions pour conquérir la péninsule Ibérique. Il entre à Madrid après les sanglantes victoires de Burgos, d'Espinosa et de Tudéla. Le seul siège de Saragosse coûta la vie à 30 mille soldats et à 50 mille habitants ; c'est dire assez quel prix coûta la conquê e de l'Espagne.

L'Autriche, soutenue par l'Angleterre, profitant de l'éloignement de Napoléon, reprend les armes en 1809.

L'empereur revient en Allemagne, remporte les victoires d'Eckmülh et d'Esling, où Lannes fut tué et entre dans Vienne. Napoléon obtient la main de Marie-Louise, fille de l'empereur d'Autriche, tout en dépouillant cet empire des provinces Illyriennes, par la paix de Vienne.

Marie-Louise d'Autriche à Compiègne. — Au commencement de 1810, M. Dalmas, maire de *Compiègne*, par une proclamation aux habitants, annonça que bientôt la ville aurait l'insigne honneur de recevoir le « héros du siècle et sa fiancée, l'archiduchesse d'Autriche ». Le magistrat municipal faisait appel à ses administrés pour que la ville, par sa bonne tenue et ses concitoyens par leur empressement, fussent dignes de recevoir la cour impériale dans tout son éclat.

Napoléon devait recevoir sa fiancée au château de *Compiègne* en grande cérémonie, et tout était préparé à cet effet. Mais le télégraphe aérien lui ayant appris que la princesse quittait Reims, impatient, il prend une calèche avec Murat et part sans suite au-devant de sa future jusqu'à Courcelles, à quinze lieues de *Compiègne*.

Il se jette dans la voiture de l'archiduchesse et de la reine de Naples qui l'accompagnait, et ordonne de traverser Soissons au galop, malgré les députations officielles prêtes à recevoir la future impératrice.

Le cortège était attendu par les avenues, où la foule s'était portée avec les troupes sous les armes. Une batterie d'artillerie était placée dans la plaine Hurtebise, sans habitation à cette époque.

A dix heures du soir seulement, l'empereur entra en ville par la porte Chapelle, illuminée à la hâte.

Le mariage ayant eu lieu à Vienne par procuration, les nouveaux époux restèrent deux jours à *Compiègne*, qui furent deux jours de fête de toute nature.

Le 30 mars, ils quittèrent le palais pour aller à Paris, où le mariage solennel eut lieu avec une pompe extraordinaire. Cinq jours plus tard, *Compiègne* revit ses hôtes impériaux, et les fêtes qui suivirent ce grand événement durèrent jusqu'au 27 avril. Tous les acteurs en renom vinrent jouer au château ; des chasses à courre, à tir, les revues, les excursions, les bals se succédaient chaque jour ; des cadeaux et des aumônes furent répandus à profusion dans la ville et aux alentours.

Le 20 mars 1811 Marie-Louise donnait à Napoléon un héritier, qui reçut en naissant le titre de roi de Rome. Le 30 août, la famille impériale, au complet, revint à *Compiègne*, où les habitants se montraient avides, dit un historien contemporain, de voir le jeune prince impérial.

Apogée du 1er Empire. — Ce séjour de l'Empereur dura vingt jours, et fut le dernier qu'il fit à *Compiègne*.

A cette époque Napoléon était à l'apogée de sa gloire.

La France comptait alors 130 départements limités par les frontières naturelles de l'Océan, de la Manche, de la mer du Nord, du Rhin, des Alpes, de la Méditerranée et des Pyrénées. Elle avait une seconde frontière d'états vassaux qui s'appelaient : la Confédération du Rhin celle de l'Helvétie, le royaume d'Italie et celui d'Espagne.

Mais le blocus continental, la conscription forcée, les guerres incessantes, le surcroît des impôts et la privation de libertés publiques à l'intérieur faisaient ombre à la gloire militaire dont la France était fatiguée.

Le Czar Alexandre se lassa aussi des exigences de Napoléon, il rompit la paix de Tilsitt et le blocus qui ruinait la Russie, 1811.

En 1812, à l'époque où *Compiègne* attendait de nouveau la famille impériale, Napoléon, laissant la régence à Marie-Louise, part pour la Russie à la tête de cinq cent mille hommes. Il remporte successivement les sanglantes batailles de Witepsk, de Smolensk et de la Moskova et entre à Moscou. Mais les Russes incendient leur vieille capitale et l'armée française se trouve sans ressources à l'approche de l'hiver qui, plus précoce et plus rigoureux que d'ordinaire, l'oblige à une retraite rapide et désastreuse.

Le passage de la Bérézina, sous le feu des Russes, anéantit le reste de cette belle armée. Napoléon revient en toute hâte à Paris, lève de nouvelles recrues qu'il ramène en Allemagne.

Devant nos désastres, la Prusse s'allie à la Russie. L'Autriche et la Suède suivent l'exemple de la Prusse.

Napoléon est de nouveau vainqueur de la coalition à Lutzen, à Bautzen et à Dresde. La journée sanglante de Leipzig, surnommée la bataille des nations, 16, 17 et 18 octobre 1813, où les Saxons nous trahirent, nous obligea à reculer jusqu'au Rhin.

L'Impératrice passe à Compiègne, où la cour de Westphalie se retire. — Marie-Louise suivit l'empereur retournant en Allemagne, et alla jusqu'à Vienne pour tenter de conserver à la France l'alliance de l'Autriche. N'ayant pu obtenir que de vagues espérances, elle repassa par *Compiègne* sans avoir reçu le Conseil municipal qui désirait lui exprimer son dévouement. Mais quelques jours plus tard, le château reçut soudainement le frère de l'empereur, Jérôme, roi de Westphalie et sa cour, qui venaient d'être chassés par les ennemis de Napoléon.

Jérôme occupa les appartements de Charles IV, d'Espagne et bientôt Joseph, un instant successeur de ce dernier, mais chassé de Madrid à son tour, vint passer quelques jours au palais de *Compiègne* auprès de son frère Jérôme !...

Avant de franchir nos frontières, les souverains alliés, réunis à Francfort, offrirent d'arrêter leur marche victorieuse, si Napoléon voulait restreindre ses états aux limites naturelles de la France.

L'empereur repoussa ces propositions pour courir à de nouveaux exploits, mais aussi à sa perte et à celle de son empire.

Jamais Napoléon ne montra plus de génie que dans la campagne de 1814, que nous n'avons pas à raconter ici. A Montmirail, à Champaubert, à Montereau, à Craonne, à Arcis-sur-Aube, partout où se trouve l'empereur, la victoire suit ses aigles ; mais ses lieutenants reculent et les alliés, ayant opéré leur jonction, marchent de concert sur Paris, que la régente Marie-Louise abandonne. La capitale se défend héroïquement, mais ne peut tenir assez longtemps pour permettre à l'empereur d'écraser ses nombreux adversaires entre deux feux, suprême effort sur lequel il comptait absolument.

Pendant les deux premiers mois de 1814, *Compiègne* fut affligé de nombreux convois de blessés, de prisonniers, de troupes changeant de direction, souvent dans un désarroi navrant.

Belle défense de Compiègne, triple et heureux combat de 1200 soldats et gardes nationaux contre une armée de 18,000 Prussiens. — Au commencement de mars 1814, l'arrondissement de *Compiègne* est envahi par les avant-gardes prussiennes ; mais l'ennemi ne parut en force devant la ville que le 14. Plusieurs engagements eurent lieu vers Margny et Venette, dont les habitants soutinrent bravement les sorties de la faible garnison.

Le major Otenin, du 136e, auquel la ville était confiée, ayant répondu aux sommations qu'il entendait se défendre, l'ennemi se retira avec de nombreux blessés et trois prisonniers.

Les 23 et 24 mars, des rencontres sérieuses eurent

lieu à Janville où M. Beauvais, avec trente hommes de la garde nationale de *Compiègne,* fit rebrousser chemin à un détachement de plusieurs centaines de cavaliers ennemis se dirigeant vers la ville. Le lendemain, revenus en nombre pour fouiller les bois de Janville, les Prussiens tournant par Coudun et Bienville descendirent des hauteurs de Margny. Une sortie de la garnison, aidée des habitants de Venette, embusqués dans les vignes, infligea des pertes importantes à l'ennemi qui, la nuit venue, mit le feu aux quatre coins de l'héroïque village. Le lendemain, Venette n'offrait plus qu'un monceau de ruines fumantes ; cent cinquante habitants étaient carbonisés ou étouffés sous les décombres de leurs habitations !

Soissons, après deux jours de siège, avait été repris ; l'heure des suprêmes dangers était venu pour *Compiègne.* Noyon était occupé depuis un mois, Le pont de Choisy et celui de Pont-Saint-Maxence avaient été coupés. *Compiègne,* mis en état de défense par les soins de M. de Lancry maire et le zèle d'une faible garnison, résolut de lutter à outrance, cette ville étant désormais le dernier rempart de la capitale de ce côté.

Nos concitoyens, le 31 mars, ignoraient que Paris avait déjà succombé.

Ce même jour, plusieurs batteries à mi-côte de Margny, foudroyèrent la ville, tandis que nos éclaireurs, retranchés partout sur le bord de l'Oise, abattaient les tirailleurs ennemis placés en avant de leurs batteries.

Le lendemain l'attaque devint générale. Une pièce de canon placée sur la terrasse qui domine la plaine de Choisy, alors entièrement découverte, fit éprouver de telles pertes à l'ennemi, qu'il dut faire un rempart de ses morts pour se mettre à l'abri de notre feu. Deux autres pièces volantes défendaient le front du château devant le parc, et jusqu'à la terrasse en face des trois avenues et de la place d'armes.

La ville mise en bon état de défense vers le pont

et sur les bords de l'Oise, ne pouvait être attaquée que vers les parcs et la forêt, où l'ennemi craignait de trouver quelque embuscade.

Enfin le grand parc est envahi par plus de dix mille hommes. Pendant deux heures. quelques centaines de nos tirailleurs, embusqués dans les massifs, maintiennent l'ennemi derrière la grille qui sépare les deux parcs.

Forcés de se replier, ces braves prennent pour abri la balustrade de la terrasse, où ils continuent leur feu.

« Dès lors l'ennemi croit n'avoir qu'à s'avancer sur le glacis conduisant sur le terre-plein à l'entrée du palais.

« L'ennemi en masses profondes effectue ce mouvement en avant ; il débouche par les massifs et les rampes qui conduisent aux appartements du palais.

Réunis ainsi sur un espace restreint, les assaillants n'ont plus que trente pas à franchir pour que les premiers rangs soient sous le péristyle, quand deux canons chargés à mitraille dissimulés par les statues prennent la colonne en flanc. Ce feu croisé couvre de cadavres tout le glacis. L'épouvante fait reculer les Prussiens, qui sont poursuivis la baïonnette dans les reins jusque sur la pelouse.

L'ennemi se rallie derrière la grille et revient à la charge ; mais reçu avec la même vigueur et la même intrépidité, il fuit en désordre sans emporter ses nombreux morts ou blessés.

Malheureusement parmi ces derniers se trouvait le major O enin, frappé d'une balle au front au pied de la statue de Philoctète, à la première attaque du château.

Les trois avenues conduisant à la place du palais étaient attaquée en même temps, mais derrière chaque arbre sont des tirailleurs qui défendent pied à pied le terrain.

Du côté du pont le combat n'avait pas été moins glorieux, malgré le bombardement continuel de la ville des hauteurs de Margny.

La nuit suspendit l'action.

Pendant ces heures d'anxiété patriotique, la municipalité se concerta avec le major Guillemain et les commandants Lecomte et Mallest remplaçant Oteri, mort au bout de quelques heures.

Le lendemain matin, on apprit que les Prussiens avaient levé le camp avec trente voitures de blessés, laissant plus de huit cents morts !

On évalue à quatre mille hommes les pertes de l'ennemi autour de *Compiègne*; les nôtres ne furent que de deux cents. Douze cents hommes environ de troupes régulières et de gardes nationaux avaient tenu en échec le général prussien, Bulow, à la tête d'un corps de dix-huit mille soldats !

Cette défense héroïque de *Compiègne*, deux jours après la capitulation de Paris, est assurément un des plus beaux épisodes de l'immortelle campagne de 1814. Si les Parisiens eussent pu tenir autant que les Compiégnois, Napoléon, selon ses calculs, écrasait les coalisés sous les murs de la capitale et la patrie était sauvée...

Le 3 avril un parlementaire se présenta annonçant la prise de Paris, connue à *Compiègne* depuis la veille. Le 5, la garnison défilait avec les honneurs de la guerre devant la brigade prussienne du général Bosstel, qui venait d'entrer dans la ville.

Le 11 avril, Napoléon abdique à Fontainebleau, fait des adieux touchants à sa garde, et embrassant le général Petit et le drapeau tricolore : « Soldats ! s'écrie-t-il, que ce baiser passe dans vos cœurs. »

Il reçoit des alliés en toute souveraineté l'île d'Elbe, une garde de quatre cents hommes et une pension annuelle de deux millions.

CHAPITRE XXII

Compiègne et son arrondissement

sous les règnes de Louis XVIII et de Charles X

Le 25, le général baron Curial vint faire préparer les logements du roi.

Le 26, les Prussiens quittaient *Compiègne* et le même jour le maréchal Ney et le vicomte de Montmorency, gouverneur du château, trois cents suisses et vingt-sept détachements de troupes françaises de toutes armes faisaient leur entrée dans la ville « fidèle au roi et au royaume. »

On arma les jeunes gens pour former une garde d'honneur au roi ; ils portaient l'écharpe blanche sur leur uniforme. Ney les passa en revue et leur assigna un poste dans l'intérieur du palais.

Le 29, Louis XVIII arrivait à *Compiègne* en compagnie des maréchaux de l'empire et des princes de Condé et de Bourbon, qui étaient allés au-devant du roi jusqu'à Mouchy Humières. Le cortège passa sous un arc de triomphe que *Compiègne* avait élevé avec la verdure de sa forêt et les fleurs de son parc.

La duchesse d'Angoulême, fille de Louis XVI, accompagnait son oncle ; mais celle qui était la fille et deux fois la nièce du roi de France et la petite-fille de Marie-Thérèse d'Autriche, dut emprunter une robe à Mme de Frézels, ancienne dame de la cour de Marie-Antoinette, pour recevoir la députation du corps législatif au palais.

Le dîner maigre du vendredi fut si abondant et si recherché qu'il est resté légendaire dans les annales culinaires.

Le dimanche l'empereur Alexandre de Russie vint rendre à *Compiègne*, visite au roi de France.

Le 2 mai Louis XVIII partit pour Paris.

Triple manifestation de reconnaissance des Compiégnois. — Si la fidélité de *Compiègne* au Gouvernement légal est exemplaire, la reconnaissance que cette vieille cité a également témoignée aux hommes qui l'ont illustrée par leurs services ou leurs talents, fut toujours un des caractères distinctifs des Compiégnois.

Ainsi pendant l'héroïque défense de cette ville et les longs et pénibles préparatifs de ce siège, le maire, M. de Lancry avait déployé un zèle et un dévouement sans égal, que tous ses administrés avaient su apprécier. De son côté la garde nationale, de concert avec la faible garnison, commandée par l'infortuné Otenin, avaient montré un courage, une persévérance à toute épreuve, qui avaient reçu une récompense méritée par un succès inespéré et complet. Mais tandis que les forts combattaient en héros, les faibles préparaient les aliments, la charpie, les munitions, ou priaient au pied des autels, implorant l'assistance de N.-D. de Bon-Secours : ce fut le rôle des enfants, des femmes et des vieillards de l'hospice et de la ville.

Le Conseil municipal, interprète du sentiment public, après avoir fait au major Otenin des funérailles dignes de la ville et du courage de ce noble défenseur, voulut honorer la conduite magnanime du maire de Compiègne en lui offrant, dans une cérémonie religieuse et patriotique, une couronne civique, la plus enviable des récompenses et reconnaître aussi l'assistance de N.-D. de Bon-Secours. A cet effet, la municipalité délibéra l'institution d'une procession solennelle religieuse et civile, de l'hôtel de ville à la chapelle des Capucins, pour y renouveler et perpétuer le vœu de 1636. Cette troisième manifestation publique eut lieu le 10 juin 1814. Toute la ville assista à cette procession ayant à sa tête le Sous-Préfet, le Maire, le Conseil municipal, tous les fonctionnaires, le Clergé des trois paroisses, tous unanimes à reconnaître que le salut de la ville était dû, tout à la fois, à la vaillance des combattants, au rôle du Maire personnifiant la population virile, et à la protection divine, réclamée par ceux qui n'avaient pu défendre autrement la patrie en danger.

Le nouveau roi, frère de Louis XVI, octroya à son peuple une Charte constitutionnelle et un gouvernement parlementaire, avec une Chambre des Députés élus par des censitaires payant au moins 300 fr. d'impôts et une Chambre des Pairs héréditaires, nommés par le Roi. Les ministres étaient responsables.

La nouvelle cour royale, outre le monarque, comprenait Monsieur, comte d'Artois, frère du roi, lequel avait deux fils, le duc de Berry et le duc d'Angoulême.

Leurs nombreux amis, émigrés avec ces princes, affectaient un profond mépris pour tout ce qui s'était fait en France depuis 1789 : ils n'avaient rien oublié ni rien appris depuis vingt cinq ans.

Entre ces retardataires et ceux plus nombreux qui avaient pris part aux évènements de la République et de l'Empire, se produisit un antagonisme qui troublait la France, tandis que les souverains étrangers, réunis au Congrès de Vienne, ne s'entendaient pas non plus sur le partage qu'ils voulaient faire de l'Europe, sans consulter les peuples intéressés.

Les Cent jours. — Profitant du mécontentement de la France et de la division des souverains, Napoléon quitta furtivement l'île d'Elbe, avec les quatre cents hommes de sa garde et les généraux qui partageaient son exil et débarqua à Cannes le 1er mars 1815.

Il marche aussitôt sur Paris. Toutes les troupes envoyées contre lui se mettent sous son commandement, et le 20 mars il rentrait aux Tuileries que Louis XVIII avait quittées pendant la nuit pour s'enfuir à Gand.

Napoléon voulant s'appuyer enfin sur l'opinion libérale, appella au ministère Carnot et Benjamin Constant, qu'il avait écartés pendant son règne absolu de dix ans de victoire.

Mais les armées de la coalition n'étaient pas encore rentrées dans leurs foyers ; les souverains quittèrent leurs délibérations pour en reprendre le commandement et marcher contre « le perturbateur de la paix européenne. »

Bataille de Waterloo. — Funestes traités de 1815. — L'empereur, habitué à prendre l'offensive, veut épargner à la France les douleurs d'une nouvelle invasion Il court en Belgique au devant des troupes réunies de toute l'Europe.

Il rencontre d'abord les Prussiens, qu'il bat à Ligny ; puis les Anglais, qu'il écrase dans trois engagements successifs. Wellington se croyait perdu quand Blucher, qui avait échappé à Grouchy, vient seconder les Anglais.

Une nouvelle bataille s'engage contre les troupes françaises harassées de fatigue et très inférieures en nombre.

Malgré des prodiges de tactique et d'héroisme, la dernière armée de Napoléon est vaincue ; la vieille garde, commandée par Cambronne, refusa de se rendre, et fut écrasée dans une lutte restée légendaire.

L'empereur abdiqua de nouveau en faveur de son fils, qui fut un instant reconnu par les Chambres sous le nom de Napoléon II.

Napoléon se confia à l'Angleterre ; mais le gouvernement britannique le retint comme prisonnier de guerre et l'envoya à Sainte-Hélène, où il mourut de consomption après six ans de captivité.

Compiègne pendant l'invasion de 1815.— Le canon de Waterloo s'était entendu de *Compiègne*, qui vit dans ses murs les ennemis qui n'avaient pu y entrer quinze mois auparavant....

Le 27 juin, 70 mille hommes traversèrent *Compiègne* qu'ils saccagèrent.

On comprend que les Prussiens surtout furent beaucoup plus exigeants en 1815 que l'année précédente. Le Conseil municipal fut assailli de réquisitions de toute nature, et une somme de 160.000 fr. fut tout d'abord imposée aux deux villes de *Compiègne* et de Noyon. Plus tard l'arrondissement dut payer une contribution de près d'un million avec menaces de violences si cette somme n'était pas versée dans le délai de quelques jours.

Blucher logé au palais, où il se faisait luxueusement traiter avec son état-major par la ville de *Compiègne*, en partit quand Louis XVIII, alors à Roye, fit annoncer son arrivée.

Aussitôt les drapeaux blancs flottent aux fenêtres des maisons et aux portes des édifices publics.

Le roi ne séjourna pas à *Compiègne* et se dirigea sur Paris, où les souverains en replaçant Louis XVIII sur le trône, rédu sent la France à d'étroites et vulnérables limites, nous imposent une indemnité de guerre de sept cents millions, et nous obligent à entretenir dans nos places du Nord une garnison étrangère de 150 mille hommes, pendant cinq ans.

Deuxième Restauration. — De nouvelles élections amènent une chambre qui pousse le gouvernement aux réactions les plus rigoureuses. Ney est jugé par la cour des pairs, condamné et fusillé ; des cours prévôtales jugent sans appel et sans recours en grâces, comme aux mauvais jours de la Convention : aussi ces exécutions sommaires et impitoyables furent-elles, leur tour, surnommées la *Terreur blanche*.

Cette situation rend impossible le gouvernement représentatif que le duc de Richelieu, devenu ministre, réforme en élevant à trois cents francs le cens électoral et à mille francs pour l'éligibilité des députés.

Cette loi électorale, un peu modifiée en 1830, dura jusqu'à l'avènement du suffrage universel décrété en 1848.

De même la loi sur le recrutement de la même époque, sauf quelques modifications secondaires, a régi tout notre système militaire jusqu'à nos jours, où le service obligatoire est entré dans nos lois.

La cour royale à Compiègne. — Louis XVIII, malade et peu valide, ne revint point à *Compiègne*; mais ses neveux, les ducs de Berry et d'Angoulême, avec une suite nombreuse, vinrent plusieurs fois chasser le cerf et le sanglier dans la forêt. Les duchesses suivaient les chasses en voiture et la cour, accompagnée des châtelains des environs et de leurs familles, retrouvait les plaisirs favoris de l'ancienne monarchie. La curée chaude aux carrefours ou aux étangs, la curée froide dans la cour d'honneur du palais, à la lueur des torches et au son des cors, étaient toujours le clou de ces jeux cynégétiques.

Des revues de la garde royale, des cuirassiers, des chasseurs, de la garde nationale étaient faites par les princes à cheval et les princesses en calèche, après quoi la municipalité, les fonctionnaires et les dames de la ville étaient reçus dans la galerie des fêtes du château, et les jeunes filles en blanc admises à complimenter les duchesses, en leur offrant des corbeilles de fleurs.

Dans une cérémonie tout à la fois militaire et religieuse, la duchesse d'Angoulême attacha la cravate au drapeau de la garde nationale, que lui présenta le baron de Mazancourt, et à l'étendard des cuirassiers que commandait le comte de Béthune. Le lendemain Wellington, le vaincu de Toulouse par Soult, mais le vainqueur de Napoléon à Waterloo, assista à une chasse à courre dans la forêt avec les princes qui lui devaient une patrie, tandis que la France, humiliée et amoindrie, lui demandait ses enfants mitraillés au champ d'honneur.

Cependant les idées libérales traduites par une jeunesse ardente et par une littérature nouvelle, jetaient dans la politique intérieure des ferments de discorde. L'assassinat du duc de Berry, neveu du roi, imputé aux libéraux, les rendit odieux à la cour.

La naissance du duc de Bordeaux, fils posthume du prince assassiné, exalta les idées réactionnaires de royalistes, dont le comte d'Artois, frère du roi, était l'âme.

Ces royalistes faisaient une opposition systématique au parti libéral composé des anciens républicains, des bonapartistes, de la jeunesse des écoles. tous guidés par les hommes populaires qui s'appelaient Benjamin Constant, le général Foy, Lafitte, Manuel, Lamarque et qui étaient à la tête des libéraux.

Les idées révolutionnaires qui fermentaient en France prenaient corps dans toute l'Europe et les rois de Naples et d'Espagne ayant été chassés par leurs sujets, le premier fut rétabli sur son trône par l'Autriche, le second par la France.

Le duc d'Angoulême, second fils du comte d'Artois, avec une belle armée française, franchit les Pyrénées, enleva le fort du Trocadero qui défendait Cadix où étaient réfugiés les Cortès insurgés, et rétablit Ferdinand VII sur le trône de ses pères.

Louis XVIII, mourut l'année suivante, 1824 et fut inhumé en grande pompe dans les caveaux de Saint-Denis, où aucun souverain français ne l'a suivi, ses trois successeurs étant tous morts en exil, à la suite des révolutions de 1830, de 1848 et de 1870.

Règne de Charles X, 1824-1830. — Charles, comte d'Artois, succéda à son frère et se fit sacrer à Reims, l'année suivante avec l'antique cérémonial des anciens rois, depuis Clovis, fondateur de la monarchie française, baptisé et sacré tout à la fois par l'évêque saint Remi.

Charles X à Compiègne à son retour du sacre. — Selon l'ancienne coutume royale aussi, Charles X au retour du sacre repassa par Compiègne et séjourna huit jours au château, où des fêtes religieuses, des visites aux hôpitaux, au collège, aux *écoles* furent faites avec solennité et d'abondantes aumônes partout distribuées, surtout aux hospices et au bureau de bienfaisance. Comme on était dans l'octave de la Fête-Dieu, le roi suivit la procession extérieure avec le duc d'Angoulême, les duchesses d'Angoulême et de Berry, tous les officiers du palais et les employés portant des cierges, la municipalité, les fonctionnaires, la garnison tout entière et un immense cortège des trois paroisses, les élèves du collège, les communautés, les pensions et toutes les écoles, etc.

Deux lois, l'une accordant un milliard d'indemnité aux émigrés dépouillés de leurs biens par la Révolution, l'autre tendant à rétablir le droit d'aînesse en France, discréditèrent le nouveau gouvernement qui irrita tout à fait les esprits par la dissolution de la garde nationale et par les privilèges accordés au clergé, surtout aux Jésuites.

Pour rendre la popularité au gouvernement de Charles X, le prince de Polignac, premier ministre, entreprit une expédition contre le dey d'Alger qui avait insulté le consul français. Le général Bourmont, avec trente mille soldats, gagna la bataille de Staouéli et fit le siège d'Alger qui tomba entre nos mains.

Houraillement royal dans la forêt de Compiègne, 25 mai 1830. — La famille royale des Bourbons de Naples étant venue en France faire visite à Charles X et à sa cour, une chasse sans précédent fut organisée à *Compiègne.* Quinze jours à l'avance, six battues successives, faites par trente gardes forestiers et cent rabatteurs, avaient amené vers le Puits du Roi (voir page 91) un très grand nombre de cerfs, biches, sangliers, chevreuils, daims, etc., que l'on enferma dans une enceinte de toile de 2.500 m. de longueur, formant une superficie de plus de cent hectares de taillis et futaies.

Les animaux ainsi captifs furent surveillés et nourris par de nombreux gardes et auxiliaires jusqu'au 25 et tout disposé pour un massacre cynégétique royal. Le jour choisi, quatres calèches à six chevaux entrent dans le fermé et s'arrêtent au carrefour du Puits du Roi, où aboutissent huit routes de seize mètres de largeur. Huit tentes reçoivent le roi, le dauphin, la dauphine, la duchesse de Berry, le duc de Luxembourg, d'un côté, le roi et la reine de Naples et les princes de Salerne et de Pignatelli, de l'autre : chacun des hôtes se rend un instant dans sa tente pour se préparer et bientôt la chasse commence aux sons des fanfares.

Tous les animaux, réunis à dessein dans le premier trac, sont poussés en avant. Soixante cerfs sont en tête et conduisent les biches et les faons timides ; les lourds sangliers sont en arrière. Bientôt les premiers coups de fusil jettent le désordre dans ces masses profondes, où chaque balle fait une victime. Un sanglier éventre une biche, un cerf en protégeant un chevreuil l'écrase en tombant foudroyé ; la terre sanglante se couvre de morts et de blessés qui expirent dans des cris plaintifs.

En une heure de chasse, par une pluie intense, 220 gros animaux, cerfs, biches, daims, sangliers, chevreuils gisaient au tableau... le gibier qu'une forêt ordinaire peut élever en plusieurs années !

Ce genre de chasse à la haie ou aux toiles s'appelle un houraillement. Cette hécatombe d'animaux ne semble pas avoir porté bonheur aux deux rois : Ferdinand II mourut avant son arrivée à Naples et Charles X fut détrôné deux mois plus tard.

La Révolution de 1830. — Des élections ayant amené beaucoup de députés hostiles au gouvernement, le roi, sur le conseil de ses ministres, rendit des ordonnances qui supprimaient les principales libertés garanties par la Charte.

Paris s'insurge et après une lutte formidable les 27, 28 et 29 juillet, et qui coûte la vie à 4.000 soldats, gardes nationaux et citoyens, l'armée royale se retire avec Charles X à Saint-Cloud, où le roi abdique en faveur de son petit-fils, le duc de Bordeaux, qu'il proclame sous le nom de Henri V.

CHAPITRE XXIII.

Compiègne et son arrondissement sous le règne de Louis Philippe Ier, 1830 à 1848.

Mais la Chambre des Députés qui a soutenu l'insurrection pendant les « trois glorieuses journées » appelle au trône le duc d'Orléans, le chef non avoué du parti libéral en majorité dans la Chambre élue. Ce prince accepte ; il est acclamé par la majorité du peuple français, qui reprend le drapeau tricolore que domine le coq gaulois, symbole de la vigilance.

Une révolution avait amené Louis-Philippe Ier sur le trône, une révolution devait l'en précipiter.

Fêtes données à Compiègne et à Noyon. — A l'occasion de l'avènement de Louis-Philippe Ier, comme roi des Français, *Compiègne* et Noyon, où les idées libérales s'étaient propagées depuis quinze ans, accueillirent le nouveau gouvernement avec un enthousiasme qui se traduisit par des fêtes organisées par de nouvelles municipalités. M. de Lancry, maire, fut remplacé par M. Poulletier d'Autreval, de Cambronne, avec M. Biscuit, entrepreneur, et M. Pottier, notaire, adjoints, tous choisis par M. Desèze, sous-préfet, succédant à M. Dalmas, mis à la retraite. Les sous-préfets Bonneliez, L. Sers et Boullez se succédèrent pendant les trois premières années jusqu'à l'arrivée de Théodore Blanc, dont l'administration s'étendit de 1833 à 1839 et laissa un excellent souvenir dans l'arrondissement.

Le peuple n'ayant été consulté que par ses députés pour ce changement de dynastie, le parti républicain, le parti bonapartiste et le parti légitimiste ne désarmèrent point pendant le règne de Louis-Philippe ; aussi les émeutes furent-elles fréquentes, et on ne compte pas moins de dix attentats contre la vie du souverain, qui ne fut jamais atteint, mais dont le gouvernement fut souvent troublé par les différents partis politiques.

Tout d'abord, les ministres de Charles X, qui avaient signé les ordonnances contre la Charte, sont jugés à leur tour par la Chambre des pairs, et condamnés à une détention perpétuelle ; l'archevêché de Paris est saccagé, des émeutes sont réprimées à Paris, à Lyon et à Grenoble.

A l'extérieur, la révolution de 1830, avait porté les Belges à se séparer des Hollandais, les Polonais à se soulever contre la Russie et les Romagnes à s'insurger contre le pape. Louis-Philippe, en refusant le secours de la France à ces soulèvements nationaux fut accusé, par les partis hostiles à son gouvernement, de vouloir la *paix à tout prix* : cette idée s'implanta dans les esprits et nuisit toujours au prestige de ce règne.

Ministère de Casimir-Périer, 1831-1832. — Ce ministre, libéral et énergique, rendit de grands services à la nouvelle monarchie en réprimant les émeutes. Il se rendit populaire en envoyant le maréchal Gérard prendre pour les Belges la citadelle d'Anvers ; mais le choléra qui désola la France en 1832, ravit au pays cet homme d'Etat, en faisant à Paris vingt-mille victimes.

Mariage à Compiégne, du Roi des Belges avec la fille du Roi des Français. — Louis-Philippe 1er avait refusé le trône de Belgique offert au duc de Nemours son second fils ; mais cette nation, qui avait toutes nos sympathies, ayant fait choix d'un prince allemand, d'une prudence consommée, la France vit avec satisfaction le roi accorder sa fille aînée, Louise au nouveau roi des Belges. Le choléra qui sévissait aussi à *Compiègne*, où le mariage devait avoir lieu, ne permit pas de faire de préparatifs en rapport avec cette union.

On fit quelques réparations au palais, dont la chapelle fut agrandie et entourée de tribunes. La salle de spectacle actuelle remplaça l'ancien jeu de paume.

Au commencement du mois d'août 1832, les deux Cours de France et de Belgique arrivèrent à *Compiègne* et passèrent sous deux arcs de triomphe, pavoisés aux couleurs des deux nations qui allaient resserrer leur amitié par une double alliance.

La garde nationale, avec sa nouvelle compagnie d'artillerie, formait l'escorte des deux rois avec les carabiniers, les cuirassiers, les lanciers de Nemours et le 11e lég. r.

Après une promenade magnifique en forêt, une grande revue et la réception de la cour royale d'Amiens, en robe rouge, les jours suivants, le mariage civil eut lieu le 9 dans le grand salon, le duc Pasquier, président de la Chambre des pairs, faisant fonctions d'officier de l'état civil.

A neuf heures du soir, le cortège se rendit à la chapelle où le mariage catholique eut lieu devant une assistance de princes, d'ambassadeurs, de ministres, de hauts fonctionnaires. L'évêque de Meaux bénit l'anneau, reçut le consentement des époux et leur adressa une courte mais émouvante allocution.

Comme le prince était protestant, un second mariage, selon ce rit, se célébra dans le salon qui avait servi pour l'acte civil.

Le lendemain, la troupe de l'Opéra-Comique inaugura la nouvelle salle de spectacle, par une brillante représentation. Les deux Cours en grande pompe visitèrent Pierrefonds et le Mont-Saint-Pierre, en la forêt, et le 12 août, Léopold 1er et sa jeune épouse quittaient *Compiègne* pour la Belgique, aux acclamations de toute la ville et des environs.

Le journal l'*Echo de l'Oise* fut fondé à *Compiègne* en 1832.

En 1833, les ponts d'Attichy et de Choisy, sur l'Aisne furent construits et, un premier camp de sept mille hommes, établi à *Compiègne* donna un renom à notre ville, en même temps que ces réunions de troupes entretenaient les sentiments guerriers et patriotiques et les bonnes relations entre l'élément civil et l'élément militaire, tout en faisant prospérer le commerce local, l'industrie et l'agriculture de la région. Cette même année, Guizot organisa en France l'enseignement primaire, par une loi admirable pour l'époque, et dont les principes essentiels sont appliqués à cette heure par nos puissants voisins pour la réforme sociale de l'Allemagne.

La lettre que l'illustre Guizot adressa directement à chaque instituteur, avec la loi du 28 juin 1833, est un chef-d'œuvre patriotique et religieux d'une véritable éloquence.

Fondation de la Société d'Agriculture de Compiègne et de la Caisse d'Epargne de l'arrondissement. — L'arrondissement de *Compiègne*, qui s'est toujours tenu à la tête du progrès social, fonda le 30 août 1834 un Comice agricole, auquel adhérèrent les grands propriétaires et les principaux agriculteurs de la région. Le but était d'encourager, éclairer, soutenir le progrès agricole sous toutes les formes, la culture du sol de la patrie étant le fondement de la moralité publique et de la richesse nationale.

Cette Société n'a cessé, depuis près de soixante ans, de rendre à l'arrondissement les plus grands services. Elle a été récompensée à l'Exposition de 1889, comme une des plus actives et des plus distinguées de la France.

L'année suivante, une Or 'onnance royale établissait la Caisse d'Epargne de Compiègne avec succursale á Noyon.

Cette institution, qui est entrée dans les mœurs de toutes les classes de la société, donne aux populations des habitudes d'ordre et d'économie, excellentes à tous les points de vue.

Grands ministères et lois importantes. — Des ministres éminents succédèrent à Casimir Périer ; malheureusement l'ambition de ces hommes d'Etat, dans la convoitise des portefeuilles, nuisit aux affaires du pays. Le maréchal Soult, le duc de Broglie, Molé, Guizot, Thiers, eurent la plus grande influence politique et sociale sous le gouvernement de Juillet. Les grandes lois sur le recrutement militaire, sur l'organisation de la garde nationale et de l'enseignement populaire, sur la confection et l'entretien des chemins vicinaux, puis l'établissement des chemins de fer datent des premières années du règne de Louis-Philippe et sont les œuvres vraiment nationales des ministres que nous venons de nommer.

Aussi les tentatives insurrectionnelles des différents partis politiques, notamment celles de Strasbourg et de Boulogne, par le neveu de l'empereur, Louis-Napoléon, échouèrent-elles ; tandis que la conquête d'Algérie se poursuivait avec gloire par la prise de Tlemcen, de Constantine, et les razzias de Bugeaud. Ce général refoula l'émir Abd-el-Khader dans le Sahara et vers le Maroc.

En 1833, en 1834 et en 1837 des camps furent établis dans les plaines avoisinant *Compiègne*, dans le but d'instruire les troupes et les princes qui les commandaient et destinés les uns et les autres aux campagnes d'Afrique, qui ont illustré nos armes pendant tout le règne du « roi-citoyen », comme on appelait Louis-Philippe.

A cette époque, Noyon démolit les murs de ses

remparts, devenus inutiles avec l'artillerie moderne et établit les magnifiques boulevards plantés qui entourent la vieille cité épiscopale, l'embellissent et l'assainissent tout à la fois. Plus tard, la délicieuse place du cours, avec ses squares, ses jeux d'arc, de paume, de boules, etc., ont fait de Noyon un séjour plein de charmes. L'établissement d'une garnison donnera prochainement une activité nouvelle au commerce, à l'agriculture et à l'industrie de la ville et des environs, qui n'auront plus rien à envier aux localités pourvues du bien être moderne sous toutes les formes.

En 1837, le duc d'Orléans, fils aîné du roi, se maria avec une princesse allemande. L'année suivante il lui naquit un fils, le comte de Paris, destiné en naissant à monter sur le trône, comme le roi de Rome et le duc de Bordeaux, princes auxquels les évènements n'ont pas permis de régner sur la France, que leurs pères même ne possédaient pas à leur mort...

L'ouverture du musée historique de Versailles consacré « A toutes les gloires de la France » ; la première réunion à St-Quentin, des délégués de toutes les villes de la région intéressées à l'établissement d'un chemin de fer de Paris à St-Quentin; la transformation du Nouvelliste en celui du journal le *Progrès de l'Oise*, sont les faits généraux ou locaux qui eurent un retentissement dans nos environs de 1836 à 1840.

La question d'Orient. — En 1840, la question d'Orient, un des points noirs de la politique depuis un siècle, faillit troubler toute l'Europe. La France soutenait Méhémed-Ali, vice-roi d'Egypte, contre le Sultan, qui avait l'appui de l'Angleterre.

Le traité de Londres entre la Grande-Bretagne, la Prusse, l'Autriche et la Russie, alliées contre la France, obligea Thiers à fortifier Paris, à mettre l'armée sur pied de guerre et à convoquer la garde nationale.

Mais le roi, ami de la paix avant tout, appela au

ministère l'adversaire de M. Thiers, le stoïque Guizot, qui accéda au traité de Londres en sacrifiant nos intérêts en Egypte, où l'influence anglaise tend constamment à faire échec à la nôtre.

Camp, distribution de drapeaux et de croix d'honneur à Compiègne en 1841. — La réunion des troupes exercées à *Compiègne* fut la plus importante de ce règne. Douze mille hommes étaient campés dans la plaine de Choisy, commandés par le duc d'Orléans; dix mille étaient cantonnés dans la plaine de Royallieu, c'était le camp de Nemours.

Le front de bandière de chaque camp faisait face à la rive gauche de l'Oise. Les magasins étaient sur l'autre rive, et reliés aux camps par des ponts volants.

Les évolutions militaires, manœuvres, marches, contre marches, attaques, combats, retraites, assauts, prises de positions, etc., avaient lieu d'ordinaire sur le plateau sis entre Margny, Bienville Coudun, Baugy, Lachelle et Venette.

Les troupes quittaient les camps à cinq heures du matin et ne rentraient du champ de manœuvres qu'à midi, s'exerçant ainsi à la grande guerre, avec haltes et repas de campagne.

Le roi en personne, accompagné des ducs d'Orléans de Nemours, d'Aumale et de Montpensier, des maréchaux Molitor et Soult, ministre de la guerre, de ses aides de camp et de plusieurs généraux et étrangers de distinction, distribua les drapeaux, le 26 septembre, aux régiments en formation, quatre d'infanterie légère, huit d'infanterie de ligne, trois de hussards et un régiment de chasseurs.

Le duc de Nemours, commandant du 2ᵉ corps ayant fait ouvrir le ban, le ministre de la guerre prononça le serment au nom des troupes et les colonels, ayant reçu les drapeaux des mains du roi, Louis-Philippe adressa aux troupes une proclamation, qu'il termina ainsi : « Mes chers camarades, l'affection que j'ai pour vous remonte au temps éloigné où je combattais dans vos rangs. J'aime à vous répéter que je suis fier d'être le chef d'une armée sur laquelle reposent la prospérité et la gloire de la France. »

Le roi venait de faire allusion à la bataille de Valmy, où il commandait un corps français avec Kellermann et Dumouriez contre le duc de Brunswick et les Prussiens de 1792.

Le défilé en colonne, par bataillon, la cavalerie par escadron au galop, la belle tenue des troupes, l'ensemble des manœuvres, la précision et la vivacité des des mouvements excitèrent l'admiration des nombreux spectateurs que cette cérémonie avait attirés sur le vaste plateau de Margny vers Corbeaulieu.

Le lendemain il y eut une grande revue, puis les troupes exécutèrent l'attaque et le passage de l'Oise sur un pont de bateaux établi en un quart d'heure.

Le 30 septembre, le roi distribua de nombreuses décorations et le 11 octobre les camps furent levées.

« Tous ces camps, dit un témoin oculaire, destinés à l'instruction des troupes, furent remarquables par leur belle tenue et leur discipline. Il laissent de vifs souvenirs aux habitants, qui ne se lassaient pas de venir admirer l'ordre et la propreté qui y régnaient ; les embellissements et les jardins dont les soldats avaient orné le front de bandière ; les pyramides, les faisceaux d'armes et les pièces d'artillerie, artistement sculptés en pierre, et qu'accompagnaient ces devises et ces mots magiques que le soldat français trouve dans son cœur, et qui sont écrits sur presque toutes les pages de notre histoire nationale. »

Mort du duc d'Orléans. — Sous la Restauration, le duc d'Orléans, fils de Philippe-Egalité avait été tenu à l'écart par les frères du « roi-martyr », ce qui lui avait valu, avec ses idées libérales, la popularité qui le conduisit au trône, après les journées de juillet 1830. Devenu roi, les différents partis combattirent son gouvernement ; mais son fils aîné, le duc d'Orléans, par ses nobles et brillantes qualités, inspirait au pays les meilleures espérances, quand un accident de voiture, aux portes de Neuilly, l'enleva à la France le 13 juillet 1842. La nation tout entière, avec l'Europe, pleura ce prince. *Compiègne* en particulier donna des preuves de profonde douleur, alors que le Conseil votait des fonds pour la restauration des ex-voto offerts à diverses époques à la chapelle des Capucins ; qu'il arrêtait la construction d'une usine à gaz ; qu'un digne enfant de *Compiègne* Antoine Vivenel, prenait ses dispositions pour doter sa ville natale d'un musée.

Isly, Tanger et Mogador. — Deux autres fils du roi s'illustrèrent en Algérie. Le duc d'Aumale, avec cinq cents cavaliers, enleva la Smala (famille) d'Abd-el-Kader avec toutes ses richesses, protégées pourtant par cinq mille arabes. L'année suivante, le prince de Joinville bombarda les ports de Tanger et de Mogador appartenant au Maroc qui avait donné asile à l'émir, notre adversaire en Afrique. Enfin le maréchal Bugeaud, par la brillante victoire d'Isly (1844), assura définitivement la conquête de l'Algérie, qu'il fut chargé d'organiser.

Fondation du Musée Vivenel à Compiègne. — L'année même de la bataille d'Isly, qui fut brillamment célébrée à *Compiègne,* une ordonnance royale homologuait la donation faite à cette ville des nombreuses et riches collections de l'architecte Antoine Vivenel, né dans cette même cité d'une famille ancienne, honorable mais peu aisée. Parvenu à une haute situation de science et de fortune par son seul travail, ce bienfaiteur de *Compiègne* voulut doter ses concitoyens de tous les moyens qui lui avaient manqué dans son jeune âge pour étudier avec fruit les arts, les sciences et les lettres. Ainsi fut créé le Musée communal de *Compiègne*, auquel le Conseil municipal a donné le nom de son fondateur, en faisant édifier par Violet-Leduc les annexes de notre vieil Hôtel de ville, pour recevoir, avec le riche cabinet de travail meublé de Vivenel, les collections artistiques, de tous les genres et de toutes les époques, acquises pendant cinquante ans dans le monde entier par cet homme de bien.

Conflit entre le Maire de Compiègne et le Sous-Préfet. — Au commencement de 1845, M. Poulletier d'Autreval, maire de Compiègne depuis 1830, et qui avait été élu conseiller général, puis décoré, ayant pour adjoints MM. Maréchal et Labarre, se trouve en conflit d'administration avec le Sous-Préfet, M. Malher, lequel avait succédé à M. Th. Blanc, depuis 1839.

Après un échange de lettres, l'Administration municipale donna sa démission, le Maire et les adjoints déclarant au Préfet ne pouvoir reprendre leurs fonctions qu'après l'arrivée d'un nouvel administrateur de l'arrondissement.

Six mois plus tard, M Paulze d'Ivroy, succédait au comte Malher, nommé par avancement à Valenciennes.

Disette agricole. Exaltation des esprits. — Au point de vue climatérique, l'année 1846 fut mauvaise, la récolte du blé, particulièrement fut très faible ; les traités de commerce qui faisaient peser des droits élevés sur les céréales étrangères, tout contribua à faire élever aussi le prix du pain et à diminuer le travail national.

Quand l'agriculture, la principale industrie de la France, souffre, toutes celles qui en dépendent, ainsi que le commerce, souffrent également.

La gêne des travailleurs irrita les esprits. Les partis politiques opposés au gouvernement exploitèrent la situation pour arriver à leurs fins, de là des émeutes durement réprimées, un malaise général que les Banquets réformistes ne firent qu'aggraver.

La réforme électorale servit de prétexte aux socialistes pour ébranler le gouvernement de Juillet qui, en mariant le duc de Montpensier avec la sœur d'Isabelle, reine d'Espagne, comptait sur ses alliances avec les Etats voisins pour consolider sa puissance.

Dernier camp de Compiègne, 1847. — L'été ayant été favorable, la situation du pays parut s'améliorer et il fut décidé que deux camps seraient de nouveau formés à Compiègne : l'un dans la plaine située entre la ville, l'Oise, l'Aisne et la forêt ; l'autre entre Royallieu, l'Oise et la forêt.

Il faut avoir vu ces camps comme nous, pour s'en faire une idée exacte. Qu'on se figure des milliers de tentes et de baraques alignées sur vingt, trente rangs et sur une longueur de trois à quatre kilomètres, séparés par des rues principales de 10 à 15 mètres de large et par des voies secondaires.

Nous ne reviendrons pas sur les manœuvres et la la guerre simulée que nous avons décrites précédemment, non plus que sur les détails pittoresques des campements.

Disons seulement que pendant la durée du camp, Ali-Khan, ambassadeur du Schah de Perse et son fils furent reçus officiellement au palais de *Compiègne*, par Louis-Philippe, entouré de la reine Amélie, de la princesse Adélaïde, des duchesses d'Orléans, de Montpensier et du jeune Comte de Paris, enfin de tous les dignitaires de la cour et des camps.

Ce devait être le dernier beau jour de ce règne.

L'opposition dynastique à Compiègne. — Un procès retentissant, où les deux journaux de Compiègne, de nuance gouvernementale différente, jouèrent un grand rôle, l'*Echo* soutenant M. de l'Aigle député, le *Progrès*, partisan de M. Barrillon, son compétiteur, fut bientot suivi d'un Banquet réformiste de 350 couverts, qui eut lieu à l'hôtel de France appelé alors l'hôtel de la Couronne.

Crémieux, qui était venu plaider quelques jours plus tôt, Odilon Barrot, chef de l'opposition, etc., etc., étaient à la tête des convives.

M. Barrillon, de Bellinglise-Elincourt présidait. Il fut accueilli par la réunion aux cris de Vive la Réforme, vivent les députés réformistes.

Dans tous les départements, l'opposition dynastique organisa de semblables manifestations en faveur de la Réforme électorale. Les journaux demandaient l'inscription sur les listes électorales des *capacités*, c'est-à-dire des gradés de l'Université, bacheliers, licenciés, docteurs, agrégés, etc. On voulait, en un mot, que les hommes intelligents fussent électeurs sans être astreints à payer un impôt de 200 francs, ou un cens de .1000 francs pour briguer le mandat de député.

L'année 1847 finit ainsi dans les agitations des partis politiques.

Plus impressionnable encore que les départements, et travaillé non seulement par les députés de l'opposition, mais encore par les amis politiques des trois précédents régimes, Paris vit à son tour organiser un Banquet réformiste d'arrondissement, qui devait avoir lieu le 22 février. Le gouvernement interdit cette réunion qui menaçait la tranquillité publique.

Révolution de Février 1848. — Le 23, vers midi, les ouvriers des faubourgs, que les journaux d'opposition excitaient, au lieu de rentrer à leurs ateliers, se massèrent sur les boulevards et se dirigèrent vers le Palais-Royal, les Tuileries, les Champs-Élysées et les casernes des gardes municipaux, aux cris mille fois répétés de Vive la Réforme, à bas Guizot, président du ministère.

La garde nationale est appelée à défendre l'ordre public menacé. Mais un grand nombre de ces « soldats-citoyens » avaient intérêt à demander la réforme électorale ; ils ne tardèrent pas à s'associer à la manifestation contre le gouvernement.

Devant cette attitude, les émeutiers commencent à briser les lanternes du gaz, à escalader la clôture des postes municipaux et à se porter en masses vers le Ministère des affaires étrangères, dirigé par M. Guizot.

Quelques individus étant montés sur la grille du jardin, un capitaine craignant l'envahissement de l'hôtel, commande le feu au peloton sous ses ordres.

Cette répression met en fuite les perturbateurs, mais fait plusieurs victimes parmi les promeneurs du boulevard de la Madeleine.

Aussitôt des cris de vengeance s'élèvent dans la foule. On court sonner le tocsin et la nuit est des plus anxieuses à Paris. Les ministres délibèrent ; le roi refuse d'employer la force ; Guizot donne sa démission ; un nouveau ministère est formé.

Mais dans la matinée du 24, tout Paris est dans les rues ; la troupe refoule ces masses sans cesse renouvelées. Devant l'inertie calculée des gardes nationaux, le général Bedeau commandant des troupes, attend des ordres qui ne viennent pas. Les émeutiers profitent de cette indécision pour incendier des barrières, des casernes, des postes, pour envahir les Tuileries, qu'ils mettent à sac.

Tandis que Louis-Philippe s'enfuyait et que la duchesse d'Orléans, au Palais Bourbon, apportait l'abdication du roi en faveur du Comte de Paris, la Révolution victorieuse proclamait le renversement de la Royauté. Au su des événements, la Chambre des Députés refuse la Régence, nomme un gouvernement provisoire composé de Dupont de l'Eure, Lamartine, Ledru-Rollin, Crémieux, etc., tous républicains qui vont s'installer à l'Hôtel de Ville.

Le 25 février la République est décrétée et le gouvernement provisoire établit le suffrage universel pour la nomination d'une Assemblée constituante qui devait se réunir à Paris dans le délai de deux mois.

Le 26, les membres du gouvernement provisoire vont proclamer la République sur la place de la Bastille, et tout Paris leur forme un cortège qui chante la Marseillaise de la colonne de Juillet à la colonne Vendôme.

Plusieurs Compiégnois, comme nous, ont assisté à la Révolution de février et n'oublient pas non plus le terrifiant spectacle de cette cité en délire avant, pendant et après la victoire...

Le chemin de fer coupé en plusieurs endroits, nous obligea à revenir de Paris avec une ancienne diligence. Nous racontâmes, un des premiers à *Compiègne*, avec le directeur du *Progrès de l'Oise*, notre compagnon de retour, les principales péripéties du drame auquel nous venions d'assister.

CHAPITRE XXIV

Compiègne et son arrondissement sous la deuxième République et le Second Empire, de 1848 à 1870.

A *Compiègne*, ville de gouvernement, « la Révolution de février ne trouva aucun républicain de la veille ; mais beaucoup du lendemain ». L'opposition de l'arrondissement, que personnifiait M. Barrillon, était dynastique, c'est-à-dire qu'elle voulait des réformes, mais la conservation de la monarchie avec Philippe VII sous la régence du duc de Nemours, à l'exclusion, de la duchesse d'Orléans, mère du jeune prince.

Mais *Compiègne*, fidèle à ses principes, entra sans tarder dans le mouvement en voyant M. Barrillon appelé à la tête du département, comme commissaire faisant fonctions de préfet.

Des fêtes s'organisent dans la ville pour célébrer l'avènement et la proclamation du nouveau régime ; des clubs se fondent ; quelques tumultes s'y produisent entre les partisans des électeurs qui sollicitent les suffrages de *tous* pour le mandat des députés constituants ; « mais aucun désordre n'eut lieu, tout fut respecté dans la région au nom de la *liberté*, de l'*égalité* et de la *fraternité* », formule républicaine qui fut inscrite au frontispice de tous les monuments publics.

Des arbres de liberté, bénits par le clergé, furent plantés partout, comme on avait fait sous la première république, à la naissance du roi de Rome et en 1830.

Le 2 mars, M. Labarre, maire et Deverson, adjoint ayant donné leur démission, M. Viet fut appelé à la mairie provisoire de *Compiègne* avec MM. Lechêne et François, comme adjoints. Ces trois citoyens furent confirmés dans leurs fonctions par le Gouvernement, représenté pendant les cinq premiers mois de la république, par autant de sous-préfets.

Le 4 mai, l'Assemblée Constituante, nommée au scrutin de liste départementale, le 20 avril, se réunit à Paris et proclama solennellement la République comme gouvernement légal de la France.

Le 15 mai, l'Assemblée fut envahie par des émeutiers qui furent arrêtés ; mais les 23, 24 et 25 juin, les ouvriers parisiens auxquels on avait donné d'abord du travail dans les ateliers nationaux s'insurgèrent : ces sanglants combats, où périrent l'archevêque de Paris, quatre généraux et plusieurs milliers de soldats et citoyens, sont connus dans l'histoire sour le nom de journées de Juin 1848.

Cavaignac, qui réprima cette insurrection, fut nommé chef du gouvernement, en attendant que l'Assemblée eût achevé la Constitution de 1848.

Pouvoir Exécutif. — Cette Constitution promulguée en novembre 1848, établissait un Président de la République et une Assemblée législative unique, tous deux élus par le suffrage universel.

Quatre candidats briguèrent le pouvoir suprême : Lamartine, Cavaignac, Louis-Napoléon Bonaparte et Ledru-Rollin qui avait fait établir le suffrage universel direct.

Présidence de Louis-Napoléon Bonaparte. — Le 10 décembre, Louis-Napoléon Bonaparte, grâce à son nom, fut élu Président de la République, par le suffrage universel et le 28 mai 1849, l'Assemblée législative élue dans les mêmes conditons, remplaça l'Assemblée Constituante.

Inauguration du chemin de fer de Compiègne à Noyon par le Président de la République. — Deux mois à peine après son arrivée à la présidence, le Prince-Président, Louis-Napoléon, vint dans notre arrondissement pour l'inauguration solennelle de la section de *Compiègne* à Noyon, appartenant à la ligne du chemin de fer de Paris à Saint-Quentin.

Louis-Napoléon mit pied à terre au passage du train à *Compiègne* et passa en revue la garde nationale et le 8e dragons. Il continua son voyage jusqu'à Noyon, où l'évêque de Beauvais bénit la locomotive.

Au banquet qui eut lieu à la mairie, le Prince-Pré avait à sa droite Mgr Gignoux et à sa gauche M. Rothschild. Tous les députés de l'Oise, Barrillon, Donatien Marquis, Leroux, Célestin Lagache, Gérard de Blincourt, Fly, Sainte-Beuve et les ministres Dufaure, Odillon-Barot et Lacrosse étaient à la table d'honneur.

Au toast de M. Audebert, maire de Noyon, le Président répondit « que la République était un terrain neutre sur lequel les partis devaient abdiquer et se donner la main. » Cet appel fut entendu dans les deux villes qui firent à Louis-Napoléon un accueil des plus chaleureux.

Le 15 mars 1850, une loi sur l'Enseignement supprime le monopole de l'Université, au profit du clergé catholique, et impose l'enseignement religieux dans les écoles et les collèges qui furent à cet égard sous la surveillance des évêques et des curés. Quelque temps après une loi électorale retranche trois millions d'électeurs, sur les dix millions qui avaient nommé le prince Louis-Napoléon à la présidence de la République Française.

Peu de temps après le double voyage de Compiègne et de Noyon, Louis-Napoléon visita le château-fort de Ham, d'où prisonnier d'Etat pendant six ans, il s'était enfui sous un déguisement de maçon en 1846. (Voyez ci-devant, page 72). Dans un banquet que lui offrit la ville, le Prince-Président remercia vivement les habitants des sympathies qu'ils lui avaient témoignées pendant sa captivité. Il avoua, d'ailleurs, qu'il avait mérité les épreuves subies et que ses malheurs l'avaient durement préparé à la grande œuvre de faire prospérer la République Française. Plus tard il protégea particulièrement plusieurs personnes de Ham, qui l'avaient consolé pendant son triste séjour dans cette ville, notamment le curé-doyen qu'il appela à la cour impériale, et auquel il fit accorder la dignité d'évêque.

Cependant le Pouvoir exécutif et le Pouvoir législatif, issus de la même source, furent bientôt en lutte ouverte, encore qu'également hostiles au gouvernement républicain, pour des raisons différentes.

La République française renverse le gouvernement républicain à Rome. — Le pape Pie IX, à la suite de la révolution de février en France, avait accordé une constitution libérale à ses Etats; mais le parti révolutionnaire obligea le pontife à quitter sa capitale. Il se retire à Gaëte, tandis que la chrétienté s'émeut de la captivité du pape.

Pour se concilier les catholiques de France, le Prince-Président envoie le général Oudinot avec une petite armée pour rétablir Pie IX dans son pouvoir souverain. Garibaldi défendit Rome ; mais le siège mené avec vigueur, fit bientôt tomber Rome une nouvelle fois devant la furia française.

Le pape rentra au Vatican, précédé d'une amnistie générale, comme il convenait à son caractère personnel et au premier pontife de la charité chrétienne ; mais les patriotes italiens ne pardonnèrent jamais à Pie IX de n'avoir pas fait « l'unité italienne » qui ne fut accomplie, ainsi que l'unité allemande, qu'à la faveur de nos revers de 1870, deux nouveaux adversaires attachés à nos frontières de l'est et du sud-est...

Premier voyage à Compiègne de Louis-Napoléon, Président de la République. — L'administration municipale ayant été informée que le Président de la République devait venir à *Compiègne*, on arrêta qu'une fête serait donnée tout à la fois au moyen d'une souscription publique et aux frais de la caisse communale. Le samedi 13 juillet 1850, le Président est reçu à la gare par les Administrateurs du Chemin de fer, MM. de Rostchild et Pereire. Une foule énorme de la ville et des environs fait ovation enthousiaste à Louis-Napoléon qui était accompagné de Boulay (de la Meurthe), vice-président de la République et du général d'Hautpoul, ministre de la guerre. Le cortège est reçu en grande cérémonie par le maire, M. Viet, le Sous-Préfet de Léotaud, le clergé, le conseil municipal, les magistrats, fonctionnaires etc., escortés par la garde nationale, sous le commandement de M. de Labrunerie, et du 8e dragons.

Dans l'après-midi il y eut visite à la grande usine-filature d'Ourscamp, où le directeur Peigné-Delacour, archéologue distingué, fit admirer les vastes ateliers peuplés de 600 ouvriers, les imposantes ruines de l'abbaye et la remarquable salle des morts si bien conservée avec son style pur 13e siècle.

Le soir un dîner au Palais de 80 couverts, réunissait tous les personnages que nous avons nommés, les députés de l'Oise, les autorités de la ville, etc., etc.

Le dimanche, une salve de 21 coups de canon par la compagnie d'artilleurs de la garde nationale, une distribution de pain et de viande aux indigents au son de la cloche du belfroi, une messe solennelle à Saint-Jacques en présence du Président, une grande revue, un carrousel du 8e dragons, des joûtes nautiques sur l'Oise, des illuminations, un feu d'artifice, un bal et la décoration de toute la ville complétèrent la fête.

On comprend la bonne impression que le Prince Président dut conserver de son premier voyage à *Compiègne* où, pour reconnaître cette magnifique réception, il décora le Sous-Préfet, le Maire, le Commandant de la garde nationale et le président de la Société d'agriculture, le baron de Tocqueville, maire de Baugy.

Le lundi, après une visite au musée Vivenel, au Collège, aux Hospices, aux écoles, aux ruines de Pierrefonds et un don de 3,000 fr. à l'hôpital, le Président et sa suite quittèrent *Compiègne* qui avait reçu, disent les journaux de l'époque, plus de 50,000 visiteurs en trois jours.

Inauguration de la statue de Jacques Sarrazin, à Nyon. — Le Président de la République devait venir inaugurer le 14 septembre 1851 la belle statue en bronze de Jacques Sarrazin à Noyon. Louis-Napoléon fut retenu dans la capitale pour assister à la bénédiction et à la pose de la première pierre des Halles centrales qui, depuis, ont servi de modèle au monde entier.

Léon Faucher, ministre de l'intérieur, présida la cérémonie noyonnaise devant une délégation de l'Institut, les représentants de l'Oise, les autorités du département et des villes voisines et une foule considérable appartenant à toute la région de l'Oise, de l'Aisne et de la Somme, jadis de l'évêché de Noyon, et dont les paroisses conservaient encore alors la mélodieuse liturgie.

Jacques Sarrazin, peintre, sculpteur et même architecte fut une des illustrations de Noyon au 17e siècle ; il était tout à la fois attaché au roi de France et au pape par ses services de sculpture et de peinture. Aussi le populaire peintre des batailles d'Afrique, Horace Vernet, assista-t-il à cette inauguration qui fut une véritable solennité régionale.

La délégation de l'Institut visita la cathédrale, l'hôtel de ville et la fontaine monumentale de la place, dont l'obélisque porte l'indication des évènements historiques relatifs à Noyon, et que nous avons indiqués à leurs dates dans le cours de ce travail.

Coup d'Etat du 2 décembre 1851. — L'Assemblée législative, en restreignant le suffrage universel, le Président en parcourant la France où il entendait acclamer l'Empire, travaillaient des deux parts au renversement de la République.

A cet effet, tandis que les partis se défient les uns des autres à la Chambre, le Président s'entoure de généraux et d'amis dévoués, Saint-Arnaud, de Morny, de Maupas, etc. et dans la nuit du 2 décembre il fait occuper militairement le Palais-Bourbon, arrêter les députés monarchistes ou républicains. Il dissout l'Assemblée et rétablit le suffrage universel auquel il demande la prorogation de ses pouvoirs pour dix ans.

Devant cette violation de la Constitution jurée par Louis-Napoléon, Paris s'insurge. Mais les régiments qui aiment Napoléon obéissent à ses ordres, fusillent ceux qui veulent défendre la loi aussi bien que les curieux massés sur les boulevards. La terreur arrête les plus déterminés et le 4 décembre le coup d'Etat avait triomphé à Paris.

Dans les départements l'armée eut aussi raison des

résistances locales : la prison, l'exil et la déportation furent mis en œuvre contre les partisans dévoués de la République ou de la Royauté.

A *Compiègne*, M. Viet, maire et M. Francois, adjoint, ayant refusé d'adhérer au coup d'État sont, sans délai, révoqués par le préfet, M. Randouin ; MM. Floquet, notaire, Dupuis et Raux, sont provisoirement nommés maire et adjoints. Le journal le *Progrès de l'Oise*, qui soutenait l'opinion républicaine, fut suspendu jusqu'au jour où le suffrage universel de 7 millions 500 voix ratifia le coup d'État en donnant la présidence pour dix ans à Louis-Napoléon, avec le droit de faire une Constitution sur les mêmes bases que celle de l'an VIII. (Voir page 198).

Cette Constitution est promulguée le 14 janvier 1852 en même temps qu'un Te Deum est chanté dans toutes les églises, notamment à Saint-Jacques de *Compiègne*, devant tous les fonctionnaires de la ville. Peu de temps après M. Deverson est nommé maire avec M. Vraye et M. Stokly, pour adjoints.

Rétablissement de l'Empire. — Dans un nouveau voyage à travers la France, le Prince-Président, partout acclamé comme futur empereur, promet dans un discours à Bordeaux que l'*Empire sera la paix*. Bientôt un sénatus-consulte offre la dignité impériale à Napoléon III, et un nouveau plébiscite de 8 millions de voix rétablit l'Empire héréditaire, 2 Décembre 1852.

Compiègne acclame l'Empire et l'Empereur Napoléon III. — Pendant l'année 1852, le Président de la République vint plusieurs fois chasser en grand appareil dans la forêt. Les Compiégnois l'accueillaient toujours avec des démonstrations sympathiques, ainsi que les illustrations qui l'accompagnaient. Aussi, quand le 5 décembre, M. Pellat, conseiller de préfecture de l'Oise, faisant fonctions de sous-préfet, proclama l'Empire sur la place du Château, du haut d'une estrade monumentale, la musique de la Garde nationale joua brillamment le Vivat de l'Empire aux acclamations populaires. L'hôtel de ville, le palais et les monuments publics furent illuminés et une brillante soirée eut lieu à la Sous-Préfecture.

Quelques jours plus tard, l'empereur Napoléon III vint pour la première fois en cette qualité a *Compiègne* et y obtint « un accueil indescriptible.»

Il garda un bon souvenir de cette réception, ainsi que l'impératrice Eugénie un peu plus tard, car il ne se passa guère d'années où la Cour impériale ne vînt passer à *Compiègne* une partie de l'automne, au milieu des plus brillantes réceptions, chasses, bals, soirées théâtrales, etc. etc.

Un mois à peine après ce premier voyage dans notre cité, Napoléon épousait, à Notre-Dame de Paris, la comtesse de Théba qui, avec sa mère la comtesse de Montijo, étaient venues plus d'une fois suivre les chasses présidentielles dans la forêt de *Compiègne*.

Avant son mariage, elle assista, dans la loge impériale, à la première représentation théâtrale du Palais, en compagnie de la princesse Mathilde, du comte de Morny, Fould, etc. Bressant, Lafontaine, Rose Chéri, du Gymnase, dans le Fils de Famille, eurent un beau succès, tandis que tous les spectateurs ne quittaient pas des yeux la loge impériale où se préparait une union qui intéressait l'Europe entière.

Fondation à Compiègne d'une salle d'asile par l'impératrice Eugénie. — Quinze jours après son élévation au trône la nouvelle impératrice, comme don de joyeux avènement et de bon souvenir pour *Compiègne*, informa la Municipalité qu'elle prenait à sa charge la construction d'une salle d'asile communale.

Cette libéralité fut accueillie avec reconnaissance par la ville qui devait tirer tant d'avantages de ce maternel établissement. Le conseil municipal, pour perpétuer ce souvenir, donna le nom de Napoléon à la rue percée en face de la salle d'asile, comme son Collège avait reçu le nom de Louis-Napoléon en reconnaissance des bienfaits du Prince-Président.

Cette même année la Cour impériale vint passer la deuxième quinzaine d'octobre à *Compiègne* où plusieurs chasses, trois spectacles, un voyage a Ham et des visites au collège, aux hôpitaux, aux écoles donnèrent à la ville et à sa région une animation, un éclat extraordinaire.

La Constitution impériale qui donnait un pouvoir absolu au souverain, au détriment des libertés communales, permit au gouvernement de choisir, un peu avant l'arrivée de la Cour à *Compiègne* en 1853, un maire et le deuxième adjoint, hors du Conseil municipal : ainsi furent nommés M. Arachequesne, maire et MM. Dupuis-Lecomte et Leveaux, adjoints ; cette première administration impériale dura dix ans.

Guerre de Crimée (1854-1856). — L'empereur de Russie, Nicolas, depuis longtemps, convoitait une partie de la Turquie. La France et l'Angleterre, dont les intérêts en Orient étaient également menacés, s'unirent au Sultan pour repousser les Russes. Une armée anglo-française, commandée par le maréchal de Saint-Arnaud, débarque en Crimée, remporte plusieurs succès, dont la bataille de l'Alma, qui permet aux alliés de mettre le siège devant Sébastopol, le grand arsenal de la Russie.

Sur le Danube les Turcs tenaient tête victorieusement aux Russes.

La Sardaigne se joignit à nous et les victoires d'Inkermann, de Balaclava et le glorieux combat de Traktir démoralisèrent le Czar et ses armées.

Après un an de siège, où toutes les ressources de la stratégie moderne furent employées, Sébastopol fut enlevé d'assaut, 8 septembre 1855.

Exposition universelle de 1855. — Dans les années 1854 et 1855 les préoccupations de la guerre avaient empêché la Cour de venir à *Compiègne* qui, d'ailleurs, fut retenue à Paris par la première exposition internationale pour laquelle on construisit le Palais de l'Industrie aux Champs-Elysées, en même temps que la capitale et *Compiègne* recevaient d'importants embellissements. Orléans ayant fait élever cette même année une statue à Jeeanne d'Arc, une délégation de compiégnois se rendit dans cette ville pour prendre part à cette manifestation patriotique.

En 1856, il naquit à l'Empereur un fils qui eut le pape pour parrain, et qu'on appela le Prince Impérial ; il devait avoir le sort des enfants nés sur les marches du trône français depuis un siècle... Le traité de Paris entre la France, l'Angleterre, la Turquie, la Sardaigne d'une part, et la Russie de l'autre, permit à la Cour impériale de reprendre les automnes de *Compiègne* avec ses séries d'invités.

Les automnes de la Cour Impériale à Compiègne. — « C'était le beau temps de l'Empire, les journaux portaient l'Empereur aux nues et célébraient dans un style fleuri l'incomparable beauté de l'Impératrice ».

Le prince Jérôme, la princesse Mathilde, le prince Murat, le nonce du pape, les ambassadeurs d'Angleterre, d'Autriche, de Turquie, d'Espagne, de Prusse, de Sardaigne et de Suède ; les Ministres de l'Empereur, les Présidents des grands corps de l'Etat, les maréchaux de France, Magnan, Baraguey-d'Hilliers, duc de Malakoff, Canrobert, Bosquet, Mac-Mahon ; MM. de Rotschild, de Vigny, Auber, Meyerbeer, Verdi, Horace Vernet et les femmes de la plupart de ces personnages, formaient le premier plan de la Cour Impériale. Les officiers étaient en rapport avec ce haut personnel, qui changea dans chacune des trois séries ainsi que les spectacles, chasses, promenades, dîners, jeux, réceptions, toutes fêtes que nous ne décrirons qu'une fois, chacune, puisqu'elles se répétèrent quatre et cinq fois pendant les quinze automnes que la cour de Napoléon vint passer à *Compiègne* de 1852 à 1869.

Guerre d'Italie (1859). — Victor-Emmanuel, roi de Piémont, comme son père, avait le désir de faire l'unité de l'Italie à son profit. A cet effet, son ministre Cavour négocia le mariage de Clotilde, fille de son roi, avec le prince Jérôme Bonaparte, cousin germain de l'empereur. Puis bientôt la guerre éclata pour chasser les Autrichiens de la Lombardie et de la Vénétie. Napoléon prit le commandement de l'armée française et marcha avec le Piémont contre l'Autriche. Les victoires de Magenta et de Solferino, où les Autrichiens furent vaincus, donnèrent la Lombardie au roi de Sardaigne, par la paix de Villafranca. Le Piémont nous céda Nice et la Savoie, avec le consentement des populations.

Embellissements de Compiègne. — Sous l'inspiration de l'empereur, M. Haussmann, préfet de la Seine, transforma Paris par d'immenses travaux de voirie surtout. *Compiègne*, sous les mêmes idées, suivit l'exemple de la capitale. Des additions importantes ayant été faites par l'Etat au Palais, la ville fit restaurer son vieil Hôtel communal, percer, redresser des rues auxquelles on s'empressa de donner les noms de Magenta, de Solferino, de Jeanne d'Arc, tout en faisant des améliorations importantes aux bâtiments communaux, aux écoles, à l'hôpital, etc. Les particuliers suivirent l'impulsion venue du gouvernement et de la municipalité, et bientôt une Sous-Préfecture monumentale, des hôtels de premier ordre, des quartiers nouveaux, des Avenues grandioses, vers la forêt et sur les bords de l'Oise, la machine hydraulique du barrage et l'usine à gaz, etc., etc., transformèrent *Compiègne* et en firent, dès lors, un séjour digne de recevoir la première cour et les premiers potentats de l'Europe, comme nous le verrons bientôt.

Les automnes impériaux de 1858 et de 1859 furent très brillants au château de *Compiègne*, avec leurs cinq séries d'invités, au nombre de 80 à 100 pour chacune des réceptions. Toutes les notabilités de la Cour, de la Diplomatie, des Chambres, du Conseil d'État, de la haute Magistrature, de l'Administration centrale, toutes les illustrations de la finance, du grand commerce, des arts, des sciences et des lettres, recevaient chaque année de l'Impératrice une invitation à venir passer cinq jours au palais de *Compiègne*.

Ces séjours étaient très enviés par les plus hauts personnages français et étrangers.

Arrivée ordinaire de la Cour à Compiègne. — L'arrivée de l'Empereur et de l'Impératrice à *Compiègne*, pour la saison des chasses, se passait assez simplement ; c'était affaire d'habitude, semblait-il à tout le monde.

La voiture impériale, de la gare au palais, était escortée par les Cents-Gardes, de beaux géants en grande tenue, habit bleu-ciel, à parements et collet écarlate, culotte collante en peau de daim, casque, cuirasse plastronnée d'un soleil-or et garnie d'aiguillettes de même métal ; ce cortège, dans sa simplicité, était très imposant. Les Compiégnois, assez froids de tempérament, saluaient de vivats l'Empereur, dont la Cour apportait au commerce local une ample moisson.

Le lendemain de l'arrivée, il y avait réception du clergé, des tribunaux, des autorités civiles et militaires. L'Empereur, en uniforme de général de division, était debout ayant à sa gauche l'Impératrice, à droite le prince Impérial. Le Préfet du palais annonçait, on saluait et l'empereur adressait la parole soit au maire, soit à un chef de service, et en une demi-heure tout était fini.

Expédition de Syrie et de Chine. Traités de commerce. — L'année 1860 fut marquée en France par deux expéditions militaires : 1· En Syrie, pour protéger les chrétiens d'Orient, qui sont sous notre protection depuis les Croisades ; 2· en Chine, de concert avec l'Angleterre, pour soutenir les intérêts de notre commerce et l'œuvre de nos missionnaires qui portent la civilisation dans les contrées barbares de cet immense empire. La bataille de Palikao nous mena à Pékin, où fut conclue une paix avantageuse.

Les fameux traités de commerce de 1860, signés entre les deux vainqueurs de la Chine, sur les principes du *libre échange*, furent bien plus utiles aux Anglais qu'à nous-mêmes. L'agriculture, en particulier, fut sacrifiée à l'industrie. Une réaction s'opère depuis dix ans, contre le libre-échange qui doit être remplacé par le *système de compensation* au moins, pour la France, qui est avant tout un pays agricole.

A cause des guerres dont nous venons de parler, la Cour ne vint pas à *Compiègne* en 1860 ; mais en 1861, elle y séjourna pendant les deux mois d'octobre et novembre, et y reçut les visites du roi de Prusse, du roi des Pays-Bas et des deux frères du roi de Portugal. Il y eut cinq spectacles, quantité de chasses et d'excursions archéologiques. Le Théâtre Français vint trois fois jouer devant les princes étrangers.

Guillaume 1er passa en revue la garnison sur la pelouse du palais, arrosée du sang de plusieurs centaines de ses compagnons d'enfance un demi-siècle plus tôt, et que devaient fouler, en vainqueurs, ses propres soldats dix ans plus tard, après à Sedan.

Le 27 octobre eut lieu au château un évènement assez rare. L Empereur remit la barette à Mgr Billiet, archevêque de Chambéry, qui, sur sa proposition, venait d'être nommé cardinal par Pie IX.

La fête de l'Impératrice à Compiègne. — Le 15 novembre de chaque année, la Cour était d'ordinaire à *Compiègne*, et c'est au château que se fêtait la Sainte-Eugénie.

Il y avait dans la journée messe impériale au palais, réception du clergé, de la municipalité, des autorités civiles et militaires, avec bouquets, compliments, pièces de vers, promenade, dîner, spectacle ou feu d'artifice sur la pelouse, voire même retraite militaire aux flambeaux dans l'avenue des Beaux-Monts.

Les invités se mettaient en frais pour faire venir des bouquets de Paris et de Nice, dont quelques-uns coûtaient trois et quatre cents francs.

Les dîners de gala mériteraient une description ; mais ils ne valaient pas les soupers maigres de Louis XVIII (voir page 217). Nous dirons seulement que les dîners ordinaires étaient servis à sept heures. L'Empereur et l'Impératrice, prévenus par l'adjudant général du palais, sortaient de leurs appartements, se donnant le bras. La table était dressée dans la magnifique galerie des fêtes, étincelante de la lumière de douze lustres et de l'éclat de cent couverts. Chacun se plaçait comme il voulait, sauf quelques personnes invitées par le préfet du palais à se mettre auprès de l'empereur et de l'impératrice. Le service se faisait en vaisselle plate, remplacée au dessert par de la porcelaine de Sèvres.

Le menu et surtout les vins étaient exquis.

On dit que Napoléon 1er ne restait que dix minutes à table ; son neveu y restait une heure avec ses invités.

Le café se prenait debout dans le salon des cartes par groupes que parcourraient familièrement l'empereur et l'impératrice.

« Les soirées étaien' employées à causer, à jouer aux petits jeux, au palet, au billard, à faire des charades. Parfois on dansait aux sons d'un piano mécanique qui ne possédait que trois airs : un quadrille, une valse et une polka. Les plus grands personnages et l'empereur même ne dédaignaient pas d'en tourner la manivelle. »

Guerre du Mexique 1862-1867. — « L'empire ne fut pas la paix » pendant les dix premières années ; mais au moins les guerres qu'il fit pendant cette première période furent glorieuses et utiles. Celle qu'il entreprit en 1862 contre le Mexique fut la plus funeste du règne, car elle prépara toutes les fautes qui amenèrent la chute de Napoléon III.

La république mexicaine, après de longues années de luttes intestines, avait pour président Juarez, qui, hostile au commerce français, refusait le paiement d'avances faites au Mexique. Napoléon en voulut profiter pour imposer à ce pays un empereur de son choix, Maximilien d'Autriche.

La victoire de Puebla mène l'armée française à Mexico, 1863 ; mais après une occupation onéreuse pendant cinq ans, les Etats-Unis demandèrent le rappel de Bazaine et de l'armée par la France, en 1867.

L'empereur Maximilien continua la lutte pour défendre son trône ; mais il fut vaincu et fusillé par les républicains vainqueurs.

Tandis que nos troupes d'élite étaient en Amérique, la Prusse et l'Italie firent la guerre à l'Autriche qui fut vaincue à la grande bataille de Sadowa, 1866. L'Italie reçut la Vénétie ; la Prusse, une grande partie des Etats Germaniques, avec le commandement de toutes les forces allemandes.

L'Exposition universelle de 1867. — Nous n'avons pas à nous occuper ici de cette merveilleuse Exposition Internationale, où tous les souverains d'Europe et une grande partie de leurs sujets vinrent à Paris admirer les richesses et les forces de la France ; mais dans un livre destiné aux écoles et aux familles, il est juste et utile de dire que l'arrondissement dé *Compiègne* fut classé le *premier* des 363 de France, pour le nombre des écoles et des élèves dans des compositions faites entre tous les établissements primaires de l'Empire. 38 départements n'eurent aucune école récompensée, quand l'Oise en compta 4, et l'arrondissement de *Compiègne* 2, dont *une* avec la note *Excellent*. De même en 1861, parmi 6000 instituteurs ayant rédigé un Mémoire demandé par le Ministre, 179 furent retenus pour les prix, dont *six* appartenaient encore à l'arrondissement de *Compiègne*. L'instituteur placé en tête des lauréats était, la même année, nommé inspecteur primaire à *Compiègne*.

Construction de la grande salle de spectacle du palais à Compiègne, 1867. — Les années qui suivirent l'Exposition Universelle de 1867, la Cour impériale continua de venir passer les automnes à *Compiègne* avec des séries nombreuses d'invités. Mais pour ces hauts et nombreux personnages, la salle de spectacle était trop petite et mal disposée On résolut d'en édifier une autre en rapport avec le palais.

L'architecte Ancelet dressa les plans et devis qui s'élevaient à deux millions. M. Moreau, de *Compiègne*, dirigea les travaux de maçonnerie évalués 450 mille francs. En trois ans, cet édifice était achevé, sauf la partie décorative. Il a 50 mètres de long, 20 de large ; il peut contenir 1000 à 1200 spectateurs. On communique du château à cette salle par un passage au-dessus de la rue d'Ulm.

Ce monument d'un style grandiose se marie très bien avec celui du palais, dont il forme le plus bel ornement.

Il sert depuis quinze ans aux distributions des prix au collège et aux écoles communales.

Les Sociétés de secours mutuels de Compiègne. — L'Empire, qui devait son établissement aux votes successifs du peuple, fit beaucoup pour les classes populaires. Ce gouvernement donna particulièrement un grand développement aux sociétés de secours mutuels qu'il encouragea de tout son pouvoir. A *Compiègne*, dès 1853, le b ron de Tocqueville, déjà à la tête de la Société d'agriculture avec Louis Gossin, comme professeur dans l'arrondissement, fonde, avec Mgr Gignoux, la *Société de Saint-François-Xavier* pour les ouvriers qui ont ainsi une caisse de secours mutuels en cas d'accidents, de maladie, de chômage, etc., sans avoir besoin de recourir à la charité publique.

Plus tard, sous les mêmes inspirations et dans des conditions à peu près identiques, deux autres Sociétés de secours mutuels se sont également fondées : une pour les hommes, la *Fraternelle*, avec une intéressante section de *Pupilles*, et une autre association semblable, en faveur des ouvrières, la société de *Sainte-Anne*. Au moyen d'une légère cotisation mensuelle, des dons de l'Etat, du département ou de la ville, des versements des membres honoraires, ces trois Sociétés sont florissantes et dignes d'être soutenues et encouragées comme des institutions sociales de premier ordre, car la bienfaisance vraiment féconde est celle qui favorise le travail et l'économie.

En 1868, la cour impériale vint à *Compiègne* le 5 novembre et y demeura jusqu'à la mi-décembre. Quatre séries d'invités furent faites comme dans les précédents séjours, avec le même cérémonial et les personnages de marque.

Entre autres illustrations, le prince de Galles, héritier du trône d'Angleterre et la princesse son épouse, furent reçus par l'Empereur, l'Impératrice et la Cour de France en grand appareil ; il y eut chasse à courre et chasse à tir, que nous allons sommairement décrire, une fois pour toutes, car ces divertissements princiers étaient toujours les mêmes à peu près.

Les chasses impériales de Compiègne de 1852 à 1869. Chasses à tir. — Chaque série d'invités assistait ordinairement à une chasse à courre et à une chasse à tir. Ces dernières avaient lieu, pour les grands personnages, monarques, princes, ducs, marquis, dans les réserves de la Faisanderie ou du Grand Parc, l'Empereur en tête. La masse des invités de second ordre allaient chasser en forêt sous la conduite d'un garde-général.

Le gibier élevé à dessein abondait dans les tirés disposés *ad hoc*. Il était rare que dix, vingt pièces ne partissent à chaque instant. Puis au bout de deux heures de chasse au gibier de plumes, on amenait les chevreuils, lièvres et lapins dans la vaste plaine du Putois, où est établi aujourd'hui l'hippodrome des courses. Là, dix ou douze fusils massacraient par centaines les pauvres animaux enfermés à découvert dans un grillage qui ne permettait plus la fuite à aucun.

Ainsi le 2 décembre (date historique) 1868, l'Empereur tua 179 pièces, le prince de la Moskowa autant, le prince de Metternich, 217, etc., etc. en tout 1,371 chevreuils, faisans, perdrix, lièvres et lapins au tableau en deux heures et par dix chasseurs !...

Chasse à courre. — **La curée chaude et la curée froide.** — Les chasses impériales, très recherchées par la haute société, par la bourgeoisie et même par les ouvriers qui les suivaient à pied en grand nombre, étaient tout à la fois le plaisir le plus aristocratique et le plus populaire.

La vènerie de Napoléon III ne devait rien à celle des anciens rois, grands chasseurs. Le bouton, autrement dit l'uniforme de chasse, était le même que sous Louis XV, sinon que le vert avait remplacé le bleu et l'or aux parements au lieu des galons d'argent.

Le rendez-vous ordinaire était aux Etangs de Saint-Pierre ou au Puits-du-Roi (voir pages 91 et 224).

Vingt à trente chars à bancs à six chevaux, pour

les invités, suivis de centaines de véhicules pour les curieux, etc. Des piétons en nombre considérable sur tout le parcours de la route, et on arrive au rendez-vous, où le coup d'œil est vraiment féerique. La meute ardente conduite par de nombreux valets et piqueurs ; les chevaux de selle tenus par les palfreniers; les chasseurs et chasseresses descendant des épuipages et allant au rembûché ; les fanfares annonçant le départ de l'animal de chasse ; les cavaliers s'élançant au galop ; les voitures s'ébranlant et la foule pédestre partant par toutes les voies : rien ne peut donner une idée exacte d'un pareil départ que la vue même de ce spectacle forestier par un beau jour d'automne.

Suivre une pareille chevauchée, c'est assister en quelques heures à vingt épisodes cynégétiques différents. Enfin le dix-cors est à l'eau. Cinquante limiers sur le bord de l'étang l'empêchent d'en sortir. La moitié de la meute saute à l'eau, et avec des aboiements vainqueurs, arrive jusqu'à la bête qui jette des cris plaintifs.

Alors s'engage un combat d'andouillers et de crocs, où le nombre l'emporte, après maintes morsures faites au cerf, qui est tantôt noyé par les chiens, tantôt tué par la carabine impériale, et quelque fois, hélas ! lardé de dix coups de dague, au jugé et sous l'eau, avant de recevoir le coup mortel. Des centaines de chasseurs et de curieux assistent au bat l'eau, à la sanglante agonie et à la mort du cerf, souvent plus écœurés que ravis d'un tel épilogue !

Pris à l'eau ou tombé de fatigue sous la futaie, le cerf, dépécé séance tenante, est laissé aux chiens pour la carcasse, les intestins et les viscères. Ces débris en un instant sont broyés et engloutis par les carnassiers de chasse, avec des aboiements furieux, au son retentissant des fanfares, que l'écho des bois répercute de tous côtés : *c'est la curée chaude.*

Quand le cerf n'était pas depouillé sur place, on le

rapportait au palais, où la *curée froide* avait lieu dans la cour d'honneur, à l'issue du dîner.

Après avoir enlevé les morceaux de choix, on réunissait les restes du cerf que l'on enveloppait dans la peau étendue et à laquelle tenait la tête armée de ses bois.

Cent valets en grande livrée et en culotte courte, tenant des torches allumées, garnissaient l'enceinte ; l'Empereur et la Cour se mettaient au balcon et la meute affamée était amenée par de nombreux valets du chenil.

A un signal de l'Empereur, les fanfares de cors retentissent et les carnivores sont lâchés sur leur proie. D'un bond, ils fondent vers le cerf sanglant ; mais le fouet les ramène au départ. Trois fois la même épreuve est renouvelée. Les aboiements effrayants dominent les fanfares de vingt cors de chasse. Enfin le grand lâcher se fait, et en quelques minutes les restes de l'animal, jusqu'aux derniers os de son squelette, sont dévorés par la meute, excitée au carnage par les cris des curieux. Les honneurs du pied étaient faits à un personnage distingué, qui était, ce jour-là, le roi... de la chasse impériale.

Tout *Compiègne* a vu si souvent ce spectacle enivrant sous l'Empire, que la jeune génération s'intéresse seule à ce récit qui, d'ailleurs, fera gémir les âmes sensibles. Et pourtant, c'est bien de l'histoire locale contemporaine. (1).

Administration de Compiègne et de son arrondissement sous l'Empire. — Pendant ce qu'on a appelé l'empire autoritaire, l'arrondissement eut pour Sous Préfets, en 1852, M. Mercier ; en 1858, M. de Saint-Cir Montlaur ; et fin en 1860 jusqu'en 1870,

____

(1) Les épisodes relatifs aux séjours de Napoléon III à Compiègne, de 1852 à 1869 — qui présentent cette ville et sa région sous un aspect tout particulier — sont, en général, empruntés au livre de M. Leveaux: Le Théâtre de la Cour à Compiègne, sous le règne de Napoléon III.

M. le baron Morio de l'Isle. En 1863, M. Arachequesne, maire, ayant donné sa démission, M. Floquet, notaire et conseiller général, le remplaça avec les mêmes adjoints, M. Dupuis-Lecomte et M. Leveaux.

Ces dix-huit années d'administration municipale ont été pour *Compiègne* une époque de concorde, de progrès et d'aisance générale, dont le souvenir est si vivace que le nom d'Eugène Floquet a été donné par le Conseil municipal à la rue qui aboutit à l'Hôtel de Ville ; c'est là que ce magistrat distingué et dévoué a sacrifié sa santé pour ses concitoyens pendant la dernière invasion.

A cette période, se rattachent aussi tant d'améliorations apportées à la voirie, aux édifices publics, aux maisons particulières de *Compiègne*, dont nous avons parlé précédemment.

Société d'horticulture de Compiègne. — Dès 1866, *Compiègne*, à l'exemple de cités de premier ordre, fut doté d'une Société qui se proposa le perfectionnement du jardinage, de l'arboriculture fruitière et de la floriculture. M. Aubrelicque, depuis sénateur et maire de *Compiègne*, M. de Beaumini et M. Delaville, professeur, eurent l'honneur de cette utile création. L'année suivante, des sections cantonales furent annexées à la Société centrale, sur les instances du président avec le concours de M. Raquet. MM. de Rancé et Benaut prirent l'initiative, à Ressons, de la fondation de la première section, avec 65 adhérents. Cette section, dès 1868, organisa une exposition horticole cantonale, qui eut un succès complet, en même temps que le Concours agricole où on vit fonctionner, pour la première fois, dans l'arrondissement une charrue à vapeur.

Depuis vingt-cinq ans la Société n'a cessé de prospérer : elle possède un jardin-modèle, répand l'enseignement horticole dans tout l'arrondissement au moyen des conférences mensuelles d'un professeur distingué, d'un bulletin, d'expositions, de récompenses de toute nature, à ses membres, aux instituteurs et aux élèves qui suivent les leçons, etc. M. Heudel, ancien notaire, succéda à M. Aubrelicque, et pendant dix-huit ans il a donné à cette association un essor considérable comme président : il a été récemment acclamé président-honoraire quand l'âge l'a obligé à résigner ses fonctions. Il est remplacé par M. de Maintenant, procureur de la République, premier vice-président de la Société depuis de longues années.

Modifications politiques de l'Europe et du régime impérial en France. — Depuis que l'Italie était devenue une monarchie puissante et que la Prusse s'était annexé une partie de l'Allemagne, l'équilibre européen était rompu et une guerre était imminente entre la France et la Prusse.

D'un autre côté, les idées libérales étaient hostiles à l'empire qui, sans alliances, sans armées suffisantes et sans finances solides, chercha un nouveau prestige dans une nouvelle évolution politique.

Pendant ces difficultés intérieures, la Prusse se préparait à la guerre et la Cour, à *Compiègne*, en fut longuement et officiellement instruite dès 1868.

Société historique de Compiègne. — En 1840, quelques érudits, en tête desquels figuraient MM. de Cayrol et De Crouy, se donnèrent la mission de réunir des matériaux pour l'histoire de *Compiègne* et de travailler à la conservation des anciens monuments du pays ; mais après quelques années le *Comité archéologique* de *Compiègne*, qui était rattaché à la Société des Antiquaires de Picardie, cessa de se réunir. C'est en 1868 que cette idée fut reprise et qu'une *Société historique* fut constituée et compta parmi ses premiers adhérents MM. du Lac, Emm. Woillez, de Roucy, Méresse et de Marsy. La première réunion fut tenue à l'hôtel-de-ville le 14 août 1868.

Depuis cette époque, la société a tenu chaque mois des séances et organisé de nombreuses excursions dans les environs de *Compiègne*. Ses publications forment aujourd'hui plus de huit volumes. Cette société a conçu l'idée de l'histoire locale populaire que nous essayons, avec les encouragements de ses membres fondateurs les plus dévoués.

Inauguration du Canal de Suez par l'Impératrice Eugénie. — Depuis 1856, le grand ingénieur français de Lesseps avait entrepris le percement de l'isthme de Suez, la plus utile et la plus grande œuvre du siècle. Ce canal, qui a 160 kilomètres de long, met en communication directe la Méditerranée avec l'Océan Indien, par la mer Rouge. Il est assez large et assez profond pour permettre passage aux plus grands navires. L'Impératrice elle-même alla inaugurer cette nouvelle merveille du monde.

Dernier séjour de Napoléon III à Compiègne, automne 1869. — Tandis que l'Impératrice était en Egypte, l'Empereur, souffrant au physique et au moral, vint avec le prince Impérial, demander à *Compiègne* quelque repos et de nouvelles espérances.

En l'absence de l'Impératrice, il n'y eu qu'une seule série d'invités, appartenant presque tous au département de l'Oise, à *Compiègne* et à sa région : nommons le général Morin, M. Léon Chevreau, préfet, M. Floquet, maire de Compiègne, les familles de i'Aigle, de la Martinière, de la Panouse, les députés, conseillers généraux, et d'arrondissement, les maires des chefs-lieux de canton, les magistrats de la ville, les chefs de service, etc.

La fête de l'Impératrice fut célébrée en son absence, pour la dernière fois, à *Compiègne*, le 15 novembre 1869, par la Cour, où se trouvaient le duc et la duchesse de Mouchy, la plupart des ministres, généraux, etc.

La pièce de comédie, la *Grammaire*, de Labiche et A. Leveaux, mon obligeant voisin, clôtura la quarante-neuvième et dernière représentation impériale à *Compiègne* pendant le règne de Napoléon III. « Le dimanche 21 novembre, l'Empereur quitta cette ville qu'il ne devait plus revoir. »

L'Empire libéral. — Pour les esprits superficiels, l'année 1870 parut s'ouvrir sous de favorables auspices, le gouvernement déclara que le moment lui paraissait venu pour ouvrir une voie nouvelle aux libertés publiques. Et afin de reconstituer sa popularité, il demanda à un nouveau plébiscite la sanction populaire de ce changement de système politique et administratif. Huit millions de voix approuvèrent les idées de l'Empereur, qui avait adressé directement un message à chacun des dix millions d'électeurs français, 8 mai 1870.

La guerre de 1870-71. — Deux mois après cet acte qui paraissait assurer une longue période de paix féconde, la France, sans raison suffisante et sans préparation sérieuse, déclarait la guerre à la Prusse ! 15 juillet 1870.

L'Empereur, accompagné de son jeune fils, se mit à la tête de l'armée.

Le maréchal de Mac-Mahon commandait le 1er corps ; le général de Failly, de *Compiègne*, le 5e ; le maréchal Lebœuf, ministre de la guerre, fut nommé major-général. Ce dernier avait affirmé au Corps-Législatif que l'armée était prête à toute éventualité : « La France devait avoir confiance !... »

A son arrivée sur nos frontières de l'Est, chaque chef de corps manque de tout. Les arsenaux ne renferment ni approvisionnements, ni munitions, ni armes suffisantes. Les forteresses ne sont pas en état de défense. A Metz, au 25 juillet, ni sucre, ni café, ni riz, ni eau-de-vie, ni sel.

Le général Froissard, gouverneur du Prince Impérial, qui arrive le premier devant Sarrebruck, est obligé de prendre l'offensive et n'a pas une carte de la frontière qu'il attaque le 2 août. Ce premier engagement fut d'un heureux présage. Napoléon écrit à l'Impératrice-Régente, « que les boulets et les balles tombaient aux pieds de leur fils sans qu'il en fût impressionné... Un officier et dix hommes seulement avaient été tués. Les Prussiens s'étaient retirés. »

Vissembourg, Wœrth et Forbach. — Le 4, nous perdions le combat de Wissembourg et le général Douay, commandant le 7ᵉ corps d'armée.

Le 6, Mac-Mahon avec 33.000 hommes contre 120.000 allemands, malgré des prodiges d'héroïsme, est vaincu à Wœrth-Reischoffen.

Le même jour, Froissart et de Failly étaient écrasés à Forbach par des forces très supérieures.

Graves déterminations. — Le 7 août, Paris apprend ces tristes nouvelles ; la Régente adresse une proclamation à la France ; l'Empereur fait un appel au patriotisme de la nation ; le Corps Législatif vote 25 millions pour les familles des soldats sous les armes ; tous les célibataires ou veufs sans enfants, de 25 à 35 ans, sont appelés sous les drapeaux ; la classe de 1870 part à son tour ; la garde nationale est réorganisée ; des armes lui sont envoyées pour les exercices journaliers ; tout est à la guerre !

Un nouveau ministère d'action est constitué.

Le 12 août, pendant ces préparatifs qui devaient être stériles, Nancy, capitale de la Lorraine, ville ouverte et dépourvue de troupes, est occupée par les Prussiens.

A la mi-août, les batailles de Borny, de Gravelotte, de Saint-Privat, sous Metz, aussi glorieuses que meurtrières, furent rendues inutiles par le nombre d'ennemis qui s'accroissaient de jour en jour.

L'Empereur, de l'avis des maréchaux, quitte l'armée. Bazaine prend le commandement en chef ; Trochu est nommé gouverneur de Paris ; Mac-Mahon organise une nouvelle armée au camp sédentaire de Châlons.

Toul et Strasbourg sont investis ; les divers corps prussiens manœuvrent au nord de Metz qu'ils cherchent à isoler. Mac-Mahon avec l'Empereur, tente une jonction avec Bazaine... qui ne sort pas de ses positions, malgré l'appel qui lui est fait.

Bataille et capitulation de Sedan. — Plusieurs corps allemands réunis avec habileté sous les yeux de Guillaume 1er, roi de Prusse, empêchent la jonction projetée ; l'armée de Châlons est obligée de se rabattre sur les lignes de la Meuse, vers Mézières et Sedan, dans des conditions défavorables.

Au début de l'action, Mac-Mahon grièvement blessé, abandonne le commandement, mais reste à cheval toute la journée ; l'armée écrasée par l'artillerie ennemie est refoulée dans l'enceinte de Sedan où la défense devient impossible. L'Empereur, entraîné avec l'armée, sentant la résistance inutile, fait arborer le drapeau blanc.

Napoléon III rendait son épée à Guillaume Ier !

Par cette capitulation, l'empereur était fait prisonnier avec les 80 mille hommes de l'armée de Châlons : les officiers qui s'engagèrent, par écrit, à ne pas combattre contre la Prusse pendant la campagne engagée, conservèrent leurs armes et leurs bagages.

CHAPITRE XXV

Compiègne et son arrondissement sous la 3ᵉ République, de 1870 à 1890.

Révolution du 4 Septembre 1870. — Paris pendant ces jours néfastes était sans nouvelles officielles ; mais quand les journaux belges, le 4 septembre, annoncèrent la perte de la bataille de Sedan, la capitulation de l'empereur avec 80,000 hommes faits prisonniers de guerre et Mac-Mahon dangereusement blessé, le Corps Législatif est envahi par la foule qui demande le renversement du gouvernement.

L'Impératrice Régente se retire en Belgique, tandis qu'un gouvernement provisoire s'installe à l'Hôtel de Ville de Paris. Il se compose de Jules Favre, Crémieux, Gambetta, Jules Ferry, Jules Simon, etc.

Le général Trochu préside ce gouvernement de la Défense nationale.

Le 5 septembre, toute la France connaissait nos malheurs. Aussitôt le Conseil municipal de *Compiègne* se déclare en permanence. Il adhère le surlendemain au nouveau gouvernement, en même temps que M. Jennerod est nommé préfet de l'Oise.

Le même jour, Reims, ville ouverte, est occupée par l'ennemi ; le 8 la ville et la citadelle de Laon succombent ; Soissons ne peut tenir. Paris mis en état de défense depuis 15 jours à peine, grâce à ses remparts et à sa ligne de forts, sauva la tête de la France et les Allemands n'osèrent l'attaquer de front.

Blocus de Paris. — Le 19, deux mois après la déclaration de guerre, la grande cité était complètement investie par 300,000 Allemands ; Paris devait, pendant plus de quatre mois, rester sans nouvelles des départements… et subir toutes les douleurs d'un siège rigoureux ; deux millions d'âmes séparées du reste du monde !

Le premier jour de blocus fut aussi le jour du premier combat à Chatillon, plateau dont s'empara l'ennemi.

Strasbourg, Phalsbourg et Toul, assiégés depuis plusieurs jours, ne pouvaient tenir longtemps, tout secours extérieur étant désormais impossible vers l'Est.

Compiègne et sa région pendant l'invasion de 1870. — L'ennemi ne parut en nombre dans l'Oise qu'après la capitulation de Metz, fin d'octobre. Néanmoins les populations de l'arrondissement de *Compiègne*, dès le 10 septembre, en voyant fuir celles du Soissonnais avec voitures, provisions, troupeaux, prirent peur et beaucoup de cultivateurs suivirent l'exemple de ceux de l'Aisne.

A *Compiègne* et dans la région, nombre de femmes avec leurs enfants émigrèrent vers le nord ; mais tandis que les familles exilées de la Marne ou de l'Aisne s'arrêtent dans nos environs, les nôtres vont jusqu'à Amiens, Abbeville et Boulogne, et celles de Picardie et de l'Artois se rendent en Flandre et en Belgique; c'est un sauve-qui-peut général !

Les familles environnant Paris s'y réfugièrent avec leurs approvisionnements, ou s'enfuirent en partie vers le centre de la France. Tous ceux qui le purent échappèrent à l'invasion d'un nouvel Attila, car les bruits les plus absurdes trouvaient partout créance : un affollement général dans tout le pays remplaçait le fol et téméraire entraînement des premiers jours...

Le 11 septembre parurent quelques uhlans en éclaireurs inoffensifs à Attichy et à Noyon. Deux jours plus tard, huit cavaliers ennemis se présentèrent à l'Hôtel de Ville de *Compiègne* pour demander des renseignements et se retirèrent bientôt, en annonçant la prochaine arrivée de 5,000 allemands.

Le Sous-Préfet, auprès duquel nous étions délégué par M. de Breda, de Ricquebourg, commandant de la garde nationale du canton et par la municipalité de Ressons, fut atterré quand nous lui apprîmes, le premier, que deux uhlans se présentaient à l Hôtel de Ville en même temps que nous arrivions à la Sous-Préfecture. Les jours suivants, les télégraphes cessent tout service; les soldats des dépôts, les gendarmes de la ville et de l'arrondissement se retirent sur Paris; le chemin de fer est coupé; les ponts de Creil, Pont, etc., sautent le 17.

Le lendemain M. de Biequelley, président de la Société de Secours aux blessés militaires, se rend à Saint-Quentin et ramène un premier convoi de quinze soldats français blessés et établit, à *Compiègne*, la première ambulance.

Du 20 au 27, occupation de la ville et des environs par de nombreuses troupes ennemies qui réquisitionnent tout ce qui leur est nécessaire.

Le 27 septembre, Strasbourg, à demi brûlé par les bombes allemandes, capitule : les 12.000 hommes de garnison et un immense matériel tombent aux mains de l'ennemi.

Le 7 octobre, Gambetta et Spuller, partis en ballon de Paris, atterrissent à Epineuse, à quelques lieues de *Compiègne* et sont conduits à Montdidier, puis à Amiens, et de là se rendent à Tours pour organiser à outrance la défense en province.

Le 15, Soissons, dont les fortifications ne peuvent tenir contre la nouvelle artillerie, succombe.

Le 26, Metz, qui n'avait jamais vu l'ennemi dans ses murs, capitule à son tour. 170 mille hommes, 3 maréchaux de France, un arsenal immense sont livrés à l'ennemi... par Bazaine qui, la paix signée, fut condamné à mort par un conseil de guerre comme ayant manqué à tous ses devoirs de chef et de soldat.

Les 200 mille allemands retenus sous Metz depuis deux mois et demi, furent dirigés sur Orléans, Paris et Lille.

Invasion de l'arrondissement de Compiègne. — C'est alors seulement, vers le 20 novembre que la région de *Compiègne* fut réellement envahie et que des épisodes tragiques s'y accomplirent, encore bien qu'étrangers à tout engagement militaire proprement dit.

Le canton de Ressons, pendant l'invasion. — De *Compiègne*, pour se rendre a Amiens, le général Manteuffel alla loger au château de Bugy, où le vénérable vicomte de Tocqueville ayant refusé de se mettre à table, avec le chef vainqueur, fut maltraité, sa maison et surtout sa cave mises au pillage par les officiers. Un général de brigade Gœben, en se dirigeant vers Montdidier, et passant par Ressons-sur-Matz, eut une alerte avec prise nocturne d'armes, déploiement de brigade et reconnaissance de nuit. Ce singulier et terrifiant épisode (1), dont l'explication n'a jamais été donnée, résume toute l'histoire de *l'année terrible*, où nous fûmes toujours et partout un français contre trois allemands préparés de longue main à une guerre sans merci.

A Ressons, comme partout, dès leur arrivée, les allemands avaient demandé qu'on leur livrât toutes les armes de la garde nationale, des sapeurs-pompiers et des chasseurs du bourg. Ces richesses nationales, communales et bourgeoises furent brûlées au même lieu, où 77 ans plus tôt, les titres de la noblesse et du clergé avaient eu le même sort : singulier rapprochement, partout en France, en cette *année néfaste*, que ces trophées des différentes classes de la nation successivement détruits dans un si court intervalle !

La première bataille de Saint-Quentin, celles de Bapaume, de Pont-Noyelle, de Formerie, le siège de Péronne, au nord de notre région, firent le plus grand

______

(1) Raconté dans « le département de l'Oise pendant l'Invasion allemande de 1870, » sur les notes par nous transmises à la préfecture.

honneur à nos mobiles, aux francs-tireurs et aux recrues de la classe de 70, tous encadrés dans les rares troupes de ligne, la faible cavalerie et l'insuffisante artillerie du général Faidherbe qui défendait dans le nord nos foyers envahis.

Malheureusement, le nombre toujours croissant d'ennemis disciplinés et mieux armés que nous ne permit pas de profiter de nos succès partiels.

Compiègne, quartier général de l'armée allemande du Nord. — *Compiègne*, au passage des allemands vers le nord, leur avait servi de quartier général, et Manteuffel avec son état-major, s'était installé au palais. A la suite des batailles données dans le nord, les blessés ennemis furent évacués sur *Compiègne*, où les écuries impériales furent transformées en ambulances allemandes.

Aussitôt que l'arrondissement fut occupé, toutes les communes furent réquisitionnées, soit directement par l'ennemi, soit par la Mairie de Compiègne, mise en demeure de fournir à l'armée allemande la nourriture des hommes et des chevaux, des contributions en argent, des objets pour le vêtement, le coucher, le service des blessés et des malades, et parfois, hélas ! pour des satisfactions de pure fantaisie.

Une commission municipale de permanence fut chargée à *Compiègne* de tous les rapports avec les allemands ; néanmoins si ces ennemis se sont conduits en barbares dans certaines provinces, nous leur devons cette justice que dans notre région, les accidents de personnes, les pillages et les vols à main armée ont été des exceptions.

Privés des nouvelles de Paris et souvent des villes voisines, *Compiègne* et son arrondissement, sans avoir subi les dévastations de belligérants, ont néanmoins éprouvé toutes les autres angoisses de l'état de guerre : ils ont entendu gronder pendant de longs et douloureux jours le canon des forts de la capitale et douloureux jours le canon des forts de la capitale et des huit batailles livrées sous ses murs, le canon de Soissons, de Peronne, de Saint-Quentin, d'Amiens, de Bapaume, de Montdidier, de Formerie...

Le retour des blessés allemands, par terre, par eau et par lignes ferrées ; les courriers de tous instants ; les nombreux attelages qui suivaient l'invasion ; tout cet écœurant appareil d'ennemis vainqueurs, violents, déprédateurs et haineux, notre région a eu à endurer ces tortures avant la catastrophe finale de Paris vaincu, de la France mutilée, humiliée, ruinée !

La guerre en province. — A Tours, Gambetta avec l'ingénieur de Freycinet tentent de reconstituer les armées. D'Aurelles de Paladines et Chanzy au centre, Faidherbe au nord, Bourbaki à l'est, rétablissent l'honneur de la France par de beaux faits d'armes ; mais la honteuse capitulation de Bazaine à Metz, permet aux allemands de disposer de toutes leurs forces pour nous accabler par le nombre. Nos armées improvisées de province ne purent aller débloquer Paris, où Trochu ne sut pas non plus profiter des ressources morales et militaires qu'il possédait...

Capitulation de Paris. — A la mi-janvier, Paris n'avait plus ni viande, ni pain; la mortalité était effrayante et le bombardement durait depuis quinze jours !

Le 25 janvier, un œuf valait 5 fr., un chou, 18 fr., un lapin, 50 fr., un poulet, 80 fr., le lard, 60 fr. le kilo et le reste en proportion. Il fallait se rendre...

Le 29 janvier, Paris capitula devant la faim.

La paix. — La paix ne pouvant être signée que par les représentants de la France, des élections ont lieu et une Assemblée se réunit à Bordeaux pour recevoir la loi du vainqueur.

Les députés acceptent la forme républicaine. Ils nomment M. Thiers, président de la République.

La paix fut signée à Versailles, où Guillaume, roi de Prusse, venait d'être proclamé Empereur d'Allemagne.

La France est forcée d'abandonner Metz, Strasbourg, l'Alsace, une partie de la Lorraine et de payer une indemnité de guerre de cinq milliards.

Cette paix onéreuse fut ratifiée à Francfort en mai 1871. L'Assemblée se déclara constituante et vint s'installer à Versailles. L'arrondissement de *Compiègne* y comptait deux membres : M. Henri de l'Aigle, ancien député et M. Perrot, de Gournay, ancien officier d'état-major.

La plupart des représentants, nommés sous les baïonnettes ennemies, étaient des grands propriétaires connus par leurs anciennes relations avec les gouvernements déchus. Le bruit se répandit à Paris que l'Assemblée voulait rétablir la monarchie.

La Commune de Paris. — Aussitôt, Paris, encore une fois, se révolte, et un gouvernement insurrectionnel s'y installe sous le nom de *Commune*, 18 mars 1871.

Toutes les administrations quittent la capitale et se rangent sous l'autorité légale de M. Thiers et de l'Assemblée à Versailles.

Pendant deux mois, la commune de Paris administra seule la capitale de la France en bravant l'autorité nationale.

Les Prussiens n'avaient pu prendre Paris par la force ; cette triste tâche était réservée à l'armée que Thiers venait de réorganiser, et qui fut confiée au maréchal de Mac-Mahon.

On tenta, par tous les moyens, de ramener tant d'égarés à se soumettre aux lois du pays ; on ne peut rien obtenir.

On fit le siège en règle de la capitale, que défendirent en désespérés, les partisans de la *Commune*.

Après avoir franchi les fortifications, l'armée de Versailles ne vainquit l'insurrection qu'après une lutte de sept jours, où chaque quartier fut témoin de combats acharnés ou d'assauts sanglants.

Quand les membres de la *Commune de Paris* se virent refoulés dans leurs derniers retranchements, ils donnèrent l'ordre exécrable d'incendier les monuments publics et de fusiller les ôtages dont ils s'etaient emparés : ainsi périrent l'archevêque de Paris, le curé de la Madeleine, le président de la cour de Cassation, etc., etc ; ainsi disparurent dans les flammes les Tuileries, l'Hôtel-de-Ville, le palais du Conseil d'Etat, le Ministère des Finances, etc., etc. La lueur de ces immenses sinistres s'apercevait de Compiègne, dont les pompiers dévoués allèrent au secours de la capitale en feu.

Par une ironie du sort, la dernière résistance des communnards, comme on les appelait alors, eut lieu dans le cimetière du Père-Lachaise, où un grand nombre de ces malheureux furent tués sur le terrain qui leur servit de sépulture.

L'armée de Versailles eut 500 officiers 7,000 sous-officiers et soldats tués ou blessés ; les insurgés firent des pertes trois fois plus considérables. On leur fit en outre 25,000 prisonniers ; ils abandonnèrent 1500 pièces de canon et plus de 400,000 fusils.

Les assiégeants creusèrent 40 kilomètres de tranchées en six semaines, ils élevèrent 80 batteries armées de 350 pièces d'artillerie ; 5 forts et une ville de 2 millions d'habitants étaient tombés au pouvoir de l'armée nationale organisée et conduite par le maréchal de Mac-Mahon, duc de Magenta. C'est, selon l'expression du vainqueur, « la plus formidable insurrection que la France ait jamais vue et la victoire la plus douloureuse qu'un patriote ait pu remporter. »

Du 4 janvier 1871 au 4 mars suivant, un préfet allemand installé à Beauvais, exigea des conseillers généraux une contribution de guerre de deux millions et suspendit tous les journaux. Compiègne resta sans histoire locale publique pendant deux mois ; M. Valliez, directeur du *Progrès de l'Oise*, fut même arrêté et resta détenu à Chantilly jusqu'à la reddition du Paris. Les impôts et réquisitions payées pour notre seul arrondissement aux Allemands s'élevèrent à trois millions et demi.

Le 5 février M. Gellion-Danglar, publiciste, remplaça le baron Morio de l'Isle, comme sous-préfet.

La société d'agriculture s'occupa de distribuer gratuitement des semences, offertes par des comités anglais aux nombreux cultivateurs de l'arrondissement dont les blés avaient été gelés pendant le long et rigoureux hiver de 1870-71.

Le 15 mars, bien que la paix fût faite, 2200 allemands logeaient encore chez les habitants de *Compiègne* ainsi que 900 chevaux ; les différentes parties de l'arrondissement étaient dans la même situation qui devait se prolonger encore plusieurs mois.

Le 23 mars, l'Administration, le Conseil municipal et les fonctionnaires adressent une protestation contre la Commune de Paris, en même temps que les mobiles de l'Oise quittent le Hâvre et les Andelys, où ils étaient en garnison ou campés, pour rentrer dans leurs foyers.

Au commencement d'avril un Comité républicain se constitue à *Compiègne*, tandis que la garnison allemande, par imprudence, croit-on, incendie la mairie de Ressons et les combles du palais de *Compiègne*, dont les dégâts s'élevèrent à plus de 150 mille francs,

Quant à la fin de mai, Paris fut rentré sous l'autorité légale, la France respira, *Compiègne* en particulier, où dès le 20 juin, MM. Floquet, Dupuis et Leveaux, sous l'administration de M. Choppin, préfet, reçurent un nouveau mandat du Conseil municipal qui comptait, pour la première fois, 27 membres, la population sédentaire de la ville ayant atteint le chiffre de 10,714 habitants lors du recensement de 1867.

Le passé, le présent et l'avenir du Tribunal Civil de Compiègne. — Le Tribunal Civil de *Compiègne*, depuis sa création 18 mars 1800, jusqu'à ce jour, c'est-à-dire pendant plus de 90 ans, n'a possédé que *six* présidents, et encore l'un d'eux a-t-il siégé seulement onze mois. Ce sont MM. Poulletier, 1800 à 1827 ; Perrin Du Lac, 1827 à 1828 ; Romain Leroy, 1828 à 1839 ; Lanusse, 1839 à 1871 ; de Roucy, 1871 à 1878 et A. Sorel. 1878 à.....

Le 26 juillet 1871, M. le président Lanusse atteint par la limite d'âge, après trente-deux années d'un service aussi intègre que laborieux, fut nommé président honoraire et remplacé par M. de Roucy, juge au tribunal depuis 1848, aussi profond jurisconsulte que savant archéologue.

Au mois d'août 1878. M. de Roucy s'étant démis de ses fonctions, devint à son tour Président honoraire, et eut pour successeur M. Alexandre Sorel, qui, après s'être distingué au barreau de Paris, comme avocat et comme écrivain, fut nommé le 13 juillet 1871, juge à *Compiègne*, et s'est attaché, depuis lors, à suivre constamment les nobles traditions de ses prédécesseurs.

Le Tribunal civil de *Compiègne* a donc le rare privilège, peut-être unique en France, de posséder en même temps, parmi ses membres, un président titulaire et deux présidents honoraires : ce dont l'arrondissement tout entier ne peut que s'enorgueillir.

La France se relève. — L'ordre politique, social et administratif, après tant d'épreuves, était un besoin aussi général que pressant. Tout le monde se remit au travail, tous résolus à refaire une société nouvelle sur les bases d'un patriotisme ardent et d'économies à réaliser sur un luxe dangereux répandu dans toutes les classes de la nation.

M. Thiers, président de la République, malgré son grand âge, donna l'exemple de toutes les vertus civiques à la nation qu'il arracha deux fois au péril : son gouvernement pava les cinq milliards exigés par l'Allemagne, et la France fut évacuée par anticipation.

M. Dutilleul, directeur du Trésor, qui fut chargé de payer cette rançon colossale, appartient à l'arrondissement de *Compiègne*, dont il devint le Député peu d'années après, quand le canton de Ressons lui offrit, à la mort de M. de Tocqueville, le mandat de Conseiller général.

Et après un hiver exceptionnel, où le thermomètre était descendu à 23 degrés dans nos parages, il monta en juillet, jusqu'à 50 degrés : ainsi *l'année terrible*, qui avait commencé le 15 juillet 1870 et qui finissait à la même date en 1871, présenta l'excès des calamités, des héroïsmes, des hontes et des dévouements, les excès de basse et de haute température, les excès en tout, ce qui en fait ainsi l'année que personne ne saurait oublier...

Fondation de la Société de gymnastique de Compiègne. — Au lendemain de la guerre, la France sentit que la meilleure préparation au service militaire obligatoire, comme chez nos vainqueurs, c'était l'école obligatoire avec le gymnase.

De là, aussi, la création d'une société de gymnastique à Compiègne, avec le gymnase modèle que la ville possédait depuis dix ans pour son collège et ses écoles.

Cette société qui remplit si bien le but qu'elle s'est proposé, de développer les forces physiques et morales de la jeunesse française, s'est annexé une section d'escrime et de tir à la carabine, en attendant un stand, qui complètera les exercices militaires, l'idéal des gymnastes adultes.

Depuis vingt ans, les élèves de cette patriotique Association ont obtenu de nombreux succès dans les concours, où ils se sont présentés ; ils propagent le goût de la gymnastique dans l'arrondissement par des excursions et des exercices publics ; enfin la Société récompense par des médailles, les instituteurs qui se distinguent dans la pratique de la gymnastique règlementaire dans les écoles de la région. Le premier président a été M. Alexandre Sorel ; c'est actuellement M. Henry Lefèvre, avec le dévoué professeur M. Laly, auquel est dû surtout le renom des gymnastes compiégnois

Compiègne siège de conférences diplomatiques pour l'évacuation du territoire. — Qd l'état-major impérial allemand eut quitté Versailles, où le Gouvernement Français s'installa avant sa rentrée à Paris, *Compiègne* reçut de nouveau le général de Manteuffel, commandant général des troupes d'occupation de la Seine et des départements voisins.

C'est ainsi que notre ville vit à plusieurs reprises les diplomates Pouyer-Quertier et le comte Saint-Vallier rédacteurs du traité de Versailles et Francfort avec le prince de Bismarck, qui vinrent conférer avec Manteuffel sur les conditions de l'évacuation anticipée de la France.

Quand ce règlement important fut enfin arrêté, Manteuffel partit de Compiègne pour rendre visite au président de la République à Versailles. Il fut retenu à la table de M. Thiers, où se trouvaient, avec les diplomates français et allemands, Mac-Mahon et plusieurs généraux des deux nations qui s'étaient combattus dans la dernière campagne.

Un officier présent à cette soirée nous a rapporté les impressions pénibles que cette solennelle réunion suggéra aux adversaires inopinément rasssemblés. La prudence et le tact déployés par tous dans cette circonstance contribua beaucoup aux derniers arrangements de l'évacuation des départements dont l'Oise faisait partie.

Le 13 septembre, commerça le départ des troupes. Le 4 octobre, Manteuffel transporta son quartier-général de Compiègne à Nancy.

Deuils publics à Compiègne et dans sa région. — Les terribles secousses physiques et morales endurées pendant la guerre avaient altéré les plus robustes santés dans les provinces aussi bien que dans la capitale affamée. Les conséquences s'en firent bientôt sentir dans notre arrondissement : M. Barrillon, d'Elincourt, député sous les trois derniers régimes, conseiller général pour le canton de Lassigny, ouvrit la triste série des hommes publics qui payèrent de leur vie leur dévouement à la Patrie au lendemain de ses malheurs. Son collègue à l'assemblée départementale, M. Floquet, maire de *Compiègne*, M. Corne, sous-préfet, M. Tondu-du-Metz, ancien représentant du peuple, M. Vol de Conantray, ancien rédacteur de l'Echo de l'Oise, M. Moisand, du Moniteur de l'Oise, le comte Foy, MM. Collet, ex-inspecteur d'académie, Antonio Langlois, Caron-Gouleux, Emm. Voillez, Dupont, curé de Saint-Antoine, le général inspecteur Bruhant, Demonchy, Dupuis-Lecomte, ancien adjoint, Pelassy de l'Ousle, bibliothécaire du palais, etc. etc., disparurent moins d'un an après la guerre.

M. Aubrelicque, déjà conseiller d'arrondissement, succéda à M. Floquet, comme maire de *Compiègne* et comme membre du Conseil général, en attendant son entrée au Sénat. M. Dupuis-Lecomte, ayant donné sa démission, MM. Leveaux et Meresse furent nommés adjoints, en même temps que le marquis d'Auray devenait sous-préfet de *Compiègne*.

A la même époque, des hommes dévoués fondaient à *Compiègne*, le FOURNEAU ECONOMIQUE, qui rend, depuis vingt ans, de grands services à la classe ouvrière et aux enfants pauvres des écoles. puis les femmes de la ville souscrivaient plus de 200.000 francs pour la délivrance des départements encore occupés par les Allemands.

L'année 1873 continua à voir descendre dans la tombe des hommes publics appartenant aux différentes administrations locales. Le premier fut M. le vicomte de Tocqueville, dont nous avons déjà parlé, M. le comte de Breda, M. Ulric Perrot, député, M. le comte de Vogüé, appartenant tous les quatre au canton de Ressons ; MM. Vannaque et Margotin, capitaines de gendarmerie, MM. Viet, ancien maire, de Bonnechose, ex-bibliothécaire du palais, protestant et frère du cardinal-archevêque de Rouen, de Beaumini, docteur Rendu, baron de Bicquelley et de Crouÿ, auteurs de travaux historiques inédits sur *Compiègne*, Labarre, ancien maire de la ville, Émile Leroux, député, Balny d'Avricourt, de Montbas, baron Klott, polonais bien connu à *Compiègne*, Mme Aubry-Gilet, écrivain distingué, Delebecque, Gérard de Blincourt, général Morin, de l'Institut, qui habita longtemps *Compiègne* et un grand nombre d'autres personnes qui rendirent des services publics, et dont la plupart furent aussi des victimes un peu plus tardives des récents malheurs de la France.

L'Empereur Napoléon III, si longtemps l'hôte de *Compiègne*, était mort en Angleterre, le 9 janvier 1873.

Le maréchal de Mac-Mahon succède à M. Thiers comme Président de la République. — A la suite d'un dissentiment avec la majorité royaliste de l'Assemblée nationale, le Ministère républicain libéral se retira et M. Thiers, libéral, conservateur et républicain de raison, donna sa démission. Le duc de Magenta, Mac-Mahon le remplaça avec des pouvoirs pour sept ans, 24 mai 1873.

M. Tripier est nommé sous-préfet de *Compiègne* par le nouveau pouvoir exécutif, tandis que la municipalité vote une somme de 30.000 francs, pour la réparation de son admirable hôtel de ville, monument historique dont les travaux de restauration étaient évalués à près de cent mille francs. M. Bourgeois, archiprêtre de Saint-Jacques, est remplacé par l'abbé Picard, premier vicaire. Toutes les autorités religieuses, civiles et militaires assistaient à la double solennité religieuse à cette occasion.

En 1875, la ville de *Compiègne* établit une fête annuelle, dite de Jeanne d'Arc, avec des réjouissances publiques extraordinaires qui durèrent toute une semaine.

La République devient le gouvernement légal de la France. — La même année, l'Assemblée nationale constituante, après des tentatives infructueuses pour rétablir la royauté en France, avec le duc de Bordeaux, sous le nom de Henri V, vote une constitution républicaine avec deux Chambres : celle des Députés, élus par le suffrage universel et un Sénat dont les membres sont élus par les conseillers généraux et d'arrondissement et par des délégués des conseils municipaux. Le Président de la République devait être choisi par le Congrès des Députés et Sénateurs réunis, à l'expiration du Septennat.

L'Assemblée constituante se retira et la France procéda à des élections générales. La majorité parlementaire fut acquise aux républicains : l'arrondissement de *Compiègne* choisit pour député, M. Dutilleul, d'Elincourt, gendre de feu M. Barrillon, déjà conseiller général du canton de Ressons, directeur du Trésor, et collaborateur de M. Thiers pour la libération du territoire. Un mois auparavant, M. Aubrelicque, maire de *Compiègne*, avait été élu sénateur de l'Oise, avec MM. Malherbe et d'Andlau.

Concours régional agricole de Compiègne en 1877. — L'année 1876, qui vit commencer le fonctionnement de la constitution républicaine, fut aussi paisible en France qu'à *Compiègne*, où M.

Leveaux, faisant fonctions de maire, M. Aubrelicque sénateur, M. Dutilleul, député, font des démarches pour obtenir que *Compiègne* soit le siège du Concours agricole des huit départements du Nord, en 1877. A cet effet, le Conseil général vote 30.000 fr., le Conseil municipal 40.000 fr., et bientôt une souscription publique garantit un capital de 200.000 francs pour cette multiple exposition du travail national de la région.

Le 16 Mai 1877. — Mais en même temps que s'ouvrait le Concours régional de *Compiègne*, le Président de la République, d'accord avec le Sénat, trouvant que la Chambre des députés poussait à l'extrême les principes républicains, prononça la dissolution de la Chambre des députés et appela le duc de Broglie à la tête d'un nouveau ministère pour présider à des élections d'un Parlement plus conservateur, s'il était possible.

C'est pendant cette suspension de la vie politique active, que le maréchal de Mac-Mahon vint visiter le Concours et les diverses expositions de *Compiègne*, car, outre le concours régional agricole, la ville avait organisé des expositions artistique, industrielle, commerciale, scolaire, agricole, horticole, forestière, qui étaient installées dans le parc du palais, les admirables avenues qui en dépendent, et qui faisaient de cet ensemble une merveille d'utilité, de bon goût et d'agrément.

Après une visite à Saint-Jacques, à l'hôpital et aux casernes, le Président de la République déjeûna à la Sous-Préfecture avec toutes les autorités du département et de la ville, sénateurs, députés, chefs de service.

A l'issue d'une longue promenade au Concours et dans les expositions, le Président se fit présenter M. Aubrelicque, sénateur, qui avaient repris les fonctions de maire de *Compiègne*, grâce à une santé meilleure, et il le décora pour ses longs services administratifs. M. Wallet, lauréat de la prime d'honneur depuis 1867, et toujours le plus distingué des agriculteurs de l'Oise, fut également décoré par le maréchal-président aux acclamations de tous ses collègues de la Société d'agriculture de l'arrondissement de *Compiègne*.

Le soir du même jour, 24 mai 1877, le duc d'Aumale, président du Conseil général de l'Oise, offrit un dîner somptueux, dans une annexe de l'hôtel de ville, à ses collègues de la région et aux personnages qui avaient assisté au déjeuner présidentiel. Le duc de Magenta avait repris le train de trois heures avec les ministres et les dignitaires qui l'avaient accompagné au concours de *Compiègne*.

Tandis que le duc de Broglie désignait des conservateurs à l'élection parlementaire prochaine, et que Gambetta faisait campagne pour les 363 députés républicains qui avaient protesté contre le coup d'autorité du 16 mai, M. Thiers, qui représentait les idées libérales, également éloignées de la réaction et du radicalisme, mourut subitement à Saint-Germain, à l'âge de 81 ans, presqu'en même temps que Leverrier, savant astronome, aussi une des gloires de la France.

Les élections firent rentrer à la Chambre une majorité de députés républicains et un renouvellement partiel du Sénat amena également des partisans dévoués aux mêmes idées.

Nouvelle administration à Compiègne. — M. Tripier ayant été nommé préfet de la Corrèze, puis bientôt préfet de l'Oise, M. Firbach, le baron de Barante, le comte de Flers et M. Edmond Robert furent successivement sous-préfets de *Compiègne* de 1873 à 1878, tandis que MM. Chovet, Villemont, Demonchy et Poignant, se remplaçaient dans les fonctions d'adjoints à M. Aubrelicque, sénateur-maire.

La mauvaise santé de ce dernier l'obligea, une nouvelle fois, à donner sa démission de maire ; il fut remplacé par M. Chovet, ayant pour adjoints MM. Demonchy et Poignant. A Beauvais, M. Pradelle succède à M. Tripier, en qualité de préfet de l'Oise, quand le ministère Rochebouët-Dutilleul tombe devant le refus de la Chambre des Députés d'entrer en relations avec le Cabinet d'affaires.

Au commencement de 1878, Pie IX, pape depuis 1846, et l'évêque de Beauvais, Mgr Gignoux, sacré en 1842, moururent à un mois d'intervalle. Toutes les autorités civiles et militaires assistèrent aux services funèbres solennels des deux pontifes, ainsi qu'à la bénédiction religieuse du nouveau bâtiment du collège, *Compiègne* donnant, en cette triple circonstance, l'exemple d'une union complète entre toutes les classes de la société.

En juin, M. Hasley, curé de Saint-Ouen, à Rouen, devient évêque de Beauvais, puis bientôt archevêque d'Avignon presque en même temps que M. Aubrelicque résigne ses fonctions de conseiller général du canton de *Compiègne*, où il est remplacé encore par M. Chovet.

Exposition universelle de 1878. — Cette magnifique exposition internationale de Paris, au Champ de Mars et au Trocadéro réunis par un pont couvert jeté sur la Seine, prouva au monde entier que la France cicatrisait ses blessures et travaillait à une rénovation incessante et rapide. L'Exposition départementale de Beauvais en 1879, devait confirmer toutes les espérances locales. Ainsi dans les grandes assises du travail national, régional et départemental de Paris, de *Compiègne* et de Beauvais, pendant ces trois dernières années, l'arrondissement de *Compiègne* brilla d'un éclat particulier et les écoles de la région, qui sont le vrai thermomètre du progrès moral et intellectuel, affirmèrent une triple fois, par des succès hors ligne, que les maîtres et les élèves gardaient les positions qu'ils avaient conquises depuis 1867, date de l'Expostion universelle, à laquelle nous prions nos lecteurs de se reporter.

Le 1er janvier 1879, le Conseil municipal de *Compiègne* vote un emprunt d'un million cent mille francs, destiné à l'ouverture du boulevard extérieur Gambetta, à l'établissement du cimetière du Nord et à la construction du groupe scolaire du faubourg Saint-Germain.

Le 7, élection sénatoriale de MM. d'Andelau, Cuvinot et Lagache, républicains.

Le 30, devant cette nouvelle manifestation du suffrage restreint au Sénat, confirmant en majorité celle du suffrage universel pour la Chambre des Députés, le maréchal de Mac-Mahon, ne voulant pas soumettre son gouvernement à des principes qu'il trouvait excessifs, donna sa démission de président de la République.

Le Congrès, formé des Sénateurs et des Députés réunis en assemblée unique, le remplaça aussitôt par M. Jules Grévy, député du Jura, président de la Chambre des Députés.

Compiègne et sa région, pendant le reste de l'année, eurent la douleur de perdre M. Aubrelicque, ancien maire et ancien sénateur, qui avait rendu pendant si longtemps des services publics signalés et qui légua 30,000 francs aux établissements charitables de la ville, MM. Degouve-Denuncque, Zendre, Soleau, Mason, Balny père, d'Avricourt, le général Morin, L. Gossin, etc.

M. Edmond Robert, sous-préfet est appelé à la préfecture de l'Ardèche. Il est remplacé à *Compiègne* par M. Gilbert Boucher.

L'année 1880, après un hiver très rigoureux, fut suivie à *Compiègne* et dans sa région d'un printemps hâtif, qui commença avec le mois de mars.

Le 14 juillet, première célébration de la fête nationale à *Compiègne* comme partout en France. A Paris, distribution solennelle des nouveaux drapeaux à l'armée, par le Président de la République.

18-21 septembre, concours agricole à *Compiègne* et exposition horticole dans l'Orangerie du palais.

Inauguration de la statue de Jeanne d'Arc, à Compiègne. — *Compiègne*, à l'exemple d'Orléans, de Paris et de Rouen voulut posséder une statue de Jeanne d'Arc, qui rappelât à nos compatriotes que cette héroïne, une des plus belles figures du patriotisme français, a fait le sacrifice de sa liberté et de sa vie pour ses « **ses bons amis de Compiègne** ». La fête du 10 octobre 1880 fut incomparable ; le souvenir en est trop récent pour que nous en fassions, dans ce résumé, une relation détaillée. On peut dire que cette glorification de la reconnaissance de *Compiègne* a porté ses fruits : M. Chovet, maire, depuis sénateur, fut décoré à cette occasion par M. Carnot, alors ministre et depuis élu Président de la République ; le panégyriste de Jeanne d'Arc à Saint-Jacques, M. Lecot, curé de Saint-Antoine, fut nommé depuis, également, évêque de Dijon, ensuite, archevêque de Bordeaux et primat d'Aquitaine.

Compiègne et sa région de 1881 à 1890-91. — Nous n'entrerons pas dans le récit des évènements historiques généraux ni locaux accomplis pendant la dernière période décennale ; il suffira de les indiquer à leur date, pour que le souvenir s'en retrace dans tous les esprits.

De 1880 à 1885, inauguration des chemins de fer : 1º de Compiègne à Amiens par Estrées ; 2º de Compiègne à Beauvais par Clermont ; 3º de Compiègne à Villers-Cotterêts, par Pierrefonds ; 4º de Compiègne à Soissons, par Attichy ; 5º de Compiègne à Roye, par Ressons ; 6º de Compiègne à Crépy, par Verberie ; 7º d'Amiens à Dijon, par Estrées ; 8º d'Estrées à Saint-Just. Ces lignes ferrées, avec celle de Paris à Saint-

Quentin, font de *Compiègne* une des villes les mieux desservies du nord de la France pour les communications rapides. Si on y joint les voies navigables si importantes de l'Oise, de l'Aisne et du canal latéral, qui aboutit au confluent de ces deux rivières, ainsi que les routes nationales et départementales qui complètent à *Compiègne* cet ensemble stratégique, commercial et agricole, on peut dire que la région est vraiment privilégiée.

1881. — Expédition de Tunisie ; défaite des Kroumirs. Traité du Bardo. Protectorat de la France à Tunis et sur toute la Régence.

1882. — Six statues sont données par l'Etat pour décorer la façade de l'hôtel de ville de *Compiègne*.

1883 à 1885. — Expédition du Tonkin. Assassinat du commandant Rivière, du lieutenant Garnier, de l'enseigne Balny d'Avricourt, notre compatriote. Siège d'Hanoï. L'amiral Courbet enlève Son-Tay, bloque l'île Formose et détruit l'arsenal de Fou-Tcheou. Les généraux Brière de l'Isle, de Courcy et de Négrier poursuivent la conquête, que la Chine reconnaît, en signant un traité avec la France victorieuse du Céleste-Empire.

1885. — Mort de Victor Hugo, chef de la nouvelle école littéraire française depuis un demi-siècle.

1886. — Une brillante cavalcade historique montre aux Compiégnois, en costume du temps, le Grand Ferré, Guillaume l'Aloue, Jeanne d'Arc, ses frères et ses officiers, Charles VII et sa cour entrant à *Compiègne*, comme le 18 août 1430, suivis de toutes les corporations du moyen-âge.

1886. — Le plan d'alignement et de nivellement de la ville de *Compiègne* porte la date de 1886. Le plan cadastral du territoire est de 1826, ainsi que les autres registres du cadastre.

1886. — Sacre en l'église de Saint-Antoine du curé,
M. Lecot, comme évêque nommé du dio-
cèse de Dijon.

1886. — Réélection de M. Jules Grévy, comme Président de la République.

1887. — Fondation par la Société d'agriculture, d'un
Syndicat agricole pour l'arrondissement de
Compiègne et les cantons limitrophes.

1887. — Election de M. Carnot à la présidence de la
République, en remplacement de M. Grévy,
démissionnaire.

1888. — Fondation d'une Société hippique à *Compiègne*, encouragée par le Comice agricole.

1888. — La municipalité de *Compiègne* établit un
champ de courses dans la plaine du Putois,
située dans le Grand Parc du palais, près
des Avenues et de la Forêt.

1889. — A l'occasion du Centenaire de la Révolution
Française de 1789, une Exposition Universelle Internationale a lieu à Paris. Elle sur-
passe en importance toutes celles qui l'ont
précédée. La Galerie monumentale des
machines, le Palais des beaux-arts, la tour
Eiffel de 300 mètres, chefs-d'œuvre tout
en fer, sont élevés au Champ de Mars, et
conservés comme les témoins grandioses de
ce merveilleux Centenaire. Le Palais du Trocadéro, édifié depuis l'Exposition de 1878, qui
sert aux grandes réunions et aussi de musée
pour les richesses artistiques du Moyen-Age
français, complète cette nouvelle décoration
de Paris fin de siècle, où Mars et Bellone
sont remplacés, au centre de la capitale du
monde civilisé, par Apollon et Mercure.

1890. — La grande fête des 3.000 archers de la région,
présidée par M. de l'Aigle, député, et
la distribution des prix du tir à l'arc,
présidée par M. Chovet, sénateur, fut le

seul fait important de 1890, à *Compiègne*, où l'année finit par un douloureux accident de personne. Dans un incendie, rue de l'Etoile, le brigadier-chef du Haras, fut enseveli sous les décombres, et périt victime de son dévouement. La ville de *Compiègne* et le clergé se chargèrent des obsèques. Le Conseil municipal concéda gratuitement une sépulture au cimetière du Nord. Une souscription publique de plus de 6.000 francs fut recueillie en quelques jours en faveur de la veuve et de l'orpheline du brigadier Apparu.

Au 31 décembre 1890, un froid intense sévissait à *Compiègne* et dans sa région depuis cinq semaines. Il devait durer cinq mois entiers sans neige, ce qui causa de grands dommages aux blés et dans les jardins, où tous les arbustes, les fleurs vivaces et les légumes d'hiver furent détruits.

Etat Social, Politique, Littéraire et Scientifique de la France, de Compiègne et de sa région en particulier, depuis la Révolution de 1789 jusqu'en 1890. — Historiquement, le siècle qui finit a commencé avec la grande révolution de 89. Ni l'un ni l'autre ne sont terminés, car si le centenaire est accompli, l'évolution sociale, littéraire et scientifique continue encore, malgré les progrès remarquables faits depuis l'avènement de l'époque contemporaine.

Dans la première partie du siècle, nous voyons la lutte de la nation contre les privilèges, puis le triomphe momentané des partis violents. L'épuisement général et la crainte des excès mènent la France au despotisme militaire, à la gloire, mais aussi à l'abdication des libertés nécessaires au bien public.

Cette absence de contrôle des intérêts de la nation

appelait une réaction, que les peuples vaincus nous imposèrent à leur tour.

Depuis la chute du premier Empire, en 1815, la France a changé cinq fois de gouvernement. La troisième République, état politique actuel, est celui qui a fourni la plus longue carrière du siècle dans notre pays.

La suite des évènements locaux que nous avons brièvement racontés, donne une idée suffisante de la situation générale de *Compiègne* et de son arrondissement, toujours intimement liés à l'état politique et social de la France avant comme depuis la grande révolution.

La littérature contemporaine s'est transformée comme tout le reste : aux classiques des deux siècles précédents, s'inspirant des chefs-d'œuvre de la Grèce et de Rome, dans les lettres et les beaux-arts, ont succédé les romantiques dans tous les genres.

Après une lutte ardente de la plume et du pinceau, on a reconnu que le goût public et la tolérance, au point de vue de l'art, comme en politique, étaient les principes qui seuls peuvent enfanter une paix utile et durable.

Chateaubriand, Lamartine, Victor Hugo, Balzac, Delavigne, Béranger, Eugène Süe, Augustin Thierry, Michelet, Henri Martin, Thiers, Scribe, Musset, Georges Sand, A. Dumas, Labiche, Littré, Villemain, Emile Augier, dans les genres littéraires les plus divers, ont illustré la France du XIX⁰ siècle, ainsi que les jurisconsultes Pothier, Chauveau-Lagarde, Merlin, de Douai, Treilhard, Portalis, Toullier, Tripier.

Les principaux orateurs de la tribune, du barreau et de la chaire furent Mirabeau, Vergniaud, Manuel, le général Foy, Royer-Collard, Benjamin Constant, Casimir Périer, Dupin, Rouher, Billault, Dufaure. Jules Favre, Gambetta ; Berryer, Paillet, Chaix d'Est-Ange ; Feutrier, de Frayssinous, Lacordaire, Ravignan, etc.

Les célébrités dramatiques : Talma, Rachel, Mars,

Lemaître, Arnal, Bouffé, Déjazet, Malibran, Duprez, Roger, Lablache, Taglioni.

Les peintres L. David, Ingres, Delaroche, Delacroix, Corot, Gros, Horace Vernet, H. Regnault.

Les compositeurs Boïeldieu, Rossini, Meyerbeer, Auber, Hérold, Adam, Halévy.

Les sculpteurs David d'Angers, Pradier, Rude, Simard, Millet.

Les architectes Fontaine, Visconti, Violet-Le-Duc, le restaurateur de la Sainte-Chapelle, de Notre-Dame de Paris, de Coucy, de Pierrefonds et de l'Hôtel de Ville de *Compiègne*, Garnier, etc.

Enfin Cuvier, Vauquelin, Thénard, Ampère, Arago, J.-B. Dumas, Chevreuil, Barral, Dombasle, Yvard, Dupuytren, Larrey, Bichat, Brongniart, Récamier, Velpeau, Jouffroy, Daguerre, Niepce, Bastiat, etc., etc., ont fait faire à toutes les sciences physiques et naturelles, à la médecine, à l'agriculture, à la navigation, à la télégraphie, à la photographie, au téléphone, au phonographe, des progrès appelés à révolutionner le monde civilisé à tous les points de vue.

Monuments élevés à Compiègne et aux environs pendant le XIXᵉ siècle. — Tandis que Paris construisait de nombreux ponts, des colonnes militaires, des arcs de triomphe, des églises, des temples, des palais, des théâtres, des lycées, des mairies ; traçait d'immenses boulevards, avenues, rues, places, parcs, squares, etc., *Compiègne*, outre les édifices dont nous avons parlé à la date de leur construction, établissait les quais du Harlay, du Cours et les casernes ; les boulevards du Cours, Hugo, Thiers, Gambetta étaient tracés ; les rues Solferino, Magenta, Napoléon, Pasteur, de Bouvines, de Lorraine, d'Alsace, de la Gare, de l'Oise, Ancel, etc. étaient ouvertes ; les quartiers Hurtebise, Saint-Lazare, Saint-Accroupy, Vermanton, des Avenues, Saint-Germain, de la Gare, de l'Oise, étaient créés ou agrandis.

On édifiait l'église protestante anglicane de Saint-André et la chapelle Saint-Louis de Royallieu, en style ogival, celles des Carmélites en style roman ; les groupes scolaires Saint-Germain et Saint-Lazare ; on agrandissait les écoles Hersan, de Royallieu et Saint-Nicolas. Le pont de l'Estacade était jeté sur l'Oise ; l'hôtel de ville et les églises étaient restaurés ; l'usine à gaz, celle des eaux, celle de l'électricité, l'abattoir, la gare des lignes ferrées étaient construits ; de nombreux châteaux, hôtels, villas, cottages partout édifiés : cet ensemble a, depuis un siècle, transformé l'aspect de *Compiègne* et la vie sociale de ses habitants ainsi que cela s'est accompli pour Paris et pour la France entière.

D'un autre côté, toutes les communes de l'arrondissement de *Compiègne* depuis un demi siècle, ont fait bâtir une, quelquefois deux maisons d'école spacieuses, quelques unes vrais monuments ruraux.

Ribécourt, Machemont, Crisolles, Larbroye, Aplincourt, Lataule, Marest, Elincourt, Lacroix, Thiescourt, etc. etc., ont construit des églises ou considérablement restauré les anciens édifices paroissiaux.

Enfin les châteaux, des avenues appartenant à MM. de Frézals, de l'Aigle et Foy, à *Compiègne*, de la Brévière en pleine forêt, ceux de Baugy, Boulogne, Lacroix, Chiry, Tracy, Villers, etc., ont été édifiés en ce siècle ainsi que d'importantes villas, maisons de campagne, fermes, manufactures, fabriques dans toute la région de *Compiègne*.

Hommes remarquables de Compiègne et de sa région au XIXᵉ siècle. — Nous avons indiqué, dans ce résumé d'histoire locale, le nom des personnages qui ont pris une part plus ou moins directe dans les évènements que nous avons rapportés. Il nous suffira, au terme de notre travail, de nommer les hommes utiles que nous n'avons pas eu occasion d'apprécier et qui appartiennent cependant à *Compiègne* ou aux environs.

Nous trouvons parmi les pairs, sénateurs, députés et préfets, non cités dans ces récits locaux : Thirial, Mathieu de Mirampal, Bourdon de l'Oise, Cambry, de Cayrol, Ducos, Lemaire, de Cossé-Brissac ; — les généraux de Beaumont, de Golancourt, Marin, de Ville, Morio, de l'Institut ; — les savants ou artistes : Seroux d'Agincourt, illustre archéologue ; Aubry-Lecomte, Prat, lithographes ; Labarre, Robit, Perint, Bussac, architectes ; les magistrats Demonchy et Poulletier ; — Mgr Tournefort, évêque de Limoges, après avoir été curé de Compiègne comme Mgr Lecot ; les frères Haüy de Saint-Just ; les deux Baudrimont, de Compiègne, de Fons, de Mélicocq, historien et botaniste ; Peigné-Delacourt, archéologue et industriel, Oberkamp, introducteur en France de l'industrie des toiles peintes ; les médecins Hatté, Bida, Duvivier, Vilette, Rendu, Canivet ; les littérateurs Alexandre Dumas père et Demoustier, de Villers-Cotterêts ; Léré, Escuyer, Emmanuel Woillez, Ewig, Ballyher, de l'Hervillers, etc., se sont occupés de l'histoire de Compiègne, sans compter les savants et les hommes qui travaillent avec désintéressement au bien public et qui peuvent aspirer à l'honneur, le plus tardif possible, de faire suite à la liste précédente.

La ville de *Compiègne* et les établissements charitables comptent un grand nombre de bienfaiteurs dont les principaux sont : Vivenel, donateur du Musée, Pierre Sauvage qui a légué près d'un million, Désiré Luizin Dupuis-Corréard, Ladame, l'abbé Duchemin, l'abbé dom Gobard, madame Rey, veuve Mocquet, sœur Euphrosine, née Mouton, madame de Lancry, veuve de la Rezière, sœur Vincent, née Vaillant.

CHAPITRE COMPLÉMENTAIRE

Compiègne et son arrondissement d'après le dénombrement de 1891.

Compiègne, chef-lieu d'arrondissement du département de l'Oise, compte 14,500 habitants, y compris la garnison et les internes du collège, des pensionnats, etc., recensés en bloc et formant une population de plus de 2.000 personnes.

La population municipale est de 12.400, formée par 3.900 ménages, occupant 2.126 maisons bâties dans 130 rues, places, boulevards, avenues, etc.

Il y a 5.000 contribuables payant 350.000 fr. de contributions directes, y compris 70.000 fr. de centimes additionnels.

Le budget de la ville s'élève à...   550.000 fr. environ.
Celui des Hospices à..........   170.000 fr.
Celui du Bureau de bienfaisance à   30 000 fr.

L'octroi communal perçoit annuellement une somme de 260.000 fr.

Compiègne possède un Musée remarquable, une riche Bibliothèque, un Théâtre public, un Collège de plein exercice, un Gymnase modèle, six écoles communales, des écoles maternelles et enfantines, des ouvroirs, des cours publics de dessin, géométrie, etc., des Pensionnats et des Externats libres pour les deux sexes.

Compiègne est le siège d'une Sous-Préfecture, d'un Tribunal civil, d'un Tribunal de commerce, d'une Justice de paix, d'un Commissariat de police, d'une Gendarmerie où réside un Capitaine.

Cette ville possède encore une Recette particulière des finances, un Ingénieur en chef de la navigation, un Ingénieur ordinaire des ponts-et-chaussées, une Inspection des forêts, une Inspection primaire, un

Haras de l'Etat, deux régiments : un d'infanterie et un de cavalerie, une Sous-Intendance militaire, un Bureau de recrutement, deux Bureaux de l'enregistrement des domaines et du timbre, un Bureau des hypothèques et une Maison d'arrêt.

C'est la résidence d'un général inspecteur, d'un général de division et d'un général de brigade.

Au point de vue religieux, *Compiègne* est le chef-lieu d'un archiprêtré, et compte trois paroisses, plusieurs communautés avec aumônier, deux temples protestants.

Cette ville possède encore des Sociétés libres d'Agriculture, d'Horticulture, d'Histoire, de Secours mutuels, d'Epargne, de Sapeurs-Pompiers, de Gymnastique, de Tir, d'Escrime, de Paume, d'Archers, d'Harmonie, de Fanfares, des Syndicats agricole, de Féculiers, des Sports nautique, hippique, vélocipédique, colombophile, etc., etc.

Compiègne est avant tout une ville d'agréments, plus commerçante qu'industrielle et qui possède, dans ses faubourgs, d'importants établissements agricoles et horticoles.

Elle est située dans la latitude nord, au 42° 25' et à 0°30' de longitude est, entre 40 m. d'altitude au pont et 50 au quartier de l'Aigle, près de la forêt. Le terrain en pente des plateaux vers la rivière est généralement sec, sablonneux et repose sur un sous-sol de craie, ce qui n'empêche pas l'atmosphère d'être humide, matin et soir, à cause de la proximité d'une immense forêt et de deux cours d'eau importants.

De Royallieu au cimetière du nord, la ville a 4 kilomètres d'étendue, sur 3 kilomètres de la gare au carrefour Napoléon, à l'entrée de la forêt. Là se bifurquent les cinq routes de Villers-Cotterêts par Pierrefonds, de Crépy, de Champlieu par le Puits du Roi, du champ de Courses, à gauche et du Champ de manœuvres de la garnison, à droite.

L'ancien *Compiègne* entouré de sa muraille fortifiée,

dont une grande partie subsiste encore, formait une demi-ellipse dont l'Oise était le grand axe ; aujourd'hui cette ville forme un vaste rectangle (en y comprenant le petit parc, l'hippodrome et les nouveaux quartiers), dont la rivière est la base très agrandie, du pont de l'Estacade à l'usine des Eaux de ville, en face des écluses de Venette.

La superficie de la ville a triplé depuis que l'enceinte des murs a été franchie par les constructions de deux derniers siècles : cette surface est la vingtième de celle de la forêt, qui contient près de 15.000 hectares.

L'arrondissement de Compiègne, qui occupe toute la partie nord-est du département de l'Oise, est arrosé par l'Oise et l'Aisne qui reçoivent de nombreux affluents dont les principaux sont la Verse, le Matz et l'Aronde.

Sa superficie est de 128.000 hectares et la population de 98.500 habitants.

Le canton d'Attichy compte 11 324 habitants avec 20 communes
Compiègne	23.283	—	12	—
Estrées	11.413	—	18	—
Guiscard	6 429	—	20	—
Lassigny	6.605	—	22	—
Noyon	13.914	—	25	—
Ressons	8.656	—	24	—
Ribécourt	10.857	—	18	—

Les contributions directes pour l'arrondissement de Compiègne, année 1890, s'élevaient en chiffre rond à........ 2.500.000 francs
Les contributions indirectes à.... 4.000.000 —
Les droits d'enregistrement et du timbre s'élèvent en moyenne à.. 2.500.000 —

La Caisse d'épargne de l'arrondissement a un dépôt de 17 millions, dus à 73.500 déposants.

La caisse des retraites pour la vieillesse reçoit annuellement 100.000 francs environ.

Les routes nationales et chemins de grande communication ont une longueur de 600.000 mètres.

La navigation de l'Oise, du canal latéral et de l'Aisne, en 1890, a donné un trafic de plus de 6 millions de tonnes de marchandises.

Le nombre des écoles primaires des deux sexes est de 270, avec 330 classes pour 14 000 élèves. Toutes les écoles sont pourvues d'un jardin, 38 ont un gymnase, 115 écoles possèdent 2.850 fusils scolaires dont 46 pour le tir.

Il existe 37 caisses des écoles, 146 bibliothèques scolaires pourvues de 22.000 volumes et 80 cours d'adultes qui ont reçu 950 auditeurs en 1890.

Pendant la même année, 250 garçons et 200 filles ont obtenu le certificat d'études primaires... dans les huit cantons de l'arrondissement de Compiègne.

Cinq chefs-lieux de cantons sont directement reliés à Compiègne par des lignes ferrées. Guiscard et Lassigny ne tarderont point à jouir des mêmes avantages.

L'arrondissement de *Compiègne* est essentiellement agricole : les céréales, la betterave et les pommes de terre avec les prairies artificielles, occupent les trois quarts des terres labourables depuis vingt ans. Il n'y a de grande industrie que la filature de coton d'Ourscamp qui occupe près de 800 ouvriers. De nombreuses fabriques de sucre de betterave et des distilleries, généralement annexées aux grandes exploitations agricoles, sont répandues dans toute la région de *Compiègne*.

EXCURSIONS A COMPIÈGNE

1re Excursion de 2 heures. — Si vous n'avez deux heures pour visiter *Compiègne*, en sortant de la gare, jetez un coup d'œil sur Margny, situé à droite, sur la route de Compiègne à Montdidier et Amiens. C'est un village ravissant bâti à demi-côte et qui est en partie un faubourg de *Compiègne*.

A gauche, à 50 mètres, se trouve le magnifique pont

à trois arches par lequel on entre dans la ville. En aval de ce pont neuf, à 100 mètres était l'ancien pont près duquel Jeanne d'Arc fut prise. Une pierre de marbre encastrée dans une maison, en face, rappelle cette catastrophe nationale.

Au milieu du pont, on voit toute la perspective de la rue Solferino et le sommet de plusieurs monuments de *Compiègne*; vers le nord se trouvent les ports aux vins et aux charbons séparés par un groupe de maisons qui coupe le quai, d'un effet pittoresque ; toujours en amont, l'île des bains, la magnifique terrasse du palais et le pont en biais de l'Estacade ; enfin dans le lointain l'admirable cap du Gannelon, où se trouve l'emplacement d'un camp romain.

Du même point, on découvre en aval les belles collines de Jaux, et de Jonquières ; plus près, sur la rive droite de l'Oise, Venette, son clocher pyramidal, en pierre, ses écluses importantes et son barrage célèbre... en catastrophes ; en face, sur la rive gauche, la machine à vapeur et hydraulique des Eaux pour la ville avec le bassin de carrénage ; plus près un îlot en face de la terrasse des Jacobins, la vieille tour de Charles-le-Chauve, les restes de l'ancien pont (88) (*) et l'Hôtel-Dieu, quatre monuments qui datent du règne de saint Louis.

Laissant à gauche le boulevard du Cours qui longe la route de Soissons, et à droite le quai de Harlay, on descend la rue Solferino, où se trouve à droite une maison en bois (moyen-âge), très curieuse à étudier, puis on arrive à la rue Vivenel, ancien lit d'un bras de l'Oise. Au haut de la rue Solferino, se trouve la place de l'Hôtel-de-Ville. Au milieu, la statue en bronze de Jeanne d'Arc (76, 285). Cet édifice (88), avec la statue équestre de Louis XII, est un des plus curieux monuments civils de la dernière époque du style ogival.

(*) Les chiffres entre parenthèses indiquent les pages du volume où se trouve la description du monument indiqué.

Le musée Vivenel (234) retiendra le visiteur au moins une demi-heure pour n'avoir qu'une idée très imparfaite des richesses accumulées dans les cinq ou six pièces qui renferment ces riches collections. La bibliothèque publique qui compte plus de 25.000 volumes ou manuscrits est au second étage. Un escalier monumental conduit aux salles du 1er étage, dont les appartements renferment des tapisseries, des meubles, des peintures, etc., de grande valeur.

En sortant de l'Hôtel de Ville, on se rend à l'église de Saint-Jacques (19) où l'architecture de tous les âges a laissé des traces remarquables ; la peinture y compte aussi des chefs-d'œuvre ou des copies de grands maîtres, que les artistes sauront apprécier.

Au chevet de l'église, au coin à droite de la rue du Château, est l'hôtel de l'ancienne Chancellerie royale qui servit pendant longtemps de sous-préfecture. C'est aujourd'hui le Palais de Justice pour le tribunal civil et le tribunal du commerce, avec les archives des deux greffes.

Cette rue mène directement sur la magnifique place du Palais (48) précédé d'un péristyle et d'une cour d'honneur qu'il faut traverser pour pénétrer dans le vestibule, où la sculpture, la peinture et l'architecture commencent à montrer des merveilles que la visite des escaliers, de la chapelle et des nombreuses salles multiplient devant les yeux des touristes appréciateurs de ces trésors artistiques que les gardiens décrivent sommairement.

Prenant à gauche, à la sortie du Château, on se trouve bientôt à la naissance de trois avenues, dont la principale mène en pleine forêt, en traversant le rond royal et le carrefour forestier du même nom.

Suivant l'avenue de gauche, le visiteur trouve, à 150 mètres, l'entrée du parc du Palais, où sont réunies toutes les richesses de l'architecture dans la façade est du château et sa terrasse, — de la sculpture, dans le monde de statues qui décorent ce parc de vingt hectares ; — de l'horticulture, dans les orangers séculaires et les parterres si artistement dessinés et si gracieusement ornés de fleurs les mieux assorties ; — enfin dans cette percée des Beaux-Monts, unique au monde, dans ces jardins anglais, ce berceau, ces kiosques, ces pelouses, ces bosquets, ces allées sinueuses et à perte de vue.

Notre excursion de deux heures est terminée : nous n'avons qu'une idée grandiose de *Compiègne* et certainement le *désir* d'une visite plus attentive des richesses que nous n'avons fait qu'entrevoir et des autres monuments de la ville et des environs.

Deuxième Excursion d'une demi-journée à Compiègne. — En suivant le premier itinéraire, mais en étudiant en amateur les détails des monuments et la valeur artistique des collections, il faut le double de temps ; puis, arrivé au bas de la rampe du château dans le Petit-Parc, au pied de la colossale statue de Philoctète, en face de la grande pelouse, nous redirons avec un grand auteur : « *Sta viator...* » arrête voyageur : là tomba un héros tué pour la patrie, pour *Compiègne*, le 1er avril 1814 ! Sur cette pelouse 10.000 prussiens repoussés par 7 à 800 soldats et gardes nationaux de *Compiègne*, s'enfuirent laissant plusieurs milliers d'alllemands *sur le pré* (213).

Ayant traversé le parc, on arrive aux deux tours qui défendaient jadis la porte dite du Connétable (93), dont la façade intérieure très ornementée montre les armes royales et les chiffres d'Henri III et de Diane de Poitiers entrelacées, les écussons du connétable de Montmorency et de la ville de Compiègne.

Il faut, de là, descendre la solitaire et peu agréable rue de l'Arquebuse, et rentrer dans le parc par une petite grille, et on se trouve tout de suite sur la magnifique terrasse en pente du Palais, soutenue par les vieilles murailles fortifiées, bâties par Charles V. La vue des bords de l'Oise, de la gare, du plateau de

Margny, de la montagne du Gannelon, de Choisy, des monts forestiers du Tremble et du Précipice, du cimetière du Nord et de l'Aisne, etc., du haut de cette terrasse est d'un pittoresque achevé... (132, 133.)

En montant, on arrive sur l'esplanade du Palais, où tout est disposé pour enchanter : monuments, sculptures, statues, orangers, palmiers, grenadiers, lauriers, balustrade, vue féérique, parc, place d'armes, quinconces, forêt, avenues, parterres fleuris, bosquets délicieux, perspectives immenses.

Descendant par l'escalier de gauche, on entre sous le fameux berceau de Marie-Louise, qui contourne tout le Petit-Parc et une partie du Grand-Parc, et après avoir suivi le dédale infini des chemins enchantés, on sort par la porte des avenues et en laissant à gauche le fleuriste du château avec ses serres magnifiques, on se trouve dans l'avenue principale, qui longe d'un côté le Grand-Parc réservé, et à droite, le boulevard Thiers formé de villas, de cottages, d'hôtels, de châteaux, etc., d'architecture de tous styles, mais formant un ensemble admirable jusqu'au Rond-Royal, qui est lui-même une merveille avec les huit avenues qui s'y croisent.

En effet, ce cercle immense donne accès au champ de courses, au Parc, au Palais, à la Forêt, au carrefour Napoléon, aux quartiers Hurtebise, Saint-Lazare et de l'Aigle-Gramont.

Au carrefour Napoléon naissent les routes de Pierrefonds, de Crépy, du Puits-du-Roi, du champ de manœuvres, le boulevard Gambetta, la grande rue Saint-Lazare. Ces deux voies ramènent dans la ville, la première vers l'Oise et le quartier Saint-Germain, la dernière vers le centre de la ville.

Avec une voiture de place, du carrefour Napoléon, on peut pour finir sa demi-journée, visiter encore l'ancienne abbaye de Royallieu, la nouvelle chapelle romane de ce hameau, l'église Saint Germain, la chapelle Bon-Secours (112, 278), l'Hospice, la belle église

Saint-Antoine, la chapelle Saint-Nicolas de l'Hôtel-Dieu (116), et les restes du pont de Saint-Louis et de la tour de Charles-le-Chauve ; ces quatre monuments sont contigus et situés sur la rive gauche de l'Oise, à 2 ou 300 mètres du pont actuel.

Séjour à Compiègne. — Si au lieu d'une simple excursion de touriste, on peut passer quelques jours à Compiègne, il faut visiter cette Nice du Nord, en amateur, sinon en artiste.

En suivant les itinéraires ci-dessus, avec moins de rapidité, on s'arrêtera d'abord au musée Vivenel, qui mérite une étude spéciale dans laquelle on sera aidé par le catalogue que vend le concierge de l'Hôtel de Ville et par les détails intéressants que sait y ajouter cet aimable et intelligent employé (234).

L'église Saint Jacques avec son architecture de tous les styles, ses tableaux, ses boiseries, ses marbres, saura retenir longtemps le touriste connaisseur (19).

Le palais possède des richesses de sculpture, d'architecture, de peinture, de ferronnerie, d'ameublement, de tapisserie, etc., dignes du monument ; la notice de ces chefs-d'œuvre et leurs photographies se trouvent à l'entrée et les guides (quand on sait les faire parler) vous expliquent et vous font voir ce que le commun des visiteurs ne savent pas apprécier.

Voir aussi en détail le Petit-Parc et son berceau historique, ses statues, ses orangers séculaires, ses corbeilles, ses bosquets, ses serres admirables.

En arrivant sur la pelouse, au pied des statues de Marius et de Philoctète, il faudra se reporter au récit de la belle défense de *Compiègne* en 1814, pages 213 et pages suivantes de ce volume.

Sortant du parc par la grille de l'Est, on traverse le faubourg de tous les diables (p. 128) et laissant à droite les restes du château de la Pompadour (p. 149), on se trouve sur la belle route de Soissons, qui mène au cimetière du Nord. Etabli depuis moins de dix ans, ce champ de repos renferme déjà un grand nombre de monuments remarquables.

En sortant il faut poursuivre jusqu'au carrefour dit de Bélicard, et faire le tour extérieur du Grand-Parc pour admirer son étendue, les vieilles futaies des Beaux-Monts avec la merveilleuse avenue du même nom (v. p. 208). On passe au beau carrefour Gabriel, puis on arrive au carrefour dit le second rond royal, d'où on aperçoit la Faisanderie, et en face l'Avenue centrale par laquelle on redescend à *Compiègne* par le Grand-Rond laissant à gauche le château des Avenues, et à droite l'hippodrome du Champ de Courses.

Le boulevard Thiers, avec ses châteaux, villas, chapelle, conduit de nouveau sur la place du Palais, une des plus belles qu'on puisse voir.

Prenant, la rue d'Ulm, où se trouve le Collège, le nouveau Théâtre et l'aile nord du Château avec la salle de spectacle (255), on arrive à la porte du Connétable (93) qu'on traverse pour admirer les fortifications de Charles V qui soutiennent l'admirable terrasse dont nous avons parlé dans la 2ᵉ excursion.

La seconde journée sera employée à visiter le Gymnase modèle établi dans l'ancienne église romane des Minimes, l'école communale contiguë installée dans l'ancien couvent du même ordre ; la salle d'asile, rue Napoléon, les cloîtres de l'ancienne abbaye de Saint-Corneille ; les places de l'Hôtel-de-Ville, aux Herbes, Saint-Clément et du Change, la rue d'Alger et des Domeliers avec leurs hôtels princiers, du temps de Louis XV, la Sous-Préfecture, le Haras, la rue des Fossés et son impasse, d'où on voit une partie bien conservée de la muraille de l'ancienne cité ; l'église de Saint-Antoine dont l'extérieur mérite, toute une étude, l'Hospice, l'Hôtel-Dieu et les autres monuments indiqués précédemment, qu'il faudra étudier avec soin.

Il conviendra enfin pour un voyageur instruit de suivre les bords de l'Oise en aval, au moins jusqu'au barrage et l'usine des Eaux pour jouir du plus magnifique panorama que présente l'ensemble de *Compiègne* vu en face de Venette.

En revenant vers la ville et suivant le boulevard Gambetta jusqu'au carrefour Napoléon, on jouira de vingt points de vue tous plus admirables les uns que les autres.

Rentrer en ville par la longue et large rue Saint-Lazare qui continuant directement par les rues de Pierrefonds, Magenta, Solferino, passe devant l'Hôtel de Ville, sur le Pont-Neuf et se dirige en ligne droite à la gare.

La troisième journée sera pour la visite de la forêt, des Monts admirables du Tremble, du Précipice, du Point de vue, des Beaux-Monts, d'où on découvre des panoramas vers Noyon, Soissons, Pierrefonds, Verberie et les environs de Compiègne, qui peuvent rivaliser avec les plus renommés des pays les plus pittoresques.

Avec la voiture-guide qui conduit à tous ces merveilleux promontoires, il faudra parcourir les plus belles parties de la forêt, les carrefours du Puits d'Antin, de Saint Corneille, du Fort-Poirier, de la Brevière, du Puits-du-Roi, etc., etc., rendez-vous ordinaires des chasse à courre. Suivre une chasse au cerf ou au sanglier, c'est le plaisir suprême des rois et des courtisans (voir pages 224, 257 et suivantes).

Une quatrième course mènera le touriste-artiste à Choisy, village délicieusement situé sur l'Aisne et de là à Clairoix non moins pittoresque, avec sa montagne du Gannelon, ses camps romains, ses sources, ses carrières, ses bois, ses prairies et ses ruisseaux ; Bienville, Coudun (132), Margny et ses plateaux indescriptibles ; Venette et ses souvenirs historiques ; Jaux et ses côteaux, Lacroix, Rivecourt et Longueil-Ste-Marie, patrie du Grand-Ferré (43, 44).

Une cinquième journée sera employée à aller, par le chemin de fer de Crépy, à Béthisy et à Orrouy, dont les églises et les châteaux sont remarquables ; enfin au plateau de Champlieu où l'ancienne église mais surtout les restes imposants du temple, du théâtre, les bains, du camp, etc., etc., monuments gallo-romains ont une valeur historique considérble. On pourra reprendre, à Orrouy où à Béthisy, le train pour Compiègne ; mais un bon marcheur, un poète, un peintre... doit revenir à pied par les Eluas, Vaudrampont, Sainte-Périne, La Brevière, la Faisanderie, s'il veut, avec quelque fatigue, éprouver toutes les jouissances que seuls ressentent les vrais artistes, amis de la nature et de l'art, ceux dont l'esprit et le cœur sont à l'unisson.

La sixième journée sera pour Vieux-Moulin, Pierrefonds et St-Jean-aux-Bois, en voiture, par le Rond-Royal, le carrefour Gabriel, la route Eugénie, le Vivier-Frère-Robert, le village délicieux de Vieux-Moulin dans une vallée située entre les monts Saint-Pierre et Saint-Marc, parles étangs magnifiques, le Chalet et la gorge du Han.

Et on arrive à Pierrefonds, dont le château est renommé dans l'Europe entière. Aucun prince de la finance aucune tête couronnée ne vient à Paris sans visiter Pierrefonds, Coucy, Champlieu, Ourscamp et Noyon, qui sont comme la ceinture fleurie et armoiriée de *Compiègne*, la cité moyen-âge, moderne et contemporaine par excellence.

Viollet-le-Duc, le restaurateur du château de Pierrefonds, en a écrit l'historique, qui se vend à l'entrée, et qui nous dispense de faire ici de ce chef-d'œuvre une description détaillée.

Cette petite ville possède en outre, une église fort intéressante et de styles de différents âges ; une crypte romane avec une fontaine, réputée miraculeuse autrefois, se trouvent sous ce temple chrétien ; un établissement hydrothérapique d'eau minérale sulfureuse renommé ; des sites aussi variés que nombreux, des cascades, un lac, un parc, des restes de cités gallo-romaines, des futaies séculaires, des promenades pittoresques attirent, chaque été, à Pierrefonds, des touristes, des malades, en nombre considérable.

Le retour se fait par Saint-Jean-aux-Bois dont

l'église est un des plus beaux modèles de la première époque de l'architecture ogivale.

A droite, se trouvent les restes d'une chapelle romane et dans la cour de l'ancienne abbaye, dont l'église faisait partie, le four banal, un cénotaphe qu'on croit avoir servi de tombeau à la reine Adélaïde, femme de Louis VI, deux portes, dont une flanquée de tours avec machicoulis. Et près de ces antiques débris, les fossés, l'étang et le moulin de ce monastère fortifié.

Le retour continue par les étangs et l'abbaye de Sainte-Périne, le château moderne et les vieux chênes, dits Dagobert et Saint-Eloi, et La Brevière, (rendez-vous ordinaires de chasses à courre et de la prise du cerf), la route agréable de Crépy, la Faisanderie, le carrefour Napoléon, pour rentrer en ville par le boulevard Gambetta ou la belle rue Saint-Lazare ou encore par l'avenue Marigny.

Si le touriste, qui vient à *Compiègne*, dispose d'une seconde semaine, et si le voyageur est doublé d'un archéologue ou simplement d'un historien, il voudra comparer la ville actuelle et son arrondissement avec *Compiègne* du XIII° siècle et les pays environnants, dont il trouvera la description aux pages 28 et suivantes de ce volume. (Voir également page 110 pour les siècles suivants.)

Il étudiera les transformations sociales au 17° siècle pages 138 et 139, enfin les édifices élevés et les hommes remarquables au XVIII° et XIX° siècles, pages 179, 291 et 292.

Enfin il visitera les villages indiqués dans les descriptions dont il vient d'être question, et surtout les restes de l'abbaye célèbre d'Ourscamp (45), et celles du fameux château de Coucy (53), puis les anciennes villes fortifiées de Noyon, Soissons, Villers-Cotterêts, Crépy, Senlis, Beauvais, Clermont, Montdidier, Roye, Péronne, Ham, Chauny et St-Quentin (31), qui sont comme la couronne historique de *Compiègne*, auquel elles sont maintenant reliées par sept lignes de chemins de fer.

ERRATA

Ce travail publié en feuilleton dans la *Gazette de l'Oise*, et mis en pages, tel quel, comporte nécessairement des fautes de divers sortes ; nous indiquons les principales, laissant aux lecteurs le soin de corriger les autres faciles à voir.

Page	2	au lieu de	biffurquait,	lisez	bifurquait.
—	5	—	gnus,	—	gus.
—	21	—	1415,	—	1215.
—	36	—	1375,	—	1315.
—	46	—	1356,	—	1366.
—	52	—	courts,	—	de courts.
—	67	—	obiturent,	—	obtinrent.
—	90	—	1523,	—	1525.
—	91	—	a courre,	—	à courre.
—	91	—	1539,	—	1536.
—	94	—	avait,	—	avaient.
—	96	—	anti cath,	—	anti-cath.
—	111	—	appartiendrait,	—	appartiendraient.
—	114	—	leur,	—	leurs pays.
—	122	—	plus tard,	—	plus loin.
—	156	—	22,	—	122.
—	175	—	1892,	—	1792.
—	182	—	om,	—	Compiègne.
—	183	—	1531,	—	531.
—	207	—		—	
—	208	—	distance,	—	long.
—	212	—	Witepsie,	—	Witepske.
—	219	—	victoire,	—	victoires.
—	251	—	Cents-gardes,	—	Cent-gardes.

TABLE DES MATIÈRES

Compiègne. — Imprimerie LEROY-JOLY, 15, rue Eugène-Floquet

HISTOIRE POPULAIRE

DE COMPIÈGNE

ANNEXE

HOSPICES CIVILS DE COMPIÈGNE

La ville de Compiègne, de temps immémorial, posséda plusieurs asiles qui recevaient les malades, les invalides, les vieillards délaissés, les pauvres, les orphelins, etc.

Depuis la Révolution ces établissements hospitaliers sont réduits à deux : 1º l'Hôtel-Dieu, où sont soignés les malades civils et militaires, indigents ou payants, c'est véritablement tout à la fois un hôpital civil et militaire.

Il occupe les bâtiments et l'église, transformée on salle des malades, de l'ancien prieuré de Saint-Nicolas du Pont, fondé avant saint-Louis, mais doté par ce roi, à titre d'hôpital de sa ville *bien-aimée*.

2· L'Hospice, improprement appelé l'hôpital général, fondé et doté par Louis XIV, est destiné à recevoir les vieillards, les indigents et les orphelins, sans ressources de la ville de *Compiègne* et qui, légalement, sont à la charge de la commune.

On ne connait pas l'époque de la fondation de l'Hôtel-Dieu de *Compiègne*; mais comme il en est question dans la Bulle du pape Adrien IV, concernant l'érection de l'abbaye de Saint-Corneille (primilivement Notre-Dame), il est évident que le prieuré de Saint Nicolas subsistait avant la fondation de l'abbaye royale de *Compiègne*.

Les papes Alexandre III, en 1164, Luce III, en 1173, Clément III, en 1188, Célestin III, en 1194, Innocent III, en 1198, confirmèrent le droit de l'abbaye sur le prieuré Saint-Nicolas.

Cependant le prieuré avait presque perdu son caractère hospitalier par le grand nombre de moines et de religieuses qu'il entretenait. Sur la demande de l'abbé de Saint-Corneille, le pape Grégoire IX ordonna, par un rescrit de 1239, que le nombre de religieux serait ramené à quatre-vingts.

L'établissement touchait alors à une reformation complète.

Par une charte datée de Creil, au mois de juillet 1260, saint-Louis convertit l'hospice de Saint-Nicolas en *Maison-Dieu*, chargée exclusivement du soin des malades, à laquelle il assigna des revenus considérables. Il lui donna entre autres objets, une rente de cent soixante livres parisis sur le domaine de *Compiègne*; des prés situés à Venette, des terres sises à Saint-Germain et à Royallieu, des revenus sur les vignes de Rivecourt, de Jaux et de Margny ; trente mesures de mouture à prendre sur les moulins de Verberie, vingt livres parisis sur le domaine de Choisy, des droits d'usage considérables dans la forêt de *Compiègne*.

Par un autre titre daté de Saint-Germain-en-Laye, au mois de mars 1267, il confia la gestion de la maison aux frères de la Trinité, dont le nombre fut fixé à trois, avec assistance de sept religieuses seulement.

On sait, d'ailleurs, que Louis IX fit reconstruire la chapelle, une grande partie des bâtiments et surtout les caves monumentales de l'Hôtel-Dieu.

Saint-Louis voulut y installer lui-même les premiers pauvres malades, ce que Joinville a longuement décrit dans son histoire du saint roi, et ce que tous les historiens de *Compiègue* et de sa région n'ont pas manqué de raconter à leur tour.

Les revenus de la Maison-Dieu s'accrurent rapidement. Ameline de Croix lui fit donation, au mois d'avril 1265, de tout ce qu'elle possédait à Lacroix-Saint-Ouen, Jaux, Armancourt, Le Meux, Rivecourt et aux environs.

Saint-Louis lui donna encore, au mois de septembre 1268, cent-vingt-trois arpents de terre à Lacroix et au Hazoy.

Un bourgeois du nom de Ramerut, légua audit prieuré-hôpital une rente considérable à charge d'une chapelle dans l'église de la communauté.

Par une charte datée de *Compiègne*, du mois d'octobre 1281, Philippe le Hardi confirma toutes les possessions de l'établissement.

Philippe IV confirme de nouveau, au mois d'août 1294, les dons faits à la Maison-Dieu, en augmentant les terres du Hazoy.

En 1315, lettres de Louis le Hutin augmentant les droits d'usage déjà octroyés dans la forêt de *Compiègne*.

En 1317, donation au prieur et aux frères de la Maison-Dieu de terres et marais sis à la Brevière, plus trente arpents de bruyères, pour pâturages.

Charles V, par son testament du 16 octobre 1384, lègue à l'Hôtel-Dieu cinq cents livres d'or pour dire douze messes annuelles à son intention.

En 1447, don par Viole, chambellan du roi, maître enquesteur des eaux et forêts, de vingt-sept arpents de bois, en la forêt, près de la Brevière.

Les Trinitaires ne purent conserver l'Hôtel-Dieu, les moines de Saint-Corneille leur ayant contesté leur droit. Un procès s'engagea, qui dura jusqu'en 1356 ; l'administration temporelle de la Maison-Dieu fut séparée du spirituel qui demeura à l'abbaye royale. Le temporel fut confié à des religieux et religieuses de l'ordre de Saint-Augustin qui élisaient un prieur et une prieure.

A dater du règne de François 1er, ces dignités furent conférées par le roi.

On trouva, dans les actes royaux du XVIIe siècle, des Lettres Patentes d'avril 1603 portant approbation des statuts de l'Hôtel-Dieu de Saint-Nicolas au pont de *Compiègne*, et d'autres lettres du mois de décembre 1663, confirmant les privilèges des religieuses.

A l'époque des derniers rois, avant 1789, l'Hôtel-Dieu était régi par trois administrateurs et trois sœurs de Genlis, assistés d'un aumônier et d'un clerc laïque maître d'école.

L'Hospice, connu d'abord sous le nom d'hôpital général, fut fondé par Lettres Patentes données à Vincennes en septembre 1663, dans le but d'éteindre la mendicité, en renfermant les mendiants dans cet asile.

L'acte de fondation interdit la mendicité sous peine, la première fois, d'être rasé et mis en prison ; la deuxième fois, du carcan et la troisième fois, du fouet et du bannissement.

Les Lettres-Patentes attribuèrent au nouvel établissement les biens et revenus des hôpitaux, maladreries, léproseries et aumôneries existant dans la ville et le bailliage, sauf ceux de l'Hôtel-Dieu.

L'Hospice entra donc en possession : 1o de la *Table-Dieu*, institution qui remontait à saint-Louis et qui avait pour but la nourriture et l'entretien des pauvres habitants ; cette Table-Dieu est même expressément indiquée dans les lettres, et son administration confiée à trois gouverneurs élus pour trois ans et un receveur ;

2o de l'hôpital dit de St-Jean-le-Petit, qui avait été fondé en 1329, par Jean de Ramerut et Jeanne La Parcheminier, sa femme pour héberger chaque jour trois voyageurs pauvres ou pèlerins ;

3° du prieuré de St-Nicolas-le-Petit ou des Enfants-Bleus, hôpital fondé, vers 1160, par l'abbé de Saint-Corneille. Il était situé au coin de la rue de Pierrefonds et de la rue d'Alger ;

4° de la maladrerie de Saint-Lazare ;

5° de celle de la Madeleine, près de la précédente ;

6° des maladreries de Thourotte et de Choisy.

Les revenus de l'Hôpital étaient considérables. Le roi y ajouta en 1751 une rente de mille livres sur les ventes de la forêt.

L'Hôtel-Dieu ou hôpital des malades comprend 139 lits, dont 80 assignés aux militaires.

Il est gouverné par dix sœurs hospitalières de l'ordre de saint Vincent-de-Paul, assistées de cinq préposés ou employés.

L'Hôpital Général ou Hospice des indigents à une population de 110 vieillards, dont 20 pensionnaires et 125 orphelins, enfants indigents ou enfants abandonnés.

Le nombre des sœurs hospitalières est de 9 ; celui des employés de 14.

Tous les médecins de la ville, alternativement, font le service à l'hôpital et à l'hospice pendant un semestre à peu près.

Le service pharmaceutique est organisé de la même manière depuis quatre ans.

Les recettes ordinaires s'élèvent à 180.000 fr. environ. Les recettes supplémentaires (exercice 1885) se sont élevées a 600.000 fr. environ.

Mais la situation financière des deux établissements devient difficile ; les charges augmentent et les revenus diminuent.

Déjà en 1881, la Commission administrative reconnaissait la gravité de la situation ; de là le projet de réunion des services hospitaliers, ce qui permettait de faire des économies considérables sur le personnel, la consommation, et l'entretien des bâtiments.

C'est dans ce but qu'un concours, pour la construction des salles des malades et locaux accessoires, fut ouvert entre tous les architectes français, du 20 novembre 1890 au 20 février 1891.

L.-A.-B.

L'inventaire général des archives des hospices de *Compiègne* a été dressé en mai 1842.

Le 1ᵉʳ fut fait en 1784 par M. de Crouy, maire et deux assesseurs.

Ces archives sont une mine précieuse pour les archéologues qui écrivent l'histoire de *Compiègne* et de sa région.

BUREAU DE BIENFAISANCE

—

Le Bureau de Bienfaisance de *Compiègne* est une institution bien plus récente que l'Hôpital et que l'Hospice et qui, légalement, est indépendant des autres établissements.

Les Bureaux de bienfaisance ont été créés en l'an V de la 1ʳᵉ République française pour remplacer les Bureaux de Charité que possédaient les églises et dont la mission était de donner des secours temporaires en nature (vêtements, pain, viande, etc), aux indigents valides, mais sans travail, surtout pendant la saison rigoureuse.

Quand les églises furent fermées en 1793, les pauvres furent privés des secours et aussitôt une société philanthropique libre se fonda à *Compiègne* pour la distribution de secours à domicile.

Outre les dons recueillis par la nouvelle association, celle-ci s'empara des biens des Charités des églises de la ville.

Ces biens ont formé la dotation primitive du Bureau de bienfaisance de *Compiègne*, tandis que les revenus particuliers des fabriques des deux paroisses de la ville, furent en partie attribués aux hospices, en vertu des lois et décrets.

La Société philanthropique libre fut régulièrement remplacée à *Compiègne* par l'établissement du Bureau de Bienfaisance le 24 Vendémiaire an XI, 1803, et eut pour premiers administrateurs :

MM. Lay, président ;
Jouval, trésorier ;
Hennequin, secrétaire.

Le premier soin de la nouvelle administration fut d'établir des ateliers de charité pour donner de l'ouvrage pendant la morte-saison aux nécessiteux valides, ce qui était le moyen le plus moral de venir en aide aux ouvriers qui avaient le désir de travailler.

On donna des plaques pectorales aux mendiants autorisés à solliciter des secours des personnes généreuses, le Bureau n'ayant pas les ressources nécessaires pour subvenir à tous les besoins.

M. Poulain Charlemagne fut chargé de rechercher les rentes abandonnées au Bureau de Bienfaisance et de la réception du compte de gestion des secours distribués à domicile par les hospices depuis la dissolution de la Société philanthropique.

Puis le Bureau de Bienfaisance établit des ateliers pour la filature du chanvre et du lin que l'on cultivait en grand dans les environs de *Compiègne* ; fonde des écoles de charité pour les deux paroisses et met en apprentissage plusieurs enfants, le tout pour remplir les intentions des testateurs, et en particulier de

Hersan et de Picard, fondateurs des écoles établies, l'une sur la paroisse de Saint-Antoine, l'autre sur celle de Saint-Jacques.

L'an XII (1804), les premiers administrateurs qui avaient déployé beaucoup de zèle dans leurs fonctions furent remplacés, au vœu de la loi, par MM Capeaumont, Beaugrand et Esmangard de Bournonville, qui ne furent pas moins dévoués que leurs prédécesseurs.

En 1807, l'empereur Napoléon fait une aumône de 3,000 fr. au Bureau par l'entremise de l'évêque d'Amiens dont le département de l'Oise dépendait, et une somme de 65 fr. est remise à chaque père des deux premiers enfants pauvres vaccinés à *Compiègne*.

Charles IV, roi d'Espagne, qui habitait le palais en 1808, fit don de 600 fr. au Bureau, à l'occasion de la fête de l'empereur, le 15 août.

Le 29 juin 1815, l'encaisse du Bureau s'élevant à 6,700 fr. est remis à l'intendant prussien, par l'entremise du Maire.

1818. Transformation des 3 écoles de charité (une pour les filles) appartenant au Bureau de Bienfaisance, en écoles d'enseignement mutuel.

1822, 26 mars. Nomination de M. Langlois, comme receveur du Bureau et nouvelle organisation des Bureaux de Bienfaisance, conformément à l'ordonnance du 31 octobre 1821.

Depuis cette époque cet utile établissement soutenu par la municipalité et souvent aidé par des familles charitables, rend les plus grands services aux indigents de la ville. Les revenus annuels sont d'environ 30,000 fr.

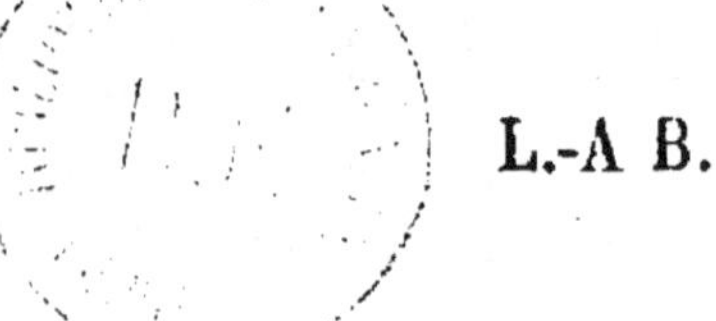

L.-A B.

Compiègne. — Imprimerie LEROY-JOLY, 15, rue Eugène-Floquet.

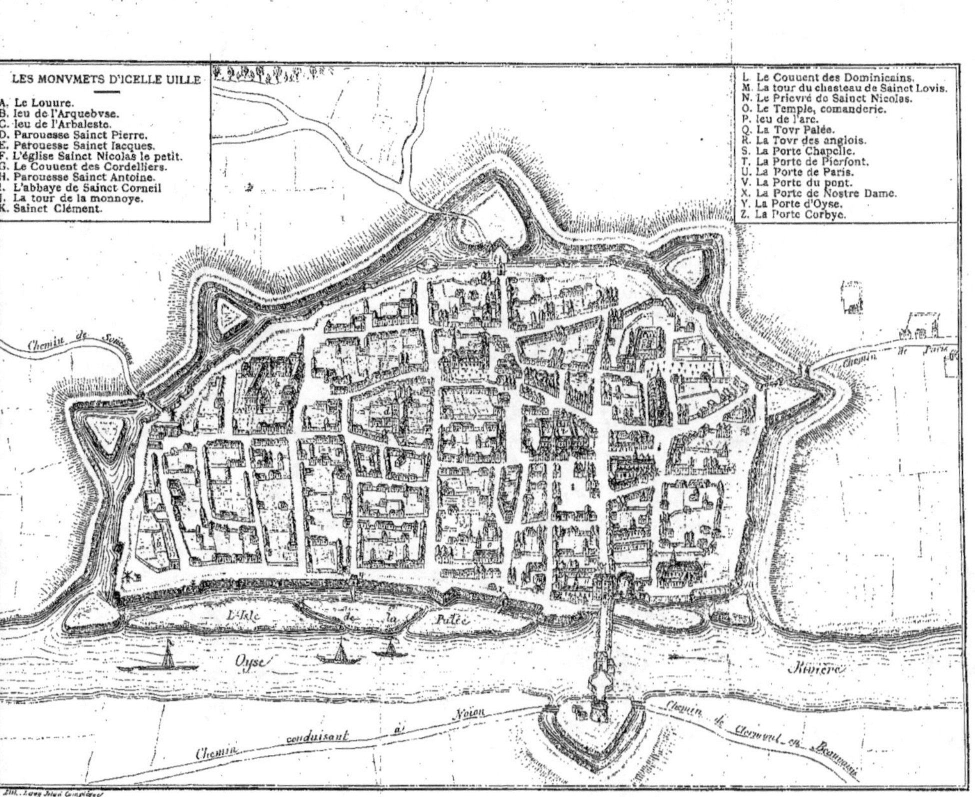

Fac simile d'un Plan manuscrit authentique de Compiègne, dressé en 1509.

PLAN DE LA UILLE DE COMPIENGNE

Comprinse ès la Prouince de Picardie et du Gouvernemet de l'Isle de France

Ceste Uille est moult agréable tant povr sa scituation que povr ce que les Roys peuvent s'esbattre près d'icelle ès plaisirs de la chasse. Et très fortifiée dessvs la riuière d'Oyse

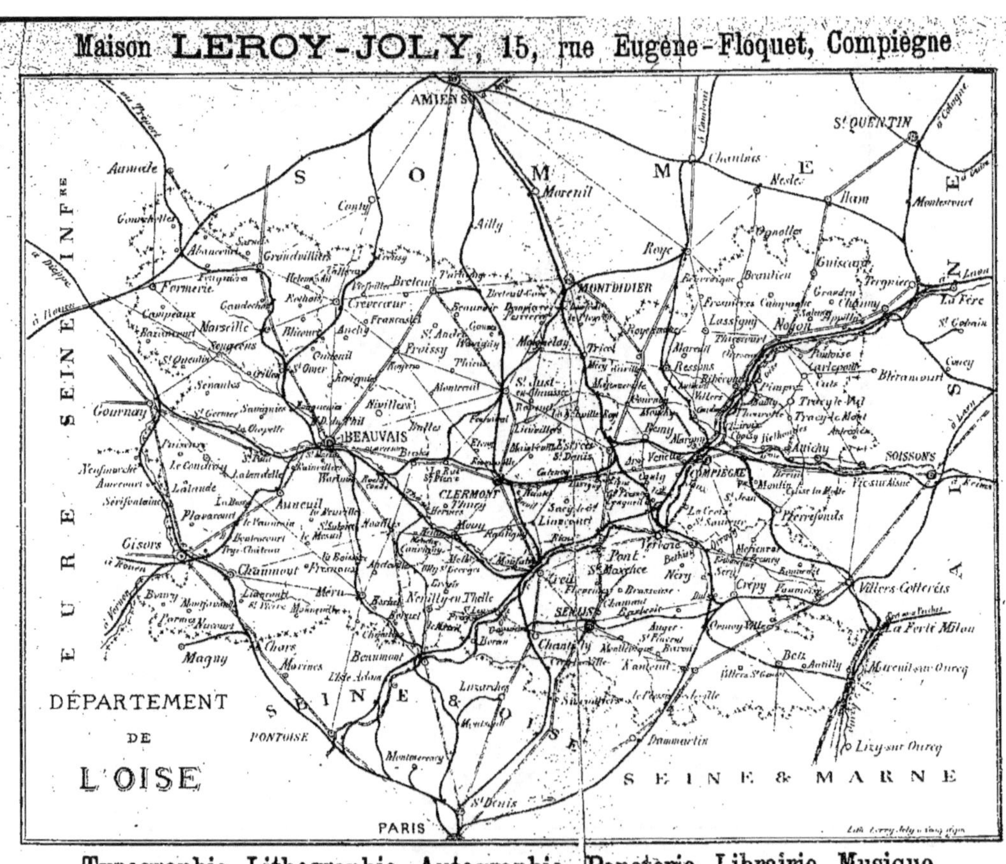
AMIENS
St QUENTIN
SOMME
Aumale
Gournay
Formerie
Marseille
BEAUVAIS
CLERMONT
Gisors
Magny
PONTOISE
DÉPARTEMENT
DE
L'OISE
SEINE & OISE
PARIS
St Denis
MONTDIDIER
Roye
Lassigny
Noyon
La Fère
St Gobain
COMPIÈGNE
SOISSONS
Pierrefonds
Crépy
Villers-Cotterets
La Ferté Milon
SENLIS
Chantilly
Dammartin
Lizy-sur-Ourcq
Mareuil-sur-Ourcq
SEINE & MARNE
EURE
SEINE INFre

CENTRE DE LA VILLE DE COMPIÈGNE

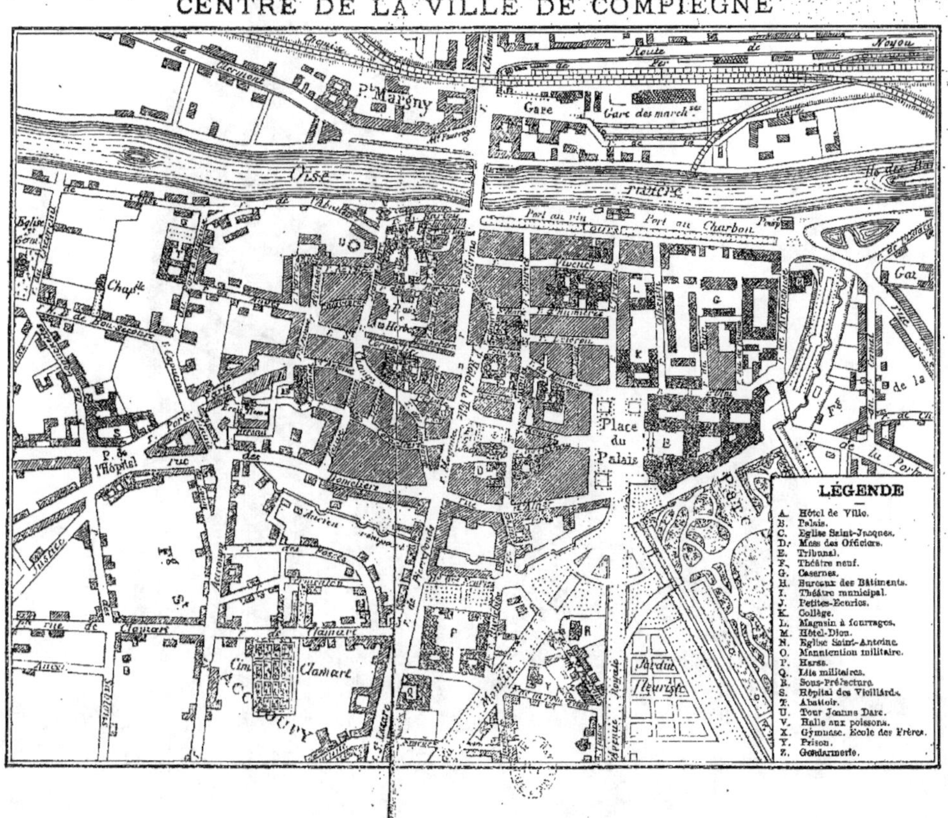

ÉGLISE SAINT-JACQUES DE COMPIÈGNE

ÉGLISE SAINT-ANTOINE DE COMPIÈGNE

PALAIS DE COMPIÈGNE

PALAIS. FAÇADE DU PARC.

AVENUE DES BEAUX-MONTS.

ÉGLISE DE VIEUX-MOULIN

CHATEAU DE PIERREFONDS